国家社会科学基金一般项目
“智慧法院建设的技术路径与实践策略研究”（19BFX028）

四川大学“从0到1”项目
“司法数据社会化运用的理论基础与实践路径”（2022CX01）

当代中国智慧法院建设研究

RESEARCH ON
THE DEVELOPMENT OF
SMART COURTS
IN CONTEMPORARY CHINA

李鑫 等◎著

法律出版社 LAW PRESS · CHINA
北京

图书在版编目（CIP）数据

当代中国智慧法院建设研究 / 李鑫等著. -- 北京 : 法律出版社, 2024. -- ISBN 978 -7 -5197 -9452 -1

Ⅰ. D926.22 -39

中国国家版本馆 CIP 数据核字第 2024PB7221 号

当代中国智慧法院建设研究

DANGDAI ZHONGGUO ZHIHUI FAYUAN JIANSHE YANJIU

著　　者　李　鑫　等
责任编辑　陈　慧
编辑统筹　法律教育出版分社
装帧设计　汪奇峰　苏　慰
责任校对　王　丰
责任印制　刘晓伟
出版发行　法律出版社/北京市丰台区莲花池西里 7 号(100073)
网　　址　www.lawpress.com.cn
经　　销　新华书店
印　　刷　唐山玺诚印务有限公司
版　　本　2024 年 8 月第 1 版
印　　次　2024 年 8 月第 1 次印刷
字　　数　249 千
开　　本　710 毫米×1000 毫米　1/16
印　　张　16.75
定　　价　52.00 元
书　　号　ISBN 978 -7 -5197 -9452 -1
投稿邮箱　info@lawpress.com.cn
维权邮箱　jbwq@lawpress.com.cn
咨询电话　010 -63939796
销售电话　010 -83938349
客服电话　010 -83938350

人工智能加持下的智慧司法(代序)

尽管“智慧法院”一词已成为约定俗成的政策化术语以及实践中确定的命题,但我仍然愿意寻本逐意,将其视为一种修饰性表述;其所欲显示的是人工智能、大数据等新型技术在法院各领域中的全面运用,借以使法院的审判过程以及其他活动的智能化水平得到提升,进而使司法产品以及司法过程的质效或便利度由此提高或增强。我理解,运用这种修饰性话语的意义,一方面为新型技术运用的实践提供了积极甚或华丽的表达,另一方面也为新型技术的运用拓展了无限的边际或容量,因为“智慧”既是没有限量和边界的,亦是具有充分相对性的。总之,“智慧法院”所带给我们的是新型技术与传统司法审判及审判管理相结合而使法院整体运作水平全面提升的想象与现实。

我对智慧法院没有研究,但基于对司法的长期关注,特别是阅读了李鑫副教授这本专著后不免有这样几点思考:

第一,技术革命与司法审判变革的关系。

科学技术与司法审判是两种差异性较大的社会实践。但历史证明,这两种实践之间往往具有深刻的影响,甚至是革命性影响。一方面,科技发展必然引发与此相关的大量纠纷,从而使司法不得不面对这些新型纠纷所形成的案件,由此促使司法审判内容、审判对象发生重要变化。另一方面,也许更重要的是,科学技术的重大发展与进步对司法审判过程以及方式往往能产生极为深刻的影响。欧洲历史上,造纸术的运用使草本纤维纸张代替了羊皮纸,由此大大提高了信息的传播速度,拓展了信息扩展的范围,从而使判例在各封建领地之间得以广泛流传,进而为各封建领地相互间法律的借鉴和运用提供了技术前提,最终促使了共同法的形成,对欧洲司法统一乃至政治统一产生了重大影响。可以说,没有造纸术的产生与运用,就没有判例法的出现。与此类似,十八九世纪,工业革命所带来机械工业的发达,以及与之相伴的机械主义思维,也对司法审判产生了极为重要的影响;正是机械主义认识论和思维在司法领域的渗透,才孕育了严格意义上的证据制度、“三段论式”的逻辑推理以及“自动售货机式”的司法过程,并进一步创生了“现代司法”的模式。毫无疑问,作为当代影响更为深广的信息技术革命,对司法审判已经并将产生难以估量的冲击,其影响的深度很可能超越既往技术的出现与运用。ChatGPT的出现,多少已经预示这种前景。目前所能看到的是,在线庭审、网上庭审直播等方式的运用已经在一定程度上改变了传统意义上司法威严、司法信仰、法庭秩序等因素的效应。

第二,新型技术与法院的审判及管理有机融会和深度结合。

众所周知,司法审判及审判管理是极为复杂的人类实践,司法有着与其他社会活动不同的客观规律与特征。如前所述,有理由充分相信新型技术特别是人工智能的发展在某些领域会赶上且超出人类的智力水准,但审判及审判管理毕竟是规则、价值、情感等多种因素混杂于一体,且随着不同主体、不同对象、不同情境而变化的实践活动和过程。由此引出的问题是:技术如何深度融入这一活动和过程之中,并且使由其所生成的判断或结论与人类理性化的判断或结论保持一致?换个角度说,当人类对这些技术在审判及审判管理中的运用形成一种根本性依赖时,人类纠纷中的是非、恩怨、善恶等伦理性判断是否可以或能够被人工所创造的技术所宰制?当然,从本书所介绍的内容看,智慧法院的现实运用尚未深入这样的层面。这一方面是因为我国信息技术尤其是人工智能技术尚不发达;另一方面又在于目前技术运用与司法活动的内在要求仍处于不尽相融的状态,技术尚属于一种辅助性工具,在法院审判的关键环节中,技术的作用仍然较为有限,并且在现实中,技术运用与审判运行“两张皮”的现象尚不鲜见。然而,当我们把问题置入新型技术与法院运行特别是司法审判关系框架中讨论时,就不应仅站在当下的运用水平上,而应当有更深入的追问与探讨。如果“智慧法院”不立足于更高的基点、更丰富的想象,“智慧”一词的修饰意义将难免流于虚浮。

第三,智慧法院建设的内在张力。

作为一种具有创新性的实践,智慧法院建设的推进并非易事。在此过程中,必然产生或蕴含某些张力。一是先进技术的运用与司法大众化、实用化的张力。尽管信息技术在我国运用已经较为普及,但不能否认的是,相当一部分当事人甚至律师对法院不断更新的以信息技术为支撑的审判方式仍然较为生疏,这也意味着智慧法院推进的进程必然会受到司法大众化、实用化的牵制。特别是某些形式上先进而实际操作烦琐的“创新”,并不为很多诉讼参加人所接受,这多少提示我们在智慧法院的推进进程中应当充分考虑到诉讼当事人的适应度和接受度。二是审职人员传统的审判方式与先进技术措施运用的张力。在法院内部,也并非审职人员都能迅速熟练地掌握相关技术措施的运用,不少审职人员仍然习惯于运用传统的审判方式及手段,以至于不少技术措施空有其名,束之高阁(当然,这其中也有技术措施不具实用性的问题)。不断更新的技术常态化地为审判人员所熟练驾驭,尚需假以时日。三是智慧法院“全国一盘棋”与各地方运用不均衡的张力。理论上说,智慧法院客观上需要“全国一盘棋”,特别是在进程上应大体同步。这不仅是指全国各地各级法院对先进技术的运用都应“见贤思齐”,更主要是指互联网以及各种软件的通用,刚性化地要求各地各级法院保持相对的一致性,否则网络化效应就无法充分体现。然而,由于各地各级法院的认知差异、财力差异、技术路径差异以及技术措施与法院运行融合的程度等多种差异,“全国一盘棋”的程度远未达到理想的水平。不仅如此,各地各级法院重复开发、各自为政所造成的资源浪费以及各法院之间的“网络壁垒”或“系统壁垒”也已成为智慧法院进程中十分现实、亟待解决的问题。智慧法院建设实践必然面对这些张力的影响。

本书是李鑫博士根据其主持的国家社科基金课题的最终成果改写而成的。作者对信息技术理论与知识有较深的造诣,同时长期关注司法实践,并参与了从最高人民法院到一些基层法院的信息化建设的政策设计和具体方案的制定。这两方面知识专长为作者对此主题的研究提供了很好的条件。近些年,研究智慧法院的成果不时见诸期刊,亦有少量以此为主题的专著,但就研究的全面性、系统性以及实际问题的针对性而言,本书显见其长。如前所述,智慧法院建设方兴未艾,任重道远;唯望作者在这一领域继续深耕,不断奉献更有分量和力度的新作。

顾培东

二〇二三年十二月于成都

目 录
Contents

第一章
智慧法院建设的理论基础

作为新兴的交叉学科研究领域，法律大数据、法律人工智能相关问题的研究热潮已经到来，[1]但对于法律人工智能典型应用场景之一的智慧法院建设的内在逻辑机理和实践展开情况的总结、分析和探索却是明显不足的。实践中，自2016年起，我国法院信息化建设就已经进入智慧法院建设阶段，智慧法院不仅是对我国法院信息化建设现有主要成果的总结和凝练，也是对我国法院信息化建设方向和目标的进一步明确。“智慧法院建设方兴未艾，诉讼方式和司法系统自身正前所未有地享受到智慧法院带来的实惠，人民群众也通过智慧法院建设成就增强了对司法的公信。”[2]智慧法院建设不仅仅是一个传统司法领域的问题，还涵盖了众多体制性和技术性问题，既涉及大量和法院运行相关的规范与理论，也与大数据、人工智能等技术的应用有着密不可分的联系；既需要对法院运行的基本逻辑形成全面、系统的认知，也需要对计算机、信息科学、统计等领域中技术的基本内涵和特征以及适用场景与条件有一定的了解。目前，有关智慧法院建设的宏观理论研究和实践中具体问题的对策性研究都尚显不足，学术研究对智慧法院建设的实践未能提供有效支撑，极有必要对智慧法院建设的相关问题进行系统性梳理，厘清智慧法院建设的逻辑与思路，并进一步明确智慧法院建设的原

---

〔1〕 国内主要法学核心期刊均开设了法律大数据或司法人工智能的专栏，例如，《东方法学》开设了“智慧法治”专栏，《华东政法大学学报》开设了“信息社会与未来法治”专栏。各高校、研究机构也举办了数次国内高端学术会议，例如，上海市法学会举办的“世界人工智能大会法治论坛”；清华大学法学院举办的“计算法学国际论坛”；东南大学法学院举办的“迈向数据法学研讨会和法律大数据研究与应用会议”；湖南大学法学院举办的“数理—计量法学论坛”。

〔2〕 蒋惠岭：《以正确理念引领智慧法院建设》，载《人民法院报》2018年2月2日，第6版。

则、方向与路径。

一、智慧法院建设的基础理论

(一)智慧法院概念的实践产生与理论阐释

实践层面看,智慧法院是一个从国家战略性顶层设计中提炼和凝结出的概念。2016 年 1 月 29 日,最高人民法院信息化建设工作领导小组举行年度第一次全体会议,最高人民法院时任院长、信息化建设工作领导小组组长周强主持会议并提出:“建设立足于时代发展前沿的‘智慧法院’。”[3]智慧法院概念的提出顺应了技术发展的潮流,回应了世界司法改革的主要趋势,2016 年 11 月形成的“乌镇共识”就已经初步明确了智慧法院建设的宗旨、目标、路径等内容。2017 年 4 月出台的最高人民法院《关于加快建设智慧法院的意见》则对于智慧法院建设的具体任务和工作做了更为详尽的规划。《人民法院信息化建设五年发展规划》自 2016 年开始,每年都进行滚动更新,将人民法院信息化建设的新需求,人工智能、大数据和区块链等技术的新进展以及智慧法院建设的新应用和新成果融入规划之中,既保证了智慧法院建设整体架构的稳定性,又实现了智慧法院顶层设计的灵活性和前瞻性。

理论层面看,智慧法院是一个极具中国特色的理论范畴,具体指的是“在法院信息化建设的格局下,运用互联网 + 、云计算、大数据、人工智能等先进技术,支持透明便民的公众服务、公正高效的审判执行、全面科学的司法管理的新型现代化人民法院”[4]。以法院体系内外两个不同视角看待智慧法院建设的进程,性质略有差别:以法院体系内部视角来看,智慧法院建设的过程是我国法院体系内部自我变革、自我发展和自我强化的过程;以法院体系的外部视角来看,智慧法院建设是法院系统通过信息化、智能化手段积极地与其他政法机关、各类国家机关和社会主体实现充分沟通、谋求协同发展,服务社会的一个过程。从宏观和微观两个不同的角度看待智慧法院,所指也不尽相同:宏观层面,智慧法院是对法院信息化建设总体状态的一种

---

〔3〕 罗书臻:《坚持需求和问题导向　破解难题补齐短板　推进人民法院信息化建设转型升级》,载《人民法院报》2016 年 1 月 30 日,第 1 版。

〔4〕 蔡立东:《智慧法院建设:实施原则与制度支撑》,载《中国应用法学》2017 年第 2 期。

描述和总结，即“智慧法院是建立在信息化基础上的人民法院的先进形态”[5]；微观层面，智慧法院可以指的是某个具体的法院。

智慧法院的基本特征主要有四个方面：第一，网络化，即人民法院的业务处理和数据流转大部分可以在网络上实现。第二，智能化，即通过高新技术的应用，实现部分简单、重复、枯燥的事务性工作的自动化处理，并探索一些服务于审判执行业务和审判监督管理工作的智能化应用。第三，公开化，即用高效、便捷的方式实现文书和审判执行流程等信息的全面、充分和及时公开，使诉讼参与人和社会公众的知情权得到充分保障。第四，规范化，即通过数字化的方式使得法院的诉讼服务、审判执行、审判监督管理等业务都能够全程留痕、可溯源、可定责，并实现自动化、静默化地对违规违法行为进行识别、规制和矫正。

（二）智慧法院建设的目标厘定

智慧法院建设的主要显性成果是各类智能化系统和应用，建设情况较好的省、自治区、直辖市辖域内法院智能化应用基本已覆盖了法院业务的全流程，可以说是硕果累累，但应用数量的增长与建设目标的实现并不完全对等。现在仍十分有必要厘清智慧法院建设的目标与意义，用目标体系指导建设成果的整合和推广。

首先，在尽可能不损害司法公正、司法为民等价值的前提下，全面提升司法效率。当下的法院工作中，在司法资源维持总量基本不变的前提下，确实存在部分类型案件数量持续增长或某些类型工作阶段时期迅速增多的情况，司法改革中有诸多与提升司法效率有关的措施，相应地在智慧法院建设中对司法效率的提升也是一个重要的功能和预设目标。用技术的手段提升司法效率与通过其他方式提升司法效率的最大不同在于，通过技术赋能的方式解决很多司法过程中简单、重复、枯燥的事务性工作，是在不损害司法公正、公平、平等、为民、便民等价值的前提下实现的，是在可以保证程序正义、程序法定等原则充分实现的基础上展开的。可以说，通过技术手段实现的司法效率提升的内在逻辑，是通过智能化手段的应用引入新的司法资源

---

〔5〕 许剑峰、孙福辉、陈奇伟：《智慧法院体系工程概论》，人民法院出版社 2021 年版，第 10 页。

并提升司法生产力。

其次,通过智能化手段共享法律知识和司法方法,并在此基础上,减少法律适用分歧,实现法律适用统一。我国法院多、法官多、案件多,且各地经济社会发展情况存在较大差异,两方面因素叠加后,就使很多法律问题在法律职业共同体内部都难以达成共识,而这种专业上的分歧并不仅仅是因为专业本身,更有法律人之间存在的极为严重的信息不对称,且缺乏可以进行充分研讨和辩论的渠道等方面的原因。实践中,法律适用问题众多,每一个都在不同政法机关、不同法律职业之间进行充分讨论的可行性是极低的。这就说明从根源上解决不同法律职业人的分歧,是不能在法律知识的应用场景中实现,而需要在法律知识的形成过程中予以解决。"法院提升审判质效、法律职业共同体内共享法律知识和法律技艺、法律适用统一等需求的存在促进了人工智能在法院工作中的逐步应用。"[6]智能化应用一方面为政法机关与法律服务组织、法律人之间的法律知识和法律方法的共享提供了媒介和平台;另一方面,在法院信息化应用的开发过程中,也需要体系性的、确定的、可识别的法律知识,必须对法律知识和法律方法进行收集、识别和整理,法律人和智能化应用应该形成一个知识交互的过程,智能化应用需要法律人明确法律知识和法律方法,智能化应用则促使了法律知识和法律方法的融合、共享和传播。

再次,通过司法信息公开和司法行为全程留痕,实现监督管理有效性的全面提升。在司法责任制实施后,法院内部管理由纵向的行政化管理模式转向扁平化的专业化管理方式,将审判权全面地赋予法官,这种变化确实减少了原有的管理层级,提升了管理效率,但放权给法官的同时,原有的行政化监督手段也被消解了,而扁平化的专业化管理方式可能并不适用于大规模人员和事务的管理,因此,司法责任制实施后,必须用新的监督管理模式为司法责任制改革做好综合配套。信息化的手段可以从两个方面提升监督管理的有效性,一方面是通过司法过程和结果的公开,形成互联网时代司法监督的新模式,促使法官提升判决的质量;另一方面是通过司法行为的全程留痕和可溯源实现由依靠人的监督转变为依靠程序、数据的监督,进一步加

---

〔6〕 李鑫:《人工智能在法院工作中应用的路径与前景》,载《经济与社会发展》2018 年第 4 期。

强了司法行为规范性，防范冤假错案、预防司法腐败。技术化监督管理手段的优势主要体现在三个方面：其一，信息化手段实现的监督管理是静默式的，不会过多影响和介入到司法人员的行为之中，避免了行政化等问题的出现，且不会给司法人员增加额外的负担。其二，长期来看，信息化手段实现的监督管理成本较低，并可以将法院内、外部多元的监督方式进行整合。其三，信息化手段实现的监督管理更加能够促使司法人员自律性的提高。

最后，用科技手段赋能司法业务，全面提升法院和法官的司法能力。提升司法能力的目的是满足诉讼参与人对法院诉讼服务和司法产品的各种预期，科技手段对于司法能力的提升主要体现在促进司法现代化和专业化的提升。最高人民法院时任院长周强在全国法院第四次信息化工作会议上提出："没有信息化就没有人民法院工作的现代化，通过信息化实现审判体系和审判能力现代化。智慧法院建设要以促进审判体系和审判能力现代化，提升司法为民、公正司法水平为目标。"〔7〕审判体系现代化指的审判领域内诸多人员、事务、行为及其组合的现代化，审判能力的现代化则是指审判过程中方法、方式和手段的现代化，智慧法院建设就是"期待以信息化的手段实现审判权力运行体系的现代化"〔8〕。科技促进司法的专业化，主要体现在用技术的方式确定和呈现法律知识，用技术的手段固定和规范审判流程，进而从实体和程序两个方面促进审判专业化程度的提升。

（三）智慧法院建设与司法改革的关系界定

有关智慧法院建设与司法改革之间的关系的宏观定位，最高人民法院时任院长周强指出："司法改革和信息化建设作为人民法院的深刻变革，已经成为人民法院工作发展的车之两轮、鸟之双翼。"〔9〕具体来说，智慧法院建设与司法改革的关系可以表达为：司法改革顶层设计决定了智慧法院建设的目标和内容，智慧法院建设将司法改革的成果进行了理性的、技术化的

---

〔7〕 罗书臻：《加快智慧法院建设　推进审判体系和审判能力现代化》，载《人民法院报》2017年5月12日，第1版。

〔8〕 白倩倩、张权、饶玉柱：《信息化助力实现审判权力运行体系现代化》，载《中国电子科学研究院学报》2018年第2期。

〔9〕 周强：《最高人民法院工作报告——2017年3月12日在第十二届全国人民代表大会第五次会议上》，载《中华人民共和国全国人民代表大会常务委员会公报》2017年第2期。

表达,技术赋能司法改革后,司法改革在实现速度和效果方面都有一定程度的提升,智慧法院建设将司法改革的成果和经验用信息化的方式进行固定和呈现。

在人民法院现有的五个五年改革纲领性文件中都涉及了法院的信息化建设。在法院司法改革的不同时期中对于法院信息化建设方面的表述还是存在较大差异的(见表 1－1),究其原因主要是人民法院发展的不同时期,对于信息化建设的定位是不同的。从一五改革到四五改革的初期,信息化建设还只是司法改革的一个组成部分,而四五改革后期到五五改革,智慧法院建设在司法改革的顶层设计中地位逐渐提升,所涉及的法院工作的范围越来越广,所覆盖的业务和人员越来越多,智慧法院逐渐成为一种改革后的法院运作形态,法院信息化建设也就与司法改革在法院建设中拥有了同等重要的地位。

表 1－1　司法改革纲领性文件中与智慧法院建设有关的内容

文件名	相关的内容
人民法院五年改革纲要(1999—2003)	基本实现计算机等现代化技术手段在庭审记录、诉讼文书制作、法院人事管理、档案管理、统计数据信息处理等方面的应用。加快计算机信息网络和通信建设,统一网络应用软件。用 3 年时间实现最高人民法院与高、中级人民法院之间的计算机联网,力争 5 年内建立全国法院计算机网络系统,将案件的管理、信息和统计数据收集、传输等纳入网络系统,提高人民法院各项管理工作的科技含量
人民法院第二个五年改革纲要(2004—2008)	改革庭审活动记录方式,加强信息技术在法庭记录中的应用,充分发挥庭审记录在诉讼活动和管理工作过程中的作用。有条件的法院可以使用录音、录像或者其他技术手段记录法庭活动
人民法院第三个五年改革纲要(2009—2013)	加强人民法院信息化建设。促进信息化在人民法院行政管理、法官培训、案件信息管理、执行管理、信访管理等方面的应用。尽快完成覆盖全国各级人民法院的审判业务信息网络建设。研究制定关于改革庭审活动记录方式的实施意见。研究开发全国法院统一适用的案件管理流程软件和司法政务管理软件。加快建立信息安全基础设施。推进人民法院与其他国家机关之间电子政务协同办公的应用。构建全国法院案件信息数据库,加快案件信息查询系统建设

续表

文件名	相关的内容
最高人民法院关于全面深化人民法院改革的意见——人民法院第四个五年改革纲要（2014—2018）	加快“天平工程”建设，着力整合现有资源，推动以服务法院工作和公众需求的各类信息化应用。最高人民法院和高级人民法院主要业务信息化覆盖率达到100%，中级人民法院和基层人民法院分别达到95%和85%以上
最高人民法院关于深化人民法院司法体制综合配套改革的意见——人民法院第五个五年改革纲要（2019—2023）	坚持强化科技驱动。贯彻实施网络强国战略，全面建设智慧法院。牢牢把握新一轮科技革命历史机遇，充分运用大数据、云计算、人工智能等现代科技手段破解改革难题、提升司法效能，推动人民法院司法改革与智能化、信息化建设两翼发力，为促进审判体系和审判能力现代化提供有力科技支撑

人民法院第四个、第五个改革纲要是在《中共中央关于全面推进依法治国若干重大问题的决定》的精神和思路的指引下展开的，取得了许多重要的成果，也解决了很多人民法院改革历程中多年未解决的疑难和复杂问题。改革进行到当下这个阶段，现代化法院的基本形态和运作模式已经成形，司法改革到了一个重要的临界点，这个临界点的特征之一在于通过法院内部的调整已经很难再产生改革效益了，需要引入外部资源。目前来看，最主要的外部资源就是人工智能、大数据、区块链等技术，将这些技术引入法院建设之中，既不会牵扯过多体制机制性因素，也不会损害法院体系内原有的利益结构，改革阻力最小。因此，智慧法院建设既是各方面最容易接受的改革措施，也是最容易推动的变革方式。

二、智慧法院建设的发展历程与逻辑

（一）基础构建阶段：信息化设施与系统建设

法院信息化建设肇始于20世纪90年代中期，[10]普遍认可的是以最高人民法院组织召开“全国法院通信及计算机工作会议”作为标志，[11]一直持

〔10〕 郭烁：《法院信息化建设二十二年：实践、问题与展望》，载《浙江工商大学学报》2019年第1期。

〔11〕 芦露：《中国的法院信息化：数据、技术与管理》，载苏力主编：《法律和社会科学》第15卷第2辑，法律出版社2016年版。

续到2013年前后。在2013年之前,信息化都仅是作为法院司法行政装备管理和技术保障工作的一部分存在,在长达20年的时间中,法院信息化建设的主要工作大致可以分为三个部分:第一部分是法院与信息化有关的硬件建设,如各类办公自动化设备、办公网络、机房等基础设施的建设;第二部分是法院的网站、微博、微信公众号等司法政务、信息公开平台的建设;第三部分是法院办公、司法业务的流程性信息化系统的建设,如法院办公系统、审判流程管理系统等,将法院的行政办公和审判执行业务流程用信息化方式做了呈现和表达。综上,在法院信息化基础构建阶段,形成了智慧法院建设所需的基础设施,同时也围绕办公办案流程进行了信息化主干系统构建。

(二)谋求变革阶段:司法大数据收集与沉淀

法院信息化建设谋求变革是从关注司法数据的生产和汇集开始的,并以司法数据的有效治理和科学利用为目标,可以说法院信息化谋求变革是围绕司法大数据展开的,谋求变革阶段也是司法大数据建设阶段。从2013年开始,最高人民法院组织召开了人民法院信息化工作会议,确定将法院信息化建设作为一项基础性、战略性、全局性的系统工程来对待,并提出以信息化促进全面司法公开,建设审判流程、裁判文书、执行信息三大公开平台,开通官方微博、微信平台,让公平正义以人民群众看得见、感受得到的方式实现。司法大数据建设阶段的开始是以裁判文书大面积上网为主要标志的,但裁判文书仅是法院数据的一部分,按照法院业务中产生的数据量和复杂程度,司法数据可以说是名副其实的大数据。裁判文书大规模上网对法院体系内部而言是一场真正的变革,法院的司法产品不再是只有诉讼参与人才能够看到和感知,裁判文书上网让每一个社会公众都可能成为司法产品的质量监督者;对法院体系外部的社会公众而言,裁判文书上网让社会公众多了一条高效便捷的接触、了解、认知司法的途径,让社会公众有了更多的信任并选择司法的机会,同时也为社会公众、法律研习者等利用大数据了解司法和研究司法提供了重要的信息和数据基础。

法院的信息化和智能化都是以数据为基础展开的。从2013年开始,最高人民法院为了实现法院审判信息资源的汇集管理,启动了数据集中管理平台的建设,并在2015年前完成了对全国法院的覆盖、全部案件的覆盖和全部司法统计的覆盖。2016年,依照《信息化建设五年发展规划(2016—2020)》的任务安排,最高人民法院开始以数据集中管理平台为基础,构建人民法院大数据管理与服务平台,[12]部分省、自治区和直辖市的高级人民法院都开始建设大数据平台,[13]许多中基层法院开始建设数据中心,法院纷纷提出了"让数据说话、让数据跑路"和建设"数据法院"的设想和规划。[14]在这一阶段,法院意识到法院业务中沉淀下的数据是法院同时也是国家和社会十分宝贵的财富,需要对数据进行深度的挖掘和利用。司法大数据建设阶段解决了法院工作过程中各项业务全流程的数据和信息的记录、处理、存储等问题,并实现了部分数据的实时汇聚,初步实现了基于司法大数据的司法统计,并开始探索基于司法大数据的监督管理和科学决策。司法大数据建设阶段的核心逻辑是用数据作为重要的媒介和方法激活法院的整体资源分配体系。这一阶段的工作为法院的数智化转型打下了重要的数据基础。

(三)系统提升阶段:司法全领域智能化发展

智慧法院的发展逻辑本质上与人工智能的技术发展逻辑是契合的,前述法院信息化基础构建阶段就可以看作人工智能发展中专家知识阶段,司法大数据建设阶段则是人工智能技术发展中大数据统计阶段,而当人工智能发展进入机器学习阶段,智慧法院建设也随之进入基于数据和知识的司法人工智能建设阶段,这一阶段实现了法院信息化建设水平的系统性提升和司法全领域的智能化发展。

司法领域人工智能与其他领域最大的不同点之一是司法领域应用人工

---

〔12〕 最高人民法院信息中心:《人民法院大数据管理和服务平台建设实践》,载孙福辉主编:《智慧法院优秀案例选编》,人民法院出版社2021年版。

〔13〕 例如,浙江省高级人民法院2016年开始建设的"浙江省高级人民法院'智慧法云'大数据分析系统平台";广东省高级人民法院2017年开始建设的"广东省高级人民法院数据共享(大数据管理和服务)平台";四川省高级人民法院2019年开始建设的"四川省高级人民法院四川政法大数据智能辅助办案平台(法院端)";贵州省高级人民法院已建成的"司法大数据管理平台"等。

〔14〕 陈崎:《设立专项资金:鼓励和推进"数据法院"建设》,载《检察风云》2017年第21期。

智能技术必须是可解释、可信赖的。司法人工智能建设阶段的可解释性和可信赖性主要来自智慧法院建设前两个阶段的积累，一方面，司法人工智能的发展要充分重视和广泛利用在法院信息化基础构建阶段中法院和司法人员已经系统、全面、充分地厘清的法院业务的基本规律、关键问题及其对应的解决方案；另一方面，要利用好司法大数据建设阶段积累下来的海量数据，以数据为基础开展机器学习，实现法院应用系统的智能化转型。

对于法院而言，智能化发展阶段的工作主要分为两个方面：一方面是用智能化手段将法院改革的成果固定下来、呈现出来、推广出去；另一方面是在智能化时代，司法人员和诉讼参与人的行为都高度智能化之后，在司法责任制全面实施的背景下，回应司法行为和诉讼行为的变革与互动，实现法院管理体系的智能化升级。

智能化发展阶段构建并实现了一个相对完备的法院智能化应用体系，以服务对象为分类标准，可分为三个部分：第一，面向社会公众，尤其是诉讼参与人，便捷、亲民的智慧诉讼服务体系。智慧法院建设的直接感受者是社会公众和诉讼参与人，能够最大限度提升社会公众对司法产品的感知和评价的是法院提供的各类诉讼服务，诉讼服务一方面能够保障诉讼参与人的各项诉讼权利，关注权利实现的质量和效率；另一方面法院能够通过诉讼服务整合其他多元纠纷解决方式，化解部分矛盾和争端，缓解司法的审判压力。智能化技术的应用帮助诉讼服务工作实现了两个方面的提升：一方面是扩展诉讼服务的业务范围，如将诉讼结果预测、诉讼风险评估、在线调解等新型服务通过智能化应用的方式实现并纳入诉讼服务体系；另一方面则延长了诉讼服务的提供时间，通过法律机器人、智能云柜等设备以及诉讼服务网站、微信小程序、手机 App 等实现了诉讼服务的全天候提供。第二，面向司法人员的审判执行智慧辅助支撑体系。对于司法实践而言，智慧法院建设必须能够解决案多人少、类案不同判、执行难等法院工作中的核心痛点，而解决这些问题的关键不是用大数据、人工智能等技术替代员额法官完成审判执行工作，而是通过人工智能的司法应用有效地将司法人员从重复、繁重的事务性工作中剥离出来并高效的进行实现，将过去难以实现的司法机关、司法人员之间的协同通过互联网、区块链等技术予以实现。第三，面向管理者的法院现代化智慧审判监督管理体系。智慧法院作为一种新型法院运作形态,其业务模式的转变必然导致监督管理方式的巨大变革。“在信息技术的影响下,审判管理向管理主体多元化、管理目标人性化及管理方式数据化方向发展。”[15]原有案件审判和行政事务流程性、节点式的管理方式不再适用于智慧法院的新形态,转型为基于数据展开、面向业务和事务过程以及司法人员行为,实时的、全程留痕的、可回溯的后台式、静默式监督管理。

通过构建以上智慧法院应用体系,智能化发展阶段实现了四个方面的目标:首先,通过提供多渠道、多方式、全流程、全时段的智能化诉讼服务,加强司法便民、利民和为民,减少了诉讼参与人的诉累。例如,通过“一站式”诉讼服务中心、电子诉讼平台、调解平台、网上涉诉涉法信访平台等建设,有效地节约了参与诉讼的经济、时间成本,为社会公众接近正义、实现诉权提供了更多选择和渠道。其次,通过剥离事务性工作、集中做好审判执行工作辅助,提升司法效率。一方面,法院“要以信息化建设促进审判流程再造”[16],例如,利用小额诉讼系统、要素式审判系统实现当庭判决和当场送达;在对海事法院、农垦法院、铁路运输法院等专门法院的改革中,在互联网法院、知识产权法院和家事法庭、劳动法庭等专业法庭的建设中,由于专门法院和专业法庭负责案件的案由较为集中,可探索将类型化案件的审判中具有法律意义的要素模板化、标准化,进而形成司法业务专家知识图谱和要素式审判智能化应用,通过直接导入案件相关信息、提示法官庭审流程和审理重点、自动生成裁判文书等方式缩短法官庭审的时间、减少法官撰写各类文书的工作量。另一方面,通过数据对接、数据融合降低业务场景转换的信息成本,如通过将人民调解、劳动仲裁等系统中的纠纷信息直接导入审判系统中,减少法官厘清案件脉络、确认无争议事实的工作。再次,通过司法知识辅助、流程提示和法律适用分歧的消解,加强司法公正。智能化对于审判工作的实质性贡献在于,将司法实务中经过反复使用、确认的共识性知识通过技术的方式传递到更多的业务场景和诉讼程序之中,以此统一不同地域、层级、水平的司法人员对于司法实务问题的认知和判断。最后,通过司法大

〔15〕 高一飞、高建:《智慧法院的审判管理改革》,载《法律适用》2018年第1期。

〔16〕 周强:《以习近平总书记系列重要讲话精神为指导全面推进审判体系和审判能力现代化》,载《法律适用》2016年第7期。

数据的自动、实时数据抓取、趋势分析和交叉验证，实现法院监督管理中的科学决策与评估。“大数据将真正揭示什么是诉讼规律、什么是成功的改革，这将为司法改革砥砺前行奠定更为坚实的基础。”〔17〕具体而言，主要包括：用司法大数据总结和阐释司法行为和诉讼行为规律，并针对热点问题、特定领域展开专题分析；用司法大数据衡量审判执行工作质效、司法行政管理效能等；用司法大数据对专家经验知识体系进行验证，用数据辅助知识的总结和提炼；用司法大数据对重要改革措施实施效果进行评估，为改革决策和综合配套方案的制定提供科学支撑和参考。

三、智慧法院建设中存在的主要问题及成因

（一）规划的抽象化与实践的碎片化

智慧法院建设中目前存在一个悖论，即建设规划方案顶层设计的系统化和原则化与实践展开的碎片化和差异化，这个悖论的存在使得完备、超前的顶层设计并不能获得全面、系统的有效实施，并直接或间接地导致以下问题的出现。

首先，各类应用设计标准不统一，应用的建设目标不明确，应用的功能存在重复和交叉。在智慧法院建设推进情况较好的地区，一个省级辖域内三级法院的智能化、信息化应用可能在一百种以上，这些应用大致可以分为两类：一类是高级人民法院实现统一部署、实施、运维的应用，如案件流程管理系统、司法公开系统、科技法庭管理系统等；另一类是各个法院自行探索、开发或采购的应用，它们则类型多样、功能多元、风格各异。这两类应用之间缺乏必要的关联，各应用大多独立存在，各自运行，既缺乏规划设计方面的统筹，也缺少管理和考核方面的统一。

其次，各类应用数据标准不一，造成各应用产生的数据和信息无法互联互通，更无法实现充分融合，进而无法为人工智能司法应用提供标准化数据。在司法大数据建设阶段，同时也是我国全面实现司法公开的实践探索阶段，数据方面还有一些遗留问题待解决。例如，由于重复上传、结构化程度较低等原因，数据质量还有待提高；信息公开的范围和边界还有待明确，

〔17〕 程雷：《在改革发展中推进智慧法院建设》，载《人民法院报》2017年7月10日，第2版。

数据未经过充分和必要的处理，可能存在损害诉讼参与人隐私等问题；数据标准、汇集方式等还有待在全国范围内统一。“数据孤岛”现象在当下智慧法院建设中也是较为常见的，各类应用生产与沉淀的各类数据无法以业务为中心、以案件为关联点进行法律信息融合，新旧系统之间因为缺乏继承性和延续性，所产生的信息和数据以一种割裂的状态存在。审判监督管理类应用、执行管理类应用无法直接从审判类应用、执行类应用中抓取数据，数据的采集还依赖于人工回填，出现了智能化、信息化应用越多，法官及司法辅助人员需要填写信息或数据的次数就越多的问题。

再次，应用界面风格各异，友好性和易用性较差。主要表现为三个方面：一是应用碎片化导致的司法人员需要学习和适应不同类型应用的风格和逻辑，增加了司法人员使用智能化应用的时间成本，并间接导致司法人员对新的应用产生反感和抵触情绪。二是应用的易用性和体验较差，不能有效地回应司法人员的现实需求。三是应用的呈现方式较为单一，目前大多以计算机应用或在线系统方式呈现，未能及时跟进用户的实际需求和科技的发展趋势向移动端、云端等方向发展和迭代。

最后，应用的设计逻辑与司法实践的客观规律不符。目前来看，法院执行智慧系统与法院执行工作的融合是相对较好的，[18]究其原因主要有两个方面：一方面，是执行查控系统是法院信息化应用中全国统一建设情况最好的系统之一，已经初步形成了自上而下的统一标准；另一方面，是执行工作本身的逻辑和机理并不像审判工作那样复杂和多变，可以较好地梳理出其中的基本业务流程和司法人员的现实需求。法院的审判工作、审判监督管理工作和司法政务工作都有着各自的规律，而且法院各项工作之间有着客观的联系，各项工作按照审判权、审判监督管理权两种权力运行的规律和逻辑进行组织和实施。应用的操作流程和业务流程的设计未能充分体现法院工作的基本逻辑，不符合司法人员工作的实际思路和方式方法，甚至需要司法人员改变工作方式去适应智能化、信息化应用，并在传统办案方式之外再在应用中虚拟办案一次，以便完成信息化应用建设和使用方面的考核指标。这就使得应用不能充分发挥减重赋能的作用，导致办案人员通过智能化应

〔18〕 王小梅：《法院执行信息化建设的成效、问题与展望——以人民法院“基本解决执行难”为背景》，载《中国应用法学》2018 年第 1 期。

用办案的效率比传统办案方式还低的情况出现。

(二)问题多重成因的探索性分析

首先,新的智慧法院形态与原有法院体制适配情况不佳。传统的法院运作模式中包含了许多人事、经费等体制方面的因素,而智慧法院这种新的法院运作模式形成后,许多原有的体制性因素还未进行及时的调整和适配。以智慧法院建设的经费保障问题为例,在省级法院经费统管改革推动欠佳的情况下,智慧法院建设相关经费的筹措和使用、相关项目的招标和验收就更加难以统一,导致高级别法院没有充足的经费进行辖域内法院的统一,而低级别法院等不到统建统用的系统,但可能有较为充足的地方经费支持,从而走向自主研发自行使用的道路,类似的体制性因素导致了应用建设碎片化等问题。

其次,信息化标准的覆盖面和前瞻性不足。智慧法院建设的业务标准、数据标准体系还不完善,虽然 2002 年、2005 年、2009 年、2015 年人民法院信息化标准体系四次进行修订或重构,标准每年也都在不断完善,[19]但标准的维护和更新还是跟不上智慧法院建设实践的节奏。《人民法院信息网络系统建设技术规范(2002)》初次实施时,主要是以审判流程信息管理为重点;其在 2005 年修订时,主要是以实体信息管理和上下级法院数据交换为核心进行重构;2009 年修订时,则主要是回应数据管理和信息资源应用的需求;2015 年,最高人民法院研究室在总结前述三版规范的基础上,结合规范要求和实践需要,制定了《人民法院案件信息业务标准(2015)》,并沿用至今。[20] 虽然 2015 年版标准包含了基础标准、技术标准、管理标准、数据技术标准和应用技术标准,但一方面,标准与法院业务的契合度不够,无法与法院改革和实践同步;另一方面,标准的前瞻性和覆盖面不够,无法实现用标准引导和规范智慧法院建设的目标。

---

[19] 法院行业标准由法院、行业企业、高校和科研院所参与编写,并经最高人民法院网络安全和信息化领导小组审议通过。参见孙航:《加强区块链和人工智能应用　全面提升智慧法院建设水平》,载《人民法院报》2019 年 11 月 10 日,第 1 版;孙航:《科学规划“十四五”期间人民法院信息化发展　全面深化智慧法院建设》,载《人民法院报》2020 年 11 月 14 日,第 1 版。

[20] 孙福辉主编:《智慧法院标准体系和评价体系》,人民法院出版社 2021 年版,第 10 页。

再次,应用开发缺乏必要的统一性和连续性。应用开发者不同,应用开发思路、方法、底层技术都存在差异,应用开发者对法院工作的实际需求的理解不够全面或存在偏差,应用之间数据不能够实现充分交换,法院内部以应用为单位,形成若干个"信息孤岛",直接导致了信息和数据的碎片化。应用开发不具有连续性,新旧应用之间没有必要的关联和承继。各应用间缺乏必要的协同,应用之间的关系和地位不明确,应用的功能有重叠和交叉,不同应用对使用者的要求存在冲突等问题较为严重。

最后,通用技术司法应用效果不尽如人意。大数据、人工智能领域的通用技术并不能够直接全面应用于法院工作场景之中。司法领域专业壁垒较强,大数据、人工智能领域较为成熟的图像、语音等技术在未做必要适配和调试的情况下,在司法领域应用效果并不好,针对司法领域的算法设计和优化工作还有待持续推进。

四、智慧法院建设的宏观方向选择

(一)司法业务本位:以需求为导向确定技术应用路径

智慧法院建设一般会被理解为是技术理性在法院系统实现的过程,虽然人工智能等技术是智慧法院建设的重要驱动力,但技术本身并不包含价值判断,技术是中性的。在智慧法院建设中,技术的工具理性无法代替法官高超、复杂的审判技艺,审判的奇妙之处在于法官的决策不仅是基于案件事实作出的,还要考虑个案之中蕴含的价值和观念之争,力求通过个案的裁判形成一种价值倡导和行为规范。因此,即使技术有改变或重塑法院或司法行为的可能,其应用过程也必须是围绕司法的基本逻辑和规律展开的。"建设智慧法院要坚持以人为本,建设智慧法院要以切实提升司法审判为核心,建设智慧法院要摒弃机器思维。"[21]现阶段的智慧法院建设必须坚持围绕司法的现实需求展开,虽然这样的模式具有一定局限性,但由于前述伦理、技术和成本等方面的限制和约束,这依然是目前智慧法院建设中的最优选择。

智慧法院建设中一些应用快、效果好的成果基本是通用人工智能技术

〔21〕 郭富民:《正确判断"智慧法院"的司法定位》,载《人民法院报》2017年8月10日,第2版。

在法院场景中的直接应用，例如“语音识别创新尝试，庭审效率明显提升”[22]，仅从识别率角度看效果尚可，但没有考虑到即使语音识别技术可以将庭审中各方的口头表达转化为文字记录，案件卷宗中需要的庭审笔录也只是法庭言论的一个摘要版或综述版，即使有了文字识别结果作为基础，也还是需要司法辅助人员的加工，才能最后形成符合司法实务需求的庭审笔录。另外，通用的语音识别技术和语料库对于诉讼参与人的口音和表达方式的考虑还有些不足，也影响着通用技术的应用效果。可见，不应将通用技术在法院业务中的直接应用看作智慧法院建设的成果，只有将通用技术基于法院业务的客观规律进行必要的改造后，才能为法院所用，也才能融入智慧法院建设的成果体系。

智慧法院建设中存在一个技术适应司法的过程，而这个过程可以看作以司法为本位展开的人智关联过程。“法院领域的人智关联是指人工智能在独立处理法院工作中各种已知和未知问题时所表现出的智力能动性，在横向上表现为智的‘自适应’，从纵向上表现为智的‘可成长’。”[23]目前人工智能等技术在法院的应用时间尚短，许多问题还有待一个稍长的周期来检验，所以智慧法院建设中的人智关联主要还体现为人工智能等技术对于司法领域的适配，技术还处在对于司法运作客观规律和内在机理进行梳理和摸索的阶段，之所以有这样的判断，主要有两方面的原因：一方面是技术对于法院业务场景的适配还不尽如人意，批评声时而有之；另一方面则是技术在司法中的应用，并未实质上推动技术本身的发展，即还未真正实现技术在司法领域的自发展或自成长。技术与司法在组织、人员、运行等多方面还未充分实现融合的情况下，无论是从现实需求的角度看，还是从发展过程的可控制角度看，智慧法院建设是一定要坚持司法本位的，技术不具备引领智慧法院建设的条件，需要以司法现实需求为导向进行规划和建设。

（二）审判执行本位：以提升司法质效为目标开展建设

回望法院信息化的发展历程会发现，信息技术在法院的应用是从行政

---

〔22〕 刘雁鹏：《审判管理信息化：路径、效果和展望》，载《中国应用法学》2017年第4期。

〔23〕 傅文华：《以智为鹰：人工智能法院应用准入“VFE”法——基于法院场域角色的精准建构》，载谢进杰主编：《中山大学法律评论》第16卷第2辑，中国民主法制出版社2018年版。

办公到日常业务管理，再到多场景业务辅助的，在技术深入赋能多种法院业务之后，法院业务的两条业务线审判执行和监督管理就可能因为立场、视角和价值追求的不同而产生冲突。技术赋能司法是从监督管理业务线开始的，这与其他领域高新技术应用的路径类似，符合技术介入垂直领域的基本规律。对法院而言，监督管理业务线又可以分为两个部分，一部分是与其他领域管理工作区别不大的人、财、物、事的日常管理，这部分管理工作通过办公系统的部署就可以实现高度的信息化；另一部分则是具有法院自身特点的对案件审理过程的监督管理，法院的审判流程管理系统就是为了此部分审判管理工作而建立的。“加强审判管理信息化，不仅对改善法院内部管理起到了积极的促进作用，而且对规范司法行为、节约司法资源、方便群众诉讼、提升司法质效和树立司法权威是一个有力的杠杆。”〔24〕目前，智慧法院建设中已经实现了对监督管理业务线的信息化和部分智能化，但随着司法改革的不断推进，法院的审判资源有向诉讼服务前移的趋势，而现有智慧管理虽然可以覆盖案件的审理全流程，并不断尝试与调解、信访等系统连接，但由于法院业务的不断扩展，其并未实现对包含诉讼服务、司法调解等在内的司法全业务场景的覆盖。

司法责任制等改革措施推广后，法院弱化了审判执行业务中的行政管理色彩，监督管理工作转向后台化、静默化，并不断强调审判执行业务的核心地位。可见，如果以监督管理作为本位视角进行智慧法院建设，则其覆盖的广度、切入的深度都是不足的。此外，还必须注意到的是监督管理本位视角是一种法院的内向型视角，其对于诉讼参与人的行为关注不足，这不符合智慧法院建设服务于诉讼参与人的预设目标。智慧法院建设规划中的使用者和受益者都不仅仅是法院和司法人员，还有各类诉讼参与人员以及与司法有关的服务、监督主体，只有在审判执行业务线上，司法才有与多元主体的交互行为。可见，系统的智慧法院建设必须采取以审判执行业务为本位的视角，并不断通过智能化手段促使监督管理业务线的去行政化、后台化和静默化，以此形成对法院核心业务的支撑，实现同时服务于司法人员和诉讼参与人员的目标。

---

〔24〕 顾天佑、王大波、高菲：《审判管理信息化存在的问题与对策——以安顺市两级法院为视角》，载《安顺学院学报》2015 年第 2 期。

（三）法院整体本位：以增强司法能力为追求统筹实践

在智慧法院建设中，作为组织的法院和作为个体的司法人员的期许是有区别的，所有智能化应用和系统的建设中，面向组织的应用和面向具体使用者的应用在建设、部署和运维方面也是有很大不同的。从这个角度看，智慧法院建设是一个复杂问题，既需要对法院整体负责，契合于法院整体运作的思路和规律，也需要考虑到作为具体使用者的不同类型、背景、能力的司法人员的需求，在复杂的需求分析中，就会产生是以法院整体本位还是以司法人员本位作为主导性视角的问题。

决定选择以何种视角为主时，首先要考虑的是法院系统的整体发展和改革方向。经历了四轮司法改革后，虽然司法人员依法独立行使司法权被提到了空前的位置并得到了较好保障，各类防止干预扰乱司法人员依法独立行使司法权的措施也逐步推动到位，但还需注意的是我国“法院改革的方向，不应是从法院整体本位转向法官个体本位，而应是从以院庭长为主导的法院整体本位转向以法官为主导的法院整体本位”〔25〕。基于这样的思考和方法论，第五轮司法改革提出了综合配套改革，就是为了以法院整体化运作为视角，将之前各式各样的司法改革措施进行协调、集成和综合配套。智慧法院建设的具体需求是脱胎于司法改革的，应与司法改革保持一致方向，从这个角度来说，智慧法院建设的首要视角应该是法院整体本位。

智慧法院建设是一个技术赋能司法的过程，技术赋能司法的表现之一就是技术将原本散乱各处，甚至存在冲突的司法经验知识和司法实践智慧进行收集和整合。“法院的智慧来源于法官而非人工智能，深耕于审判实践中的办案场景，回应法官办案的实际需求，在工具意义上提供标准化方法，构建形塑法律理性的通道，仍然是促进司法能力和司法品质进度的重要方向。”〔26〕智慧法院建设就是通过技术对司法经验智慧进行总结、凝练并促使其标准化应用的过程。智慧法院建设关注的不是个体司法人员的经验和智

---

〔25〕 顾培东：《法官个体本位抑或法院整体本位——我国法院建构与运行的基本模式选择》，载《法学研究》2019 年第 1 期。

〔26〕 朱丽梅、陈大林：《“智慧法院”办案场景下的可视化工具：原理、路径与功能》，载马世忠主编：《司法体制综合配套改革中重大风险防范与化解——全国法院第 31 届学术讨论会获奖论文集》（上），人民法院出版社 2020 年版。

慧,而是通过法院整体化选择和验证过的司法经验智慧,通过司法经验智慧的共享,实现司法能力在不同区域、不同层级法院之间,不同司法人员之间的均等化发展。

智慧法院建设中充分体现了互联网思维,"互联网思维就是基于互联网平台的用户至上的思维"[27]。但要特别注意的是,此处所指的用户是法院系统整体而不是个别司法人员,只有以法院整体视角提出的需求才是完整和系统的,才是经过筛选和甄别的。因此,智慧法院建设必须遵循以法院整体本位为视角,探索智慧法院整体化运作、司法人员个体化融入、多元主体行为统一的实践路径。

五、智慧法院建设的实践探微与优化建议

在对智慧法院内涵、发展历程、当下发展掣肘因素等问题探讨的基础上,总体来看,智慧法院建设的实践应该着重从以下六个方面进行加强和突破。

第一,法院通过数智化转型,实现用技术手段重塑法院运作过程、形成全新智慧法院形态的目标。通过当前的规划和建设,已经较为清楚地描绘出智慧法院的基本样态,即以数据中台、知识中台和技术中台作为智慧法院建设的技术基石,通过智慧诉服、智慧审判、智慧监督管理、智慧执行的建设,真正实现技术赋能法院业务,全面提升司法能力的目标。具体而言,则是通过智慧诉服建设塑造诉讼权与司法权互动的良性机制,用技术弥合和协调诉讼权与司法权之间的间隙和冲突;通过智慧审判建设实现个案正义,消除法律适用分歧,促进法律适用的统一;通过智慧监督管理建设完成法院管理的数字化转型,全面提升法院的现代化管理能力;通过智慧执行建设提升执行工作的整体效能。最终通过"四智"建设的贯通与协同,完成智慧法院应用体系的打造。

第二,在技术深度介入和影响司法后,着力维系和助力司法价值的实现。具体包含以下三个方面:其一,通过智慧法院建设推动和实现司法对社会主流价值观的宣扬和维护。例如,最高人民法院《关于深入推进社会主义

---

〔27〕 倪寿明:《信息化担纲司法现代化》,载《人民司法》2014 年第 11 期。

核心价值观融入裁判文书释法说理的指导意见》中就明确提出要通过法信平台、中国应用法学数字化系统等信息化系统探索运用大数据进行统筹分析,帮助实现或完善社会主义核心价值观在裁判文书中的体现和运用。其二,通过智慧法院建设,促进或加快部分司法价值的实现。“司法制度的变革终归滞后于技术的进步。”[28]但司法的价值追求却恒久且稳定,智慧法院建设应该是一个用信息化方式保证司法在实现定分止争、权利保障等功能时能够彰显公正、平等、效率等价值的过程。其三,智慧法院建设中,要遏制和防范技术作恶的可能,从技术中立的角度看,高新技术的应用可能导致司法的价值追求被削弱,智能化应用的使用本身可能存在门槛,例如“电子诉讼必要的设备和技术要求对那些没有能力利用电子技术的当事人是不公平的”[29],可见高新技术存在削弱和影响司法为民价值实现的可能,因此在技术运用过程中就必须考虑到多元价值冲突中的取舍和协调问题,坚持维护司法固有价值追求的基本原则。

第三,融入国家信息化战略,加强与法院外部系统的对接和协作。智慧法院建设不是孤立独行的,在保证数据和系统安全的前提下,建设过程中必须注意与外部信息化、智能化系统的协同发展。具体来说,包含以下三个层面:其一,智慧法院建设是法院系统响应国家治理体系和治理能力现代化战略的具体举措,因此智慧法院必须融入国家治理体系之中,一方面要与国家治理体系的现代化进程在宏观上保持方向一致,另一方面还要与国家治理体系中智慧政务、智慧城市、智慧交通、智慧环保等具体领域的智能化发展保持一致的策略和节奏。通过目标的统一,建设的协同,应用的互联互通,使得法院真正融入国家治理体系现代化的浪潮,同时法院要善用国家治理体系现代化建设中形成的基础设施,如政务云、门户网站、移动终端等,避免重复建设,节约建设成本。其二,智慧法院建设需要外部数据的支撑,需实现与外部系统的对接。法院实际工作中,需要市场监管、金融监管、劳动与人力资源保障、不动产管理等行政机关、企业事业单位和社会组织的信息和

---

〔28〕 王琦、安晨曦:《时代变革与制度重构:民事司法信息化的中国式图景》,载《海南大学学报(人文社会科学版)》2014 年第 5 期。

〔29〕 黄晓霞:《推进电子诉讼创新　助力智慧法院建设》,载《人民法院报》2018 年 8 月 14 日,第 2 版。

数据来支撑诉讼参与人身份认证、虚假诉讼甄别、执行查控等工作。目前，法院与外部组织机构数据对接最典型的例子就是法院将失信执行人名单提供给金融、交通等机构，协助其做好征信评估，充分体现出了司法数据的高准确度和高可信度。但法院在获取外部数据中还面临着一些障碍，诸如数据标准和结构存在差异、数据交换和利用缺乏规范基础、部门利益作祟等问题还普遍存在，法院仍需继续秉持开放的态度，用司法数据的开放和利用带动和引导与外部数据的对接和共享。其三，政法系统内部，智慧法院建设必须面向法院与公安局、检察院、司法行政机关进行工作协同的实际需求，探索在案件电子卷宗流转、减刑假释暂予监外执行、案件信息共享与交换等业务上与各部门系统的互联互通。在整个政法系统的信息化建设中，审判执行工作在整个诉讼流程中的终极地位，以及法院在整个政法工作中的主导作用，都决定了智慧法院建设在整个政法系统的信息化建设中是应该发挥统领作用的。智慧法院建设中正在通过部分领域的探索，找寻打通政法系统信息化建设的模式和方法，例如具有代表性的上海刑事案件智能辅助办案系统(代号206工程)，“在公检法三机关之间建设了统一的刑事办案平台，形成新的办案流程，消除了长期存在的‘信息壁垒’，初步实现了刑事办案网上运行、互联互通、信息共享”[30]。在政法系统信息化协同建设中，信息和数据的互通是表象，深层次的影响是通过信息化系统共享司法标准和司法经验知识，实现了政法系统内部法律适用标准的统一，真正地推动了法律实施的进步。此外，无论是国家层面和社会公众，还是法院内部，都希望用智能化、信息化的手段塑造一种稳定、良好的司法与外部的关系。司法不能与政治体系、社会体系相脱离，但又必须保持一定的距离，这种司法与外部社会良好、理性关系的塑造一方面使得司法能够与主导政治力量的顶层规划、社会主流价值观保持一致，并通过司法独有的方式体现国家政策和社会公共意愿；另一方面则为其他国家机关和社会公众提供了了解司法、法院和法官的有效渠道，能够对司法形成有效的监督和制约。法院的信息化系统与外部机构的系统的对接和数据共享，构建了司法与外部社会沟通的常态化渠道，不仅可以提升各类信息传输和利用的效率，实现信息利用边际效

---

〔30〕 杨敏：《上海刑事案件智能辅助办案系统调研报告》，载李林、田禾主编：《中国法院信息化发展报告No.2(2018)》，社会科学文献出版社2018年版。

应的提升,还可以提升司法权力运作的透明度和权威性。

第四,面向法院具体业务场景,实现司法与技术的深度融合。"法律人工智能的法理是实践之法理,是证成法律人工智能实践之正当性的理据,它反映人工智能的技术理性与法律实践理性相融合以揭示法律运行的规律和特征。"[31]大数据、人工智能、云计算等高新技术有着极快的发展速度和极高的迭代频率,法院工作的开展不需要与技术发展完全同步,也不必为了技术的应用而应用技术,而是应该回到法院业务的具体需求,场景化而非技术化地去系统地认识法院工作的实际需求,同时认真体会和梳理业务的基本逻辑,并场景化地打造智慧法院建设的解决方案,将复杂技术去繁就简,回归到司法业务和诉讼活动的本质去思考如何通过技术简化事务性工作但不削弱业务价值追求,去思考围绕业务场景整合碎片化应用、发挥众多应用最大协同效应的方法与路径。司法与技术的融合既要体现于技术的应用方面,又要深层次地体现于智慧法院建设专门人才队伍的建设之中。最高人民法院以《全国法院人才队伍建设规划纲要(2010—2020年)》为指导,制定了《关于人民法院信息化人才队伍建设的意见》。[32] 但碍于培养方式、招录机制、激励机制等,智慧法院建设专门人才依然十分缺乏。应通过将场景化地探索技术的理念植入智慧法院建设专门人才的选拔、培养、任用和评价的全过程之中,来真正实现人工智能技术理性与司法实践专业理性的融合。

第五,加强司法数据平台建设,提升司法数据质量。随着法院案件数量的不断增加,智慧法院应用体系所产生和沉淀下来的数据量几何式增长,同时,因为应用类型的多样化,案件数据的类型也从单一走向多元,需要对案件涉及的文字、图片和音视频等数据进行关联、比对和融合。任何领域智能化转型和发展不可或缺的基础之一就是高质量的、标准化数据,而智慧法院数据标准出台时间不长、覆盖面不足、应用体系较为复杂等因素的存在,导致法院数据的质量还有待进一步提升。应通过完善数据标准体系、加强数据管理、做好数据运用等工作全面释放司法数据的能量,挖掘司法数据中蕴含的巨大技术、经济和社会价值。法院还可以尝试组织开放式的法律数据

---

〔31〕 魏斌:《论法律人工智能的法理逻辑》,载《政法论丛》2021年第1期。

〔32〕 向华、袁定波:《春潮拍岸千帆进 人才领军促发展——人民法院高层次人才队伍建设综述》,载《人民法院报》2018年4月13日,第1版。

标注,形成标准数据集,为人工智能等技术的应用奠定良好基础。由于法院海量数据存储和治理方面需求的存在,智慧法院建设中必须重视数据平台和数据中心的建设,通过数据平台和数据中心建设实现以下几方面的目标:首先,对多源异构司法数据进行高效汇集和标准化管理;其次,完成法院与其他政法机关之间、不同层级和地区法院之间、法院自身应用体系内部不同应用之间的数据交换,“数据共享是司法智能化的基本前提,其有效地将信息系统相连并实现数据在软件和硬件系统中的跨界运用,为司法系统的自动反应和智能决策提供了条件”[33];再次,经历了近30年的信息化建设,法院已经沉淀了海量数据,但数据的利用率和利用程度都还较低,数据平台要为大数据运算和利用提供算法和算力,为法律大数据、法律人工智能应用提供云平台;最后,数据平台还要集中做好司法数据的安全保障,既包括微观层面个案中当事人隐私数据的保护,也包括宏观层面司法数据交换和运用过程中数据的安全保障和脱敏处理等。

第六,做好碎片化应用的淘汰、协调与整合,打造智慧法院智能化应用矩阵。智慧法院建设的前提不是给法院和司法人员增加科技负担,而是要用信息化应用为司法人员提供科技关怀。体现科技关怀最简单的办法是减少日常办公办案中需要操作的系统的数量,降低系统复杂度,实现对于碎片化应用的集约化建设。“避免零散开发建设,提升智慧法院建设的系统性和整体效益,是当前司法改革面临的重大任务。”[34]集约化建设就是要减少应用体系的内部消耗,将应用体系的综合效用最大化,通过智慧法院应用建设到应用运维的转向,将应用运行成效监控与评估作为智慧法院建设的核心工作,对于长期无数据产生、无人使用或者评价普遍较低的应用进行淘汰,将有现实需求的功能吸纳到其他相关系统或应用之中;找准服务于不同诉讼阶段、不同业务场景的各个应用的对接节点,通过数据平台或者数据服务实现应用之间的无缝对接;将小体量的智能化辅助需求从应用化建设转为模块化研发,用模块化的方式机动地服务于更多应用和业务场景,做到一个业务场景中,司法人员或诉讼参与人员只操作一个系统,一项案件数据,司

---

〔33〕江国华、何盼盼:《数据共享与中国司法现代化》,载《中国高校社会科学》2017年第1期。

〔34〕深圳市福田区人民法院课题组等:《福田法院构建智慧法院效能体系的探索与实践》,载齐树洁、张勤主编:《东南司法评论》第12卷,厦门大学出版社2019年版。

法人员或诉讼人员只录入或采集一次,大幅度减少应用的绝对数量,降低智慧法院建设中应用运维的压力和成本,通过打造智慧法院应用矩阵,彰显我国法院智能化程度,推动法律人工智能的发展和应用。

第二章
智慧诉讼服务的司法实践与建设路径

人民群众在司法个案中的公平正义获得感,除了来自与利益息息相关的裁判结果外,最直观的体验莫过于在诉讼过程中接受诉讼服务的感受。在新的司法改革背景下,诉讼服务不再是传统意义上专门为当事人和社会公众提供的司法服务,而是融入了多元解纷、分调裁审、集约管理等在内的综合诉讼服务体系。诉讼服务的多元需求推动着诉讼服务理念的不断更新和诉讼服务体系的跨越式发展,但从全国各地法院的建设情况来看,标准不一、配套不足等问题仍然制约着诉讼服务工作的整体发展。2019 年 7 月 31 日,最高人民法院发布《关于建设一站式多元解纷机制 一站式诉讼服务中心的意见》,要求打造依托大数据、云计算、人工智能、物联网等信息技术,贯通大厅、热线、网络、移动端,通办诉讼全程业务的“智慧诉讼服务”新模式,为现代化诉讼服务体系建设确定了新的方向。从宏观来看,智慧诉讼服务体系是一项涉及人民法院内设机构调整、人力资源调配、审判流程再造、社会资源利用等各个方面的庞大工程,需要用系统的眼光和统筹的方法来谋划和推进。[1] 当前,各地法院已经就智慧诉讼服务体系的建设展开了多种多样的探索和实践,但对于智慧诉讼服务体系的建设动因、建设思路、建设路径等方面的理论总结仍十分缺乏。

一、当前诉讼服务建设中亟待解决的主要问题

(一)立案大厅转型后的“角色转变”表面化

随着诉讼服务功能的多元化发展,原先以“立案”为核心业务的立案大

---

〔1〕 倪寿明:《统筹推进现代诉讼服务体系建设》,载《人民司法》2019 年第 19 期。

厅已无法兼顾和满足日益增长的诉讼服务需求。因此，鉴于各地法院已基本形成由立案庭集中处理对外诉讼事务的现实情况，诉讼服务中心大多在既有格局上改建而成。[2] 这种以原立案大厅为基础进行诉讼服务中心建设的模式，在司法实践中的表现形式通常包括扩展诉讼服务的功能模块、将立案大厅进行更名、调整诉讼服务中心的管理架构等。[3] 人民法院之所以普遍采取这样的建设模式，主要基于以下几点考量：第一，从立案庭的功能定位来看，立案庭承担的功能已远远超过传统的立案、缴费、案卷移送等，还承担了包括审查过滤、案件分流、纠纷化解、诉讼服务等在内的增量职能，[4] 这就为立案庭向诉讼服务中心的转变奠定了基础；第二，从人员配置来看，立案庭的分管领导及立案工作人员都长期从事对外服务，具有对外服务经验，工作方式更容易被服务对象所认可和接受；第三，从经济成本来看，在立案大厅基础上改建诉讼服务大厅既满足诉讼服务大厅对于业务扩容的要求，又能充分发挥原先对外窗口的职能。

由立案庭直接改建具有现实基础及合理性，但在这样的建设背景下，也存在无法回避的问题，即"角色转变"的表面化。在诉讼服务中心建设过程中，有些法院只是将名称、布局、外观等进行了更换，基本上仍然延续原来的工作方式，在本质上尚未触及诉讼服务的真正内涵。诉讼服务中心的设立应遵循能动司法理论，将与诉讼服务相关的功能从各职能部门中剥离出来，重新组合成一个有体系、有组织的法院内设机构，既要在法院大的框架体系内运行，又要具备诉讼服务的特殊职能。[5] 因此，诉讼服务中心虽然是在立案庭的基础上改建的，但不能只拘泥于表面转变，而是应将其所承载的诉讼服务清单进行重新梳理并定义，在诉讼服务体系下组合成一个有机整体。

（二）多元司法需求导致的"服务集成"碎片化

诉讼服务的司法需求主要来自两方面，一方面是社会公众的诉讼行为

---

〔2〕 江帆：《诉讼服务中心标准化建设研究》，载李瑜青、张斌主编：《法律社会学评论》第4辑，上海大学出版社2018年版。

〔3〕 程勇等：《武汉江汉：立案登记改革催生诉讼服务转型》，载《人民法院报》2015年10月13日，第6版。

〔4〕 张嘉军：《立案登记背景下立案庭的定位及其未来走向》，载《中国法学》2018年第4期。

〔5〕 张雁、张殿美：《解读诉讼服务中心内涵》，载《江苏法制报》2011年12月15日，第8版。

服务需求,另一方面是法院内部的司法行为服务需求。在这两方面需求的共同推动下,诉讼服务的事项和内容得到进一步的扩充,诉讼服务中心所承担的功能也由单一向复合发展。以当事人为中心的诉讼流程再造,将原本散落于各庭室、各部门、各环节的审判辅助性事务进行整合后推向前端,诉讼服务中心作为一个整体直面当事人并提供诉讼服务,既完成了诉讼行为服务的集成,又实现了司法行为服务的集成。在多元司法需求推动下形成的服务集成,是提供智慧诉讼服务的前提,但在诉讼服务集成过程中,也面临碎片化服务的风险与弊端。此外,在诉讼服务集成时也要考虑因服务对象不同而出现的兼容性问题,诉讼行为和司法行为本身可能因为立场不同而导致利益分化,服务集成能力的欠缺和诉讼行为与司法行为的不融洽关系则可能进一步加剧诉讼服务整合的难度。

碎片化的诉讼服务无法满足多元司法需求,也难以彰显诉讼服务的司法便民理念,对诉讼服务体系的整体推进形成阻力。主要体现在:第一,碎片化的服务不利于诉讼事务的"一站式"办理。将法院内部能够为当事人提供的诉讼事务进行集中,就是为了建立统一的流转枢纽,解决现实中存在的当事人反复找法官的问题,如果提供的诉讼服务是碎片化的,则可能只是寻求服务的对象不同,反复往返法院的实质问题仍未得到有效解决。第二,碎片化的服务不利于审判辅助事务的"一站式"办理。在审判庭前、庭中和庭后的各个阶段都存在可以剥离并交由诉讼服务中心集约处理的辅助事务,碎片化的审判服务很难建立起有效的衔接机制,反而容易造成事务办理上的混乱与疏漏。第三,碎片化的服务不利于诉讼服务的"一站式"管理。为了满足多元司法需求,诉讼服务往往需要通过不同途径提供,比如网上诉讼服务、窗口办理服务、线下自助服务等,如果不解决服务碎片化的问题,极大可能会增加法院管理上的负累。

(三)信息化应用产生的"领域数据"割裂化

诉讼服务中心多元化的功能定位是由司法需求多元化决定的,其是对外面向社会公众、对内服务法院审判工作和审判监督管理工作的综合性服务机构。[6] 诉讼服务中心提供的诉讼服务是多方面的,既包括向当事人提供的立案、缴费、材料转接等服务,也包括向法院内部办案部门提供的文件扫描、文书送达、卷宗归档等服务。在人民法院信息化建设进程中,信息化办公早已成为法院内部工作人员的日常办案模式,诉讼服务阶段性集成的特点也决定了诉讼服务工作的不断扩充,与之相对应的是在不同服务领域逐渐搭建起既存在关联但又相对独立的网络办公系统,由此在客观上形成了领域数据壁垒。通常情况下,诉讼服务中心的工作人员在处理不同诉讼事务时使用的是不同的信息化系统,系统之间缺乏有效的数据资源整合,相互独立的司法数据造成了领域数据的割裂化。

司法现代化离不开信息化的推进和驱动,"数据孤岛"的客观存在导致司法数据难以发挥促进信息化建设应有之效能。[7] 这种数据壁垒的现象在诉讼服务信息化建设中尤为突出,不同的诉讼服务数据存在不同的信息化系统存储环境中,未能形成有效的融合,便会产生一系列的问题。首先,在数据利用方面,存储于各个信息化系统中的数据虽然实质上掌握在法院手中,但在数据利用上又依赖于信息化系统提供商的售后服务,在数据利用方面存在掣肘,仍可能面临一定的数据使用成本。其次,在数据效益方面,诉讼服务过程产生的数据变成了"沉睡"中的数据,无法产生数据利益,例如法院内部工作人员在进行诉讼服务中心运行的质效分析时,其中涉及的线上线下诉讼事务办理、涉诉信访、多元化解、诉讼辅助服务等运行情况因数据壁垒无法进行汇集并自动生成分析报告。最后,在数据管理方面,各个信息化系统产生的数据无法进行有效的汇总,各办案人员的工作量及诉讼服务中心整体的工作成效都无法通过数据分析和挖掘呈现,难以为法院管理提供决策支撑。

(四)强调硬件建设引发的"设备搁置"普遍化

诉讼服务大厅配备便民服务一体机等智能化设备,是诉讼服务建设的

---

〔6〕 李鑫:《诉讼服务中心的功能定位与运作逻辑研究》,载《兰州大学学报(社会科学版)》2019年第3期。

〔7〕 赵龙、刘艳红:《司法大数据一体化共享的实践探微——以破除"数据孤岛"为切入点的逻辑证成》,载《安徽大学学报(哲学社会科学版)》2019年第6期。

重要组成部分,可以提供包括诉讼指引、法律咨询、自助立案、申请旁听等在内的一系列诉讼服务。这些智能化设备在司法便民中承担着重要的角色,因此各地法院都将其作为一项重要的便民举措并积极引入,但在司法实践运行中却发现,数字化的硬件设备利用率并不高,当事人更愿意选择在办案窗口进行业务办理。[8] 提供智能化设备并未取得预期的效果,这种硬件设备被搁置的普遍化现象也是诉讼服务建设过程中需要解决的问题。导致这种现象产生的原因,一方面是硬件设备集成的功能较多,操作复杂,在缺乏主动引导的情况下,当事人不熟悉如何操作,就不想用或者不会用智能化设备来办理诉讼事务,从而影响了智能化设备的运用效果;另一方面是硬件设备提供的诉讼服务相互对立,彼此之间又缺乏关联,当事人在不同的智能化设备上可能要重复的录入信息,从而进一步导致该现象的加剧。智能化设备被普遍搁置,当事人在办理相同的诉讼事务时就不会再选择智能化设备,仍然习惯性的通过窗口进行业务办理,既导致司法资源的浪费,又增加了窗口办案人员的工作压力。

二、智慧诉讼服务的建设动因

(一)智慧诉讼服务有助于诉讼行为服务的全景覆盖

社会公众对于诉讼行为服务的需求是贯穿司法全流程的,呈现的是全方位的要求,因此诉讼行为服务的全景覆盖是诉讼服务体系构建的首要目的,社会公众在诉前、诉中、诉后各个环节的共性诉讼行为服务需求均值得关注并予以回应。

第一,智慧诉讼服务体系在诉讼行为服务中的诉前扩展。诉讼是社会公众解决纠纷的终局方式,是保障当事人正当权利的“最后一道门户”。但其实在诉讼开始之前,社会公众的诉讼服务需求就已经产生并对诉讼行为的后续开展产生深远影响,主要包括两个方面:一是关于法律咨询、纠纷结果预测、诉讼风险提示等方面的诉前咨询服务。二是关于诉前调解、司法确认等方面的诉前解纷服务。有效的诉前服务有助于社会公众对诉讼行为所

---

〔8〕 刘伟炜:《基层法院诉讼服务中心存在问题及对策建议》,载《江苏经济报》2019 年 12 月 11 日,第 3 版。

产生的诉讼结果形成合理预期，既有助于避免过当诉讼行为，也有助于通过诉讼之外的其他解纷方式进行纠纷化解。智慧诉讼服务将"一站式"多元解纷纳入其中，扩大了诉讼服务的范畴，将诉讼行为服务向诉前进行了实质性扩展，并通过诉讼服务实现了对社会中各种类型纠纷解决资源的整合。

第二，智慧诉讼服务体系在诉讼行为服务中的诉中贯穿。提供诉讼服务是诉讼行为过程最核心的内容，关系到社会公众对法院诉讼服务的直接评价。在诉讼过程中的诉讼行为服务应结合当事人所涉及的案件，根据案件所处的不同状态提供与之相匹配的诉讼服务，这就要求诉讼服务不仅要具有准确性，而且要具有一定的预测性。比较典型的，如果当事人参加庭审，法院提供的服务应不仅仅只是通知当事人按时到达法院，而且更应该结合当事人所要到达的庭审场所提供一定的指引，指引当事人到达庭审场所，此外，对于开庭所要注意的事项，都可以在庭审前做好引导服务，这样的诉讼服务既便利当事人，也为庭审的高效运转提供帮助。

第三，智慧诉讼服务体系在诉讼行为服务中的诉后延伸。案件终结绝不意味着诉讼行为服务已经结束，裁判文书送达后，还可能为当事人提供判后答疑、上诉、申诉、涉诉信访等诉讼服务，这就要求诉讼服务的功能定位除了要向诉前延伸，更应该进行"后移"，良好的诉讼服务带来的不仅仅是纠纷的及时化解，更应该取得良好的社会效果。[9]

（二）智慧诉讼服务有助于司法行为服务的资源整合

对于司法行为服务，需要考虑如何实现司法资源的优化配置，在诉讼服务中心的工作场所提供的司法服务应该满足提升司法资源"产出比"的要求，智慧诉讼服务体系的建设既要有利于法院内部资源的整合，也要有利于法院与外部资源的整合。

第一，在法院内部实现审判资源整合与辅助事务集成。首先，关于审判资源的整合。诉讼服务中心是纠纷进入法院的第一道入口，建立案件的繁简分流机制，这既是提高办案效率的前置措施，也是面对诉讼爆炸时的法院应对。[10] 通过案件分流，对案件进行初步筛选，符合调解的案件优先进行

〔9〕 周佑勇：《智能技术驱动下的诉讼服务问题及其应对之策》，载《东方法学》2019年第5期。
〔10〕 陈卫东：《诉讼爆炸与法院应对》，载《暨南学报（哲学社会科学版）》2019年第3期。

诉前调解,事情清楚、法律关系简单的案件则通过诉讼服务中心的速裁庭进行速裁快审,复杂疑难案件才会经过诉讼服务的过滤功能进入法院审判后端,由更专业的审判团队进行审理,从而减轻当事人的诉累。其次,关于辅助事务的集成。保障审判权运行机制改革,确保司法人员有效履行职责,除了配备一定数量的法官助理、书记员等协助其工作,更为有效的措施是统筹规划审判运行机制改革与智慧诉讼服务体系的构建,共同促进改革措施有效实施。对于法官和辅助人员的配比,在司法实践中存在差异,有些法院实行"1∶1∶1"的配比方式,而有些法院因辅助人员的缺少可能存在共用辅助人员的情况,后者可能表现为法官和其他辅助人员的配比呈现严重"倒三角",出现配比的失衡。[11] 智慧诉讼服务体系对于司法行为服务有效的措施是将审判辅助事务集约到诉讼服务中心进行系统化管理,承担原本由法官所完成的工作,将法官从审判辅助事务中解放出来,法官不需要再承担审判辅助事务,从而可以将更多的精力投入案件审判。

第二,在法院内外部之间实现纠纷解决方式衔接与区域诉讼服务协同。首先,关于与其他纠纷解决方式的衔接。除了法院本身所承担的纠纷解决责任外,法院还应加强与其他纠纷解决机构的衔接,通过诉调对接机制与信息共享机制实现多元纠纷化解的智慧诉讼服务。目前,在推动法院与其他各机构之间的衔接上,主要是采取联合有关部门出台多元解纷文件的方式,而且已经在特定类型案件中取得了良好的成效。[12] 其次,关于区域诉讼服务协同。区域诉讼服务协同既包括本辖区内的派出法庭、专业审判团队等的诉讼服务协同,也包括各地法院之间的诉讼服务协同。诉讼服务中心不仅仅是法院本部处理诉讼事务的中心,也是本辖区内处理诉讼事务的中心,通过构建"诉讼服务圈"的模式扩展诉讼服务辐射的空间范围。此外,由于各地法院的诉讼服务标准存在差异,应推动跨区域诉讼服务模块建设,在跨

---

〔11〕 叶锋:《司法改革视野下审判辅助事务管理模式初探》,载《东方法学》2015 年第 3 期。

〔12〕 比如在金融纠纷多元化解上,最高人民法院联合中国人民银行、原中国银行保险监督管理委员会出台了《关于全面推进金融纠纷多元化解机制建设的意见》,推动提供"投诉 + 调解 + 裁决"的"一站式"纠纷解决服务;在道交纠纷的处理上,最高人民法院联合公安部、司法部、原中国银行保险监督管理委员会出台了《道路交通事故损害赔偿纠纷"网上数据一体化处理"工作规范(试行)》,开展道交纠纷网上一体化处理工作。

域立案、委托送达、联合调解、跨域执行等方面实现"一站式"诉讼服务。[13]

(三)智慧诉讼服务有助于诉讼行为服务与司法行为服务的良好互动和融合

随着立案登记制的实行,保障社会公众诉权的理念已贯彻到了诉讼程序当中,但伴随产生的"诉讼爆炸"现象也给法院的审判工作带来了挑战,诉权的保障与司法权的行使存在一定的冲突。一方面,诉讼当事人想要全程了解诉讼事务处理的过程或者状态。在传统的诉讼服务模式下,当事人在诉讼服务大厅立案或者递交材料后,在诉讼事务处理期往往失去了对诉讼行为处理的动态了解与监督,出现了不同长短的空白期,而在此期间,当事人往往要往返法院多次了解案件的处理情况,这种被隔离在事务处理之外的情形便容易使当事人滋生不满情绪,从而质疑法院的运作方式。另一方面,在"案多人少"背景下法官处理的案件数量增加,难以有效兼顾每一个案件的当事人。在传统的诉讼服务模式下,诉讼服务中心在进行司法行为服务方面承担的职责较少,大量与审判相关的事务性工作仍然由承办法官处理,大量的工作压在法官身上,可能导致法官在案件处理上的捉襟见肘。

诉权是当事人的一项基本权利,而司法权是保障诉权行使的一种救济权力,两者之间通常呈现为此消彼长的关系,比如滥诉的存在不仅会消耗有限的司法资源,还会损害司法权威。[14] 在智慧诉讼服务体系中,既能提供面向社会公众的诉讼行为服务,又能回应法院内部的司法行为服务,正是平衡诉权保障与司法权行使之间冲突的最佳路径之一。智慧诉讼服务体系在当事人和法官之间构建的模式为"当事人—诉讼服务中心—法官",诉讼服务中心承担的功能是需求的回应和服务的供给。当事人需要处理诉讼事务时,直接在诉讼服务中心进行办理,在办理完成后由诉讼服务中心将该业务的情况传递给法官;而法官的非审判性事务则集中到诉讼服务中心,在诉讼服务中心办理后再反馈给当事人,这样的处理模式相较于"当事人—法官"的传

---

〔13〕 司法实践中,有法院已经开始探索司法系统区域合作协调发展的新机制,参见吴磊:《跨区域司法协作的"四个维度"》,载《人民法院报》2020年3月12日,第8版。

〔14〕 石春雷:《立案登记制改革:理论基础、运行困境与路径优化》,载《重庆大学学报(社会科学版)》2018年第5期。

统模式,看似增加了一道程序,但实际上在当事人与法官之间建立良好的沟通渠道,通过诉讼服务既保证当事人顺利的行使诉权,又保障司法权威,从而在诉讼行为服务与司法行为服务之间形成良好的互动和融合。

三、智慧诉讼服务的建设思路

(一)基于数据的软件硬件集成

诉讼服务的软硬件建设是实现智慧诉讼服务的先决条件,也是在"小区域"实现"大诉服"的根基。从当前诉讼服务大厅的硬件设施基础建设情况来看,主要包括:当事人自助使用设备、排队叫号显示设备、窗口终端办案设备等。从当前诉讼服务的软件系统基础建设情况来看,主要包括微信公众号、网上诉讼服务平台、集约送达平台、诉讼服务办公系统等。根据法院诉讼服务大厅面积大小和实际需求的不同,软硬件设备的布局规划可能存在差异,但是在承担的诉讼服务功能上却存在趋同,都希望在现实的场所上尽可能涵盖全部诉讼服务的功能。然而,在实际的运行过程中,诉讼服务大厅在规划布局、功能设计、技术保障等方面都存在经验不足,无法实现在有限的场地尽可能囊括诉讼服务的目标,有些仅能提供简单的法律咨询和进度查询服务。[15]

在建设智慧诉讼服务体系时,应立足于当前法院已有的软硬件基础建设,通过打通数据壁垒而实现软硬件集成。第一,实现诉讼服务过程中产生的数据汇集。当事人既是诉讼服务的享受主体,也是诉讼事务数据的产生主体,在使用不同的诉讼服务产品时,都会产生与该诉讼服务相关的数据,所有的数据都应该基于诉讼服务的基本逻辑进行汇集。第二,软件硬件可以根据实际功能需求相互调用数据。法院建设的软件硬件要想形成一个整体,提供智慧诉讼服务必须实现数据的相互调用,这样才能服务于诉讼的各个环节,比如通过微信公众号进行诉讼服务预约,在诉讼服务大厅摆放的导诉一体机进行取号排队时,就必须实现预约数据的调用。第三,软件硬件应该实现与法官办案系统的对接。无论是基于案件数据为当事人提供关联服

〔15〕 成都市锦江区人民法院课题组:《诉讼服务机制的实践反思与完善路径》,载《四川行政学院学报》2013 年第 5 期。

务,还是将审判辅助事务集成到诉讼服务中心,都无法脱离办案系统而独立存在,办案系统数据对诉讼服务软硬件的开放是数据流转的前提。

(二)基于业务的线上线下集成

随着互联网及移动互联网的迅速发展和更新迭代,当事人对诉讼服务的要求及法院可以提供的诉讼服务方式都发生着彻底的改变。可以预见,几乎所有的诉讼过程都将离不开互联网,线上线下只是诉讼环境和诉讼方式不同而已。从最初的案件流程查询、立案、提交材料等部分业务转移到网上,到线上调解、在线开庭等审判业务也转移到网上,这个发展历程也表明,最理想的状态应当是从起诉、立案、举证、质证、开庭、调解、判决、送达和执行等各个环节都实现线上化,并能够实现线上线下的任意切换。

智慧诉讼服务建设覆盖从立案、提交材料到调解、速裁等的业务场景,将诉讼服务业务的线下办理转移到线上办理已具备现实基础,但在进行线上业务与线下业务集成时,需要注意以下几个方面:第一,同一业务的线上办理与线下办理应具有相同的法律效力。保障当事人在进行线上活动时具有与线下活动具有同等的权利,是进行业务线上线下集成的基本原则,不能限制当事人的权利。第二,线下业务的线上再造并非简单的流程照搬。线下业务进行线上再造的过程是将诉讼服务与信息化技术充分结合,形成一种新的业务办理机制,程序公正和诉讼效率都能够得到提升,既不是简单地将线下业务原封不动的搬到互联网上,也不是线下业务与信息技术的简单相加。[16] 第三,线上业务与线下业务应保持并行,赋予当事人转换的选择权。线上和线下是两种业务办理的手段,当事人采取何种方式存在选择的自由,法院不能强制当事人必须采用哪种方式。在选择之后还应设置线上和线下的程序转换机制,在具备条件时进行线上业务与线下业务的切换。

(三)基于纠纷的院内院外集成

首先,智慧诉讼服务应主动参与到院外的诉源治理。从法院的角度来讲,诉源治理的基本要求是减少纠纷进入法院,能够避免纠纷的产生或者在

---

〔16〕 王福华:《电子法院:由内部到外部的构建》,载《当代法学》2016 年第 5 期。

源头即可以得到解决。在建设智慧诉讼服务体系时，需要突破法院内部的思维局限，应该将目光放在纠纷解决的大格局下，与院外的纠纷化解机构进行衔接，对于非诉讼的纠纷解决方式进行指导，从源头上解决矛盾。诉讼服务中心是面向社会公众的门户，推动诉讼服务工作向纠纷源头延伸并不是在做无用之功，而是以积极的态度与社区、行政机关、调解组织等其他机构形成合力，从而达到纠纷共治、成果共享的局面。

其次，智慧诉讼服务应完善诉前多元解纷联动衔接机制。与诉前调解工作的衔接，重点体现在两个方面，一是在诉前调解失败的情况下，做好非诉与诉讼的衔接，指导当事人在诉讼服务中心立案，提示诉讼存在的风险，转入诉讼程序；二是在诉前调解成功的情况下，通过司法确认程序完成调解协议司法确认工作，进一步巩固诉前调解的成果，避免调解成功而无法执行的情况下纠纷再次进入法院。

再次，智慧诉讼服务应构建院内的纠纷化解机制。纠纷在诉前阶段无法化解则会进入法院，在法院内部首先应该开展的是案件的繁简分流工作，这项工作应该在诉讼服务中心完成。根据繁简分流标准，对案件做进一步的筛选，将符合简案标准的案件在诉讼服务中心的速裁庭处理，对符合繁案标准的案件在诉讼服务中心进行分案，确定专业审判团队进行案件审判，智慧诉讼服务可以保证程序转换的流畅和效率。

最后，智慧诉讼服务应实现对人民法庭诉讼服务工作站的整合。人民法庭的增设和职能的强化，使得我国法院基层司法辖域相对限缩发生了实质性变化，司法与社会之间有形或无形的距离都相应拉近。[17] 人民法庭在诉讼收案、纠纷化解等方面同样承担着诉讼服务的职能，也是智慧诉讼服务体系的重要组成部分。在整合人民法庭的诉讼服务时，可以充分发挥信息技术的作用，形成“院、庭联动，诉讼服务一体化”的智慧诉讼服务格局，比如当事人可以在任一人民法庭提起诉讼，在诉讼服务中心进行统一立案后再分派到相关的人民法庭进行审理；通过在线视频的方式，实现院机关的诉讼服务指导、监督和管理。

---

〔17〕 顾培东：《人民法庭地位与功能的重构》，载《法学研究》2014 年第 1 期。

四、智慧诉讼服务的建设路径

(一)围绕诉讼事务展开的智慧办理服务

诉讼事务办理的服务对象,既包括案件的当事人,也包括有提起诉讼意愿的不确定的社会公众。[18] 一方面,根据服务对象提供差异化的导诉分流服务;另一方面,结合服务对象所要办理的业务类型,引导其进行自助诉讼服务或者前往业务窗口进行办理,整个智慧诉讼服务都围绕诉讼事务的办理展开。

1. 导诉分流的并行机制

通过对诉讼服务中心的重新定义赋能,将不同的诉讼事务进行一体化整合,在整体上延伸了诉讼服务的功能区域,但客观上也给当事人带来了不便,尤其是在当事人不熟悉法院服务区域和功能布局的情况下。从司法便民的角度,为人民群众提供的导诉分流服务是全方位诉讼服务的开端,也是智慧诉讼服务体系的应有之义。在智慧诉讼服务体系下开展的导诉分流服务主要包括两种:一种为基于业务的分流,主要是根据社会公众或当事人所要办理的诉讼事项,为其提供与之相匹配的诉讼指引或诉讼辅助,比如需要办理立案、缴费、递交材料等业务时可以提供办理指南;需要参与庭审、进行庭审旁听等事项时可以提供法庭位置和路线指引。当然,结合业务划分的粗细程度不同,基于业务的分流往往是多重服务场景下的层级递进关系,需要进一步细化,比如递交材料下又可以分为递交证据材料、执行材料、上诉材料等。另一种为基于案件的分流,主要是指根据当事人所涉案件的情况,为当事人提供不同的纠纷解决方式,包括非诉分流、专业分流、繁简分流等多种分流方式。[19] 这种基于案件的分流偏向纠纷解决,比基于业务的分流更具有实质性的意义。智慧诉讼服务体系应同时运行两种导诉分流机制,在不同的司法需求场景下为当事人提供全方位的诉讼服务,从而提升诉讼引导的质量效果。

---

〔18〕 李少平:《对人民法院诉讼服务机制的理性思考》,载《人民司法》2009 年第 5 期。

〔19〕 李鑫:《诉讼服务中心的功能定位与运作逻辑研究》,载《兰州大学学报(社会科学版)》2019 年第 3 期。

2. 自助式诉讼服务新模式

在诉讼服务大厅办案窗口进行业务办理，通常需要排队而且等待时间较久，为减少群众诉累，法院逐渐在诉讼服务大厅提供自助查询、自助立案等自助服务。[20] 随着人民群众整体文化水平的提高及信息技术的发展，通过自助方式进行诉讼事务办理逐渐成为可能。因此，在智慧诉讼服务体系下构建自助诉讼服务新模式，成为司法便民、缓解办案压力的另一种有效举措。根据自助诉讼服务的时间和空间，自助诉讼服务的类型主要包括自助导诉区、24 小时自助服务区、网上自助服务等。在自助导诉区可以设置导诉一体机、虚拟导诉员、3D 导航仪等来提供自助导诉服务；在 24 小时自助服务区可以提供全天无休零接触服务，可以设置材料收转智能云柜、文书制作终端、风险评估终端、自助查询终端、自助阅卷终端等；在网上自助服务可以提供自助诉讼预约、网上立案、网上阅卷等自助服务。值得提出的是，自助诉讼服务虽然为诉讼事务的办理带来了便利，但在提供自助诉讼服务时，也要注意两点：一是要对自助服务设备、系统的操作性、稳定性等方面提出高标准要求；二是在提供自助服务的同时也应提供与之相关的说明、指引等服务。

3. 诉讼业务的一窗通办

诉讼服务大厅的业务办理窗口，在传统上的设置方式普遍以业务类型进行划分，比如立案窗口、缴费窗口、递交材料窗口等，每个窗口都只能进行单一业务的办理。之所以采用这样的方式，主要是因为诉讼服务大厅大部分是在立案庭的基础上改造而成，而立案庭的工作又相对集中，因此在窗口功能设置上就沿用了之前的做法。但采取这样的方式，可能会存在以下问题：第一，诉讼服务中心集成了大量诉讼服务，已不再局限于原先立案庭所承办的立案、缴费等少量业务，更具有“包罗万象”的趋势，此时按照业务类型进行划分在设置逻辑上会无法协调；第二，随着社会公众的司法需求增多和法院提供业务的扩充，传统的划分方式不利于准确的诉讼引导，反而会造成困扰；第三，因业务办理的实际情况不同，同一时刻不同业务的办理人数会存在差异，有的窗口需要排队办理，而有的窗口却相对空闲，这样不仅会

〔20〕 卫建萍、陈凤：《上海法院不断完善“一站式”诉讼服务　司法为民　永无止境》，载《上海人大月刊》2016 年第 1 期。

影响办理效率,也会造成司法资源的浪费。因此,诉讼服务大厅在业务窗口的划分上应进行相应的改革,改变之前按照业务类型进行窗口划分的做法,转而将业务窗口设置为一点通办,在任一窗口都可以进行所有业务类型的办理,从而提供诉讼事务办理的“一站式”服务。但是,也应当注意,有些业务因为特殊原因需要特殊处理的,也可设置专门窗口,比如缴费、12368 服务热线等。

(二)围绕纠纷化解展开的智慧解纷服务

法院通过构建多元化纠纷解决机制,以多方协调、多方联动促进“诉源治理”,既是法院对于“把非诉讼纠纷解决机制挺在前面”的有效回应,也是法院发挥司法治理溢出性效应的集中体现。〔21〕

1. 调解组织和调解员的统一管理

多元化纠纷解决涉及法院和其他纠纷解决机构协调,是司法改革的重要举措,法院主导地位的确立表明其希望以积极的态度参与到纠纷的社会治理中,更好地履行法院自身司法性角色的职能。在法院主导下,可以在诉讼服务中心建立诉调对接机制,引入律师调解、人民调解,通过对调解工作的指导,促进多元纠纷化解工作的开展。〔22〕 在法院主动引入的情况下,法院就应承担起管理的职责,包括案件分配、调解排期、诉调对接等,而这些工作开展的前提就需要对进驻法院的调解组织和调解员进行统一管理,加强对调解员的培训和指导,建立对调解组织和调解员的调解过程管理和指导机制,实现对其科学的评价。

2. 专业化调解工作室与类型化要素式调解

在诉讼服务中心打造一站式调解模式,可以从两个方面进行考虑:从调解主体上,可以建立专业化调解工作室;从调解方式上,可以探索要素式调解。

第一,传承调解经验,建立专业调解室。调解这种纠纷解决方式传承已久,具有解纷快、效果好、成本低等特点,很多调解员在实践中逐渐积累了成

〔21〕 王国龙:《法院参与基层治理及其角色定位》,载《东岳论丛》2020 年第 4 期。

〔22〕 四川省成都市中级人民法院课题组、郭彦:《内外共治:成都法院推进“诉源治理”的新路径》,载《法律适用》2019 年第 19 期。

功的调解经验,以调解员个人命名这种带有专业性色彩的调解工作室更容易被当事人所接受,也能发挥调解能手的示范作用。[23] 在诉讼服务大厅还可以根据地区纠纷的类型、数量和特点设立调解工作室,比如婚姻家庭、道路交通、劳动争议调解工作室等。当事人因发生纠纷起诉到法院,在立案之前可以先引导当事人前往调解室进行调解,从而提高调解的时效性。

第二,拓宽调解方式,探索要素式调解。根据调解活动发生的阶段,大致可以分为诉外调解、诉前调解、立案调解等。[24] 调解与审判不同,体现的是一种柔性司法,充分尊重当事人行使处分权的自由,但一味地放任反而会出现"和稀泥调解"。为了改变这一现状,司法实践中开始在立案调解阶段探索"裁判式调解"[25]。与立案调解阶段的"裁判式调解"不同,要素式调解更多的是在诉前调解阶段的"准裁判式调解",在意思自治、权利处分等方面更为宽松,但要素式调解与裁判式调解在调解过程需遵循合法原则上又具有一致性。所谓"要素式调解",就是针对能够概括出共同要素的类型化案件,总结提炼调解要素,调解员在调解要素的基础上开展调解,是在法律的框架下结合要素式审判而形成的一种调解方式。要素式调解的调解要素是在要素式审判的裁判要素基础上进一步总结而成,将审判经验前置到调解环节,这种"准裁判式"的调解结果与判决结果在裁判尺度、裁判价值上趋向一致。

3. 诉调对接机制下的要素式速裁

随着繁简分流、司法资源优化配置等司法改革的推进,将速裁快审工作集中到诉讼服务中心成为"一站式"解纷服务的创举,从而改变了长期以来案件审判只能在审判庭进行的传统做法。第一,应将速裁快审放在诉调对接机制下考量。开展诉前调解的案件,在调解成功后需要出具法律文书的可以转到速裁快审团队处理;调解不成功的也可以在立案之后在诉讼服务中心完成速裁法官与调解员的快速对接,在案件流转上实现了无缝衔接。第二,要素式速裁是速裁快审的配套机制。要素式的案件裁判方式与速裁

〔23〕 陈津波:《打造多元纠纷解决和诉讼服务新模式的实践》,载《江南论坛》2019 年第 12 期。

〔24〕 傅郁林:《"诉前调解"与法院的角色》,载《法律适用》2009 年第 4 期。

〔25〕 罗斌、徐澄:《融"刚"于"柔":江苏省苏州市吴中区法院裁判式调解实践的调查》,载《人民法院报》2012 年 11 月 29 日,第 5 版。

案件存在共通性，适合速裁的民事案件都可以尽可能地适用这种方式。[26] 将要素式速裁作为速裁快审的配套机制，法官可以针对要素进行案件速裁，对于无争议的要素直接确定，对于有争议的要素进行审理，从而提高司法效率。第三，构建要素式调解与要素式速裁的衔接。在诉前调解阶段开展的要素式调解与要素式速裁在要素的设置上可以进行兼容整合，调解员已经确认和总结为争议的要素可以直接过渡到要素式速裁中，可以减少法官的庭前准备工作。要素式速裁中普遍遇到的问题是要素表填写困难，当事人填写意愿并不高，但如果将要素表的填写作为一项诉讼服务，由诉讼服务大厅导诉人员进行辅导填写，可以更有利于该措施的实现。

在繁简分流改革过程中推广的专业化审判，是以审判专业和效率为要素构建专业审判机制，可以根据案件的不同类型确定审理类型化案件的专业审判组织，从而推进办案标准化及审判专业化。要素式速裁在细化民商事案件类型的基础上，研究并整理关键审判要素，与专业化审判的发展方向是一致的。因此，可以将要素式与专业化审判进行有机结合，在专业审判组织审判过程中采取要素式的审判方式，实现专业化与要素式的良好互动和融合。

（三）围绕审判业务展开的智慧辅助服务

有实证研究表明，法官的日常工作仍然以司法性活动为主，投入非司法性活动的工作时间所占据的比例较小。[27] 所以，在破解“案多人少”这个实践命题的时候，应该将更多的精力放在司法性活动研究上，其中审判核心事务与审判辅助事务的分离则是重要的内容之一。[28]

1. 审判辅助事务集约管理的可能与限度

第一，审判辅助事务集约管理的可能。首先，在审判核心事务与审判辅

---

〔26〕 李鑫、王世坤：《要素式审判的理论分析与智能化系统研发》，载《武汉科技大学学报（社会科学版）》2020 年第 3 期。

〔27〕 左卫民：《时间都去哪儿了——基层法院刑事法官工作时间实证研究》，载《现代法学》2017 年第 5 期。

〔28〕 我国审判核心事务与辅助事务的区分，经历了从混合模式到分离模式的发展过程，并逐渐形成了认可分离模式的主流观点，参见邹碧华：《审判事务的分工与法官辅助人员的配置探讨》，载《法律适用（国家法官学院学报）》2002 年第 12 期。

助事务的分离上，虽然立法并无明确规定，但围绕审判权基本上可以将审判核心事务与审判辅助事务进行界定。其次，审判辅助事务不涉及案件审判核心，不会影响法官审判权独立行使，法官从审判辅助事务中抽身而出专司案件审理，反而可以提升审判质效。最后，审判辅助事务集约管理，将辅助事务集约到诉讼服务中心由专门团队负责，有利于建立内外沟通的良好机制。

第二，审判辅助事务集约管理的限度。首先，审判辅助事务的集约管理应服从审判权。法官的审判权是法院运作的基础和中心，审判事务管理从属于审判权的地位不能逾越，其管理的模式和运行的逻辑必须契合审判权的行使。〔29〕其次，审判辅助事务的集约管理不能采取"大包大揽"的方式，将审判辅助事务一股脑地丢给诉讼服务中心，仍然要考虑该事务转移到诉讼服务中心后可能对法官审判权、当事人诉讼事务办理、社会评价等产生的影响。最后，并非所有的辅助性事务都可以交由诉讼服务中心集约管理，有些与审判核心事务密切相关的审判辅助事务并不适合将其从审判团队中抽离，比如庭前证据交换、诉讼材料审查、组织庭前调解等。〔30〕

2. 各方主体在审判辅助事务中的职责分工

虽然依据现有司法改革文件无法对审判辅助事务进行明确界定，在界定标准上也存在不同观点，〔31〕但根据最高人民法院《关于完善人民法院司法责任制的若干意见》的相关要求，仍然可以明确各方主体在审判事务中的职责分工：首先，法官的职责主要是依法行使审判权，并统筹规划和指导法官助理和书记员的工作，对案件审判整体负责。其次，法官助理的职责包括协助法官办理诉讼材料审查、组织庭前调解等与审判核心事务密切相关的

〔29〕 叶锋：《司法改革视野下审判辅助事务管理模式初探》，载《东方法学》2015 年第 3 期。

〔30〕 姜立恒、潘自强：《"案多人少"背景下的审判辅助事务集中管理——以诉讼服务中心的"洛阳模式"为视角》，载《人民法治》2016 年第 10 期。

〔31〕 比如以是否涉及判断权作为明确审判辅助事务的标准，参见龚成、李降兵：《审判辅助事务制度化剥离的探索与创新》，载《人民法院报》2015 年 12 月 9 日，第 8 版；以是否需要高度的法律判断并且能够产生确定效力或既判力作为界定标准，参见姜立恒、潘自强：《"案多人少"背景下的审判辅助事务集中管理——以诉讼服务中心的"洛阳模式"为视角》，载《人民法治》2016 年第 10 期。

审判辅助事务，其职责更接近审判权行使。再次，书记员的职责包括庭前准备、庭审记录、卷宗材料整理等可以从审判事务中剥离的审判辅助事务。最后，诉讼服务中心的职责包括扫描装订、集约送达、保全和委托鉴定集约服务等审判辅助事务。

从各方主体在审判事务中的分工，可以看出法官助理承担的职责更多是与审判核心事务密切相关的审判辅助事务，类似于准审判核心事务，而这部分工作往往不能从审判事务中剥离而交由诉讼服务中心进行集约管理。相反，书记员承担的职责更多的是可以从审判事务中剥离的审判辅助事务，与诉讼服务中心进行集约管理的职责范围大体相同，因此可以建立"法官—书记员—诉讼服务中心"的审判辅助事务集约管理模式，书记员作为连接办案法官与诉讼服务中心的桥梁，全面负责将审判辅助事务"摆渡"到诉讼服务中心进行统一管理的工作。[32]

3. 诉讼服务项目外包的市场管理机制引入

长期以来，法院职权配置改革中市场化思维和方式的运用是相对不够的，并未将其置于整个社会主义市场经济的背景下考虑，对于其中的社会经济因素也未进行充分研究。[33] "服务外包"最早出现于商业领域，这种商业上的运作方式对于政府机构工作同样具有良好的帮助作用，从而成为政府机构改革的趋势，而在这种总体趋势推动下，诉讼服务中的审判辅助事务社会化也成为法院审判工作改革的重要议题。[34]

随着诉讼服务社会化的建设要求，将诉讼服务从人民法院中剥离出来外包给社会第三方专业化团队，通过购买服务的方式引入市场管理，可以为审判辅助业务提供更广阔的平台。这种市场管理机制的引入，虽然具有提高司法效率之能，但是仍然要妥善对待下列问题：第一，要将诉讼服务项目外包与诉讼服务一体化建设从整体规划上进行协调，避免司法改革之间联动效应的缺位，从而影响整体效益。第二，在外包服务的内容及外包团队的

〔32〕 司法实践中有些法院已经开始探索书记员集约管理的模式，参见王洁瑜、常非凡：《吉林探索书记员集约管理试点工作》，载《人民法院报》2019 年 8 月 19 日，第 1 版。

〔33〕 周林：《人民法院审判辅助业务外包的合法性控制》，载《北京理工大学学报(社会科学版)》2019 年第 2 期。

〔34〕 陈莉：《基于司改案例的审判辅助事务社会化的优化向度研究》，载《法律适用》2018 年第 21 期。

选择上,都需要进一步规范,因为对当事人来说,提供服务的仍然是法院,服务的好坏影响的是当事人对法院的感受。第三,应建立相应的配套保障机制,保障在引入市场管理机制下的规范管理,建立在外包团队违法、违约、服务不到位时的管控制度。

(四)围绕人案关联展开的智慧融合服务

在诉讼服务的整体运行过程中,各诉讼服务板块要想发挥融合联动的效能,就需要通过一定的方式,这种方式应该能够贯穿于诉讼服务的始终,作为诉讼服务开展的出发点和终结点。智慧融合服务的展开可以通过“人案关联”的方式进行,通过当事人信息与案件信息的关联实现办案过程中诉讼服务的融合及办案数据的流转。

第一,通过人案关联发挥诉讼服务的“链条效应”。当事人在法院立案后,就已经生成了专属的案件信息,而后续的相关诉讼服务都是围绕案件展开的。所以,只要将人案关联起来,就能准确地定位到诉讼服务的阶段,从而提供精准的诉讼服务。这种人案关联除了当事人与案件关联外,还包括诉讼代理人与案件关联、法官与案件关联,甚至包括在诉前阶段进行的调解、在非诉阶段进行的仲裁等等。人案关联将充分发挥整个社会纠纷治理的链条作用,比如基于当事人及案件的情况,可以选择恰当的纠纷解决方式,上一阶段的纠纷处理成果可以成为下一阶段纠纷处理的辅助信息;基于当事人及案件的情况,可以建立当事人与法官的沟通机制,当事人可以在诉讼服务平台查询名下的涉诉案件,可以联系承办法官或者给法官留言,可以获取法官的日程信息而妥当安排联系时间。

第二,通过人案关联实现智慧诉讼服务建设。智慧诉讼服务依托信息技术的发展,而要实现真正的智能化服务无法脱离数据的分析,只有在人案关联后,相关信息才能发挥作用。比如在智能导诉中,当事人通过安检通道进行人脸识别比对后,即可根据当事人的身份信息自动匹配案件信息,通过大数据分析预测当事人的来访意图,并提供与之匹配的导诉服务;当事人在使用各种智能化设备时,通过身份验证即可查询到该当事人的案件信息,再结合案件所处的相应阶段选择要办理的相应业务。

智慧诉讼服务是司法改革中司法便民理念的直接体现,并且与立案登记制、多元纠纷解决机制、审判辅助事务管理、司法资源优化配置、智慧法院建设等多项具体改革措施存在关联与交叉。司法体制综合配套改革是司法体制改革的延伸，深化综合配套改革既可以对已有的司法改革进行补充，又能形成相关改革措施的联动协同。在智慧诉讼服务建设中，一方面，除了诉讼服务理念、目标导向、工作指导等自上而下的顶层设计外，如何升级现有的诉讼服务体系有赖于各地法院的司法实践探索。因此，需要结合司法体制综合配套改革的思路，将智慧诉讼服务建设与法院现有的司法改革措施统筹起来，发挥"点线面体"的协同并进效应。另一方面，由于各地法院的司法资源配置与实际情况并不一致，在智慧诉讼服务建设过程中，可以在遵循智慧诉讼服务体系建设思路的基础上，结合个体法院在案件数量、人员配比、经费供给、改革成果等方面的具体情况，构建适宜本院的智慧诉讼服务。

第三章
智慧审判的司法实践与建设路径

近年来，随着大数据、云计算和人工智能等现代技术的兴起，法院系统并未被动地迎合新技术对司法工作的冲击，而是选择以积极的态度主动迎接新技术对司法运行的机遇和挑战。2015 年是智慧法院建设元年，在正式拉开人民法院进行信息化和智慧化建设序幕的同时，也奠定了智慧法院建设的司法改革方向。在智慧法院建设过程中，将人工智能技术应用到法院领域是全方位、多角度、深层次的，并逐渐形成了由智慧服务、智慧审判、智慧执行和智慧管理共同组成的智慧法院体系。[1] 2017 年，最高人民法院、国务院相继发布最高人民法院《关于加快建设智慧法院的意见》和《新一代人工智能发展规划》两份重要的官方文件，明确指出要促进人工智能在审判领域的应用，推进法院审判体系和审判能力智能化建设。当然，智慧审判并非近些年才出现的新研究领域，伴随着信息技术及人工智能浪潮的几次沉浮，相关话题早已进入司法实践和理论研究者的视野。由于大数据和人工智能等技术在各行各业创造的可观效能，新一波人工智能浪潮也推向司法领域，关于智慧审判的法学理论研究热再次开始兴起，从现有的研究成果和趋势来看，围绕智慧审判所衍生出的智能审判辅助、法学知识表达、法律推理等话题将成为学界持续关注的焦点。[2]

---

〔1〕 许建峰：《智慧法院体系工程重要成果与发展前景》，载《人民法院报》2021 年 5 月 17 日，第 2 版。

〔2〕 根据笔者收集的相关研究成果，2017 年是智慧审判研究的分水岭，仅 2018 年的研究成果就已经超过 2017 年及之前的研究成果总和，这也与 2017 年国家宏观政策发布的时间相吻合。

一、智慧审判的范围界定

在讨论智慧审判之前，首先应该明确智慧审判究竟指什么？在与智慧审判相关的研究中，有学者称之为司法裁判人工智能化，并将其定义为机器可以代替法官独立作出某些裁判决定〔3〕；有学者称之为智慧法官，从人工智能含义和法官含义两个角度认为智慧法官是能够在司法活动中进行感知、推理、学习、沟通等智能化审判的科学技术〔4〕；也有学者称之为人工智能裁判，并区分为具备明显司法辅助技术特征的弱人工智能裁判与具备自主意识而进行刑事司法语境中案件判决的强人工智能裁判两种样态〔5〕；等等。智慧审判是现代技术与审判业务的深度融合，其致力于为法官审判案件的庭前、庭审、裁判等各个阶段提供智能化服务，这种智能化服务既包括"智能化辅助"，也包括"智能化决策"。前者指的是通过信息技术处理帮助法官进行精准定位，找到一系列可以进行阅读、分析、决策等的案件相关材料或信息供法官研判；后者指的是通过信息技术处理帮助法官进行审判决策，通过算法运算后直接给出相应的结论，供法官采用或者参考。这两种智能化服务方式同属于智慧审判的研究范畴，其区别主要在于应用场景及实现的可能性上。所以，本书关注的智慧审判并不意味着必须完全实现人工智能技术在审判领域的"司法认知"能力——严格的法律推理过程，也不是单纯机械地完成法官下达任务的"司法辅助"能力——精准的信息推荐过程，而是围绕法官审判活动形成的人工智能应用生态圈，并重点聚焦于以下问题：第一，智慧审判的自身发展问题，包括智能化辅助的涵摄范围、智能化决策的可行性、法律推理的技术路线、法律知识的技术表达、案件类型的技术方向等；第二，智慧审判可能导致的司法价值冲突问题，包括智慧审判建设的基本理念、法官自由裁量权的消解、算法模型构建的价值取向、裁判结果的价值衡量等；第三，智慧审判建设的推进思路问题，包括智慧审判的数据智能、智慧审判的认知智能、智慧审判的应用场景等。从当前的研究成果

〔3〕 宋旭光：《论司法裁判的人工智能化及其限度》，载《比较法研究》2020年第5期。

〔4〕 黄辰、潘留杰：《人工智能审判的伦理冲突与基本立场》，载《河南工业大学学报（社会科学版）》2020年第4期。

〔5〕 胡铭、张传玺：《人工智能裁判与审判中心主义的冲突及其消解》，载《东南学术》2020年第1期。

来看,学界和实务对于人工智能介入审判领域普遍保持积极乐观态度,但对于智慧审判应如何构建和推进尚待进一步研究。缘于此,本书在系统考察智慧法院建设在司法审判领域已进行的司法实践探索基础上,重点探讨智慧审判构建过程中存在的局限因素,并尝试对智慧审判构建的基本理念及推进路径作理论分析。

二、智慧审判的实践场景、应用成效及技术路径

(一)智慧审判的实践场景

根据各级人民法院的智慧法院建设成果,筛选智慧审判领域的典型建设案例形成如表3-1所示。通过对智慧审判实践场景的典型应用总结分析,可以看到:第一,智慧审判建设已在全国各地法院展开,并集中于证据分析、案件裁判、文书生成、电子卷宗等主要审判活动;第二,智慧审判已应用于民事、刑事、行政案件,呈现全面建设的趋势;第三,智慧审判通常选取特定案件类型,并未追求在全量案件中展开;第四,智慧审判基本上以提供智能化辅助为目标,罕见全自动司法裁判。

表3-1 智慧审判实践场景的典型应用

应用维度	功能亮点	典型案例
繁简分流	1. 系统以第一审民商事案件案由、标的和主体为核心,科学设置27个关键要素、基础要素和参考要素; 2. 通过"应用系统算法+人工识别"方式,实现繁简案件自动识别并形成分值,根据分值将案件推送至速裁程序或审判流程管理系统	新疆维吾尔自治区高级人民法院的"繁简案件快速分流系统"①
证据审查	1. 系统通过三维扫描箱、手持扫描仪、无人机等对实物证据进行3D建模,形成高清三维展示模型; 2. 采用区块链加密技术保障数据安全和数据流转	青岛市中级人民法院的"智能3D证据管理系统"②
在线庭审	1. 当事人和律师可通过电脑端或手机端便捷登录系统进行在线调解、在线庭审等诉讼活动; 2. 律师和当事人可通过平台申请就近使用"5G智慧参审室"; 3. 平台内嵌功能齐全、操作便利的证据交换模块	成都市中级人民法院的"蓉易诉"电子诉讼平台③

续表

应用维度	功能亮点	典型案例
案件裁判	1. 系统以政府信息公开案件为研发案由,可根据案件要素库实现对核心卷宗的要素抽取; 2. 可根据卷宗信息的文本模块化处理实现卷宗信息的智能分析; 3. 可基于案情描述和案件内容解构推送类案	上海市高级人民法院的“行政案件智能辅助系统”④
	1. 系统涵盖23个常见罪名,可智能识别提取犯罪事实和量刑情节; 2. 自动推送关联法条和类案; 3. 自动依据历史量刑数据推荐量刑	海南省高级人民法院的“量刑规范化智能辅助办案系统”⑤
	1. 系统可在全国公开案件范围内查找特定当事人的关联案件; 2. 根据案情分层级推送相似案例; 3. 通过对待办案件的全卷分析和机器学习为法官推送与待办案件特征点高度相符的法律法规	河北省高级人民法院的“智能审判辅助系统”⑥
文书生成	1. 系统可根据原告诉请及其诉请处理情况智能生成裁判说理部分; 2. 根据劳动争议案件法律知识图谱智能生成裁判依据部分; 3. 根据劳动争议案件法律知识图谱生成裁判主文部分	四川省高级人民法院的“要素式智能审判系统”⑦
电子卷宗	1. 系统在案件收案立案、审判执行、结案归档等各个环节及时对纸质卷宗进行数字化处理,形成与纸质卷宗一致的电子卷宗; 2. 预先设置庭审身份,实现庭审语音文字转换时自动标注发言人身份,自动生成庭审笔录	苏州市中级人民法院的“电子卷宗随案同步生成系统”⑧

①王书林:《新疆实现全区法院繁简案件快速分流》,载《人民法院报》2020年6月22日,第1版。

②吕佼:《青岛中院“智能3D证据”助力知产审判》,载《人民法院报》2021年5月6日,第1版。

③王鑫:《“蓉易诉”让诉讼更容易》,载《人民法院报》2021年3月15日,第4版。

④葛翔:《司法实践中人工智能运用的现实与前瞻——以上海法院行政案件智能辅助办案系统为参照》,载《华东政法大学学报》2018年第5期。

⑤方茜:《海南法院大数据人工智能助力司法改革》,载《人民法院报》2017年7月27日,第1版。

⑥李建立:《河北法院智审1.0系统的开发和应用》,载李林、田禾主编:《中国法院信息化发展报告No.1(2017)》,社会科学文献出版社2017年版。

⑦刘楠、曾学原:《四川法院要素式智能审判化解“案多人少”的实践》,载李林、田禾主编:《中国法院信息化发展报告No.2(2018)》,社会科学文献出版社2018年版。

⑧林子杉:《审判如何“智慧” 苏州这样装“科技大脑”》,载《人民法院报》2016年12月25日,第8版。

(二)智慧审判的应用成效

在信息技术的帮助下,法院审判工作质效获得了一次又一次的提升,根据信息技术对智慧审判的作用,可以大体分为三个阶段,即技术性支撑的初级应用阶段、替代性辅助的探索应用阶段和自主性决策的深度应用阶段,每个阶段的信息化成果都对智慧审判产生了革命性的影响。

1. 技术性支撑的初级应用阶段

法律信息检索系统和法律专家系统是智慧审判建设初期的研究成果,其核心功能是借助技术在数据处理方面的优势为法官提供技术支撑,帮助法官在大量的法规、案例或者卷宗材料等司法文件中进行快速检索,将法官从耗时而低效的基础工作中解放出来,从而可以投入到更加复杂的推理活动中。这一应用阶段研发的系统功能主要是实现数据的高效检索,尚缺乏相应的推理能力,其定位是为法官提供搭载强大数据库功能的系统,并在进行法律、案例、审判知识等及时更新的同时完成卷宗材料的电子化转变,从而提高法官在审判过程中查找文献、起草文书、信息流转等的效率。[6] 由于这一阶段的司法数据积累不足和信息技术发展缓慢的双重影响,能够为法官审判案件提供的智能化辅助相对有限,但案件审判的信息化程度却在不断更迭,从而为智慧审判建设奠定了良好基础。

2. 替代性辅助的探索应用阶段

随着司法数据的积累和现代技术的发展,智慧法院建设不再满足法律专家系统提供的基础性支撑,转而寻求更深层次的应用,希望在某些特定场景下,人工智能可以帮助法官完成替代性工作。这一阶段智慧审判的应用建设成果主要作为审判工作的替代性工具,对于法官司法裁判起到辅助作用,比如查询和推送关联案件、推送法规条文及类案信息、辅助生成司法文书、裁判结果预测与量刑参考、智能庭审等。[7] 由于司法本身逻辑特性、算法技术瓶颈、高质量标注数据不足等,智慧审判的应用尚处于发展阶段,也是当前的探索应用阶段,将为法官提供替代性辅助作为系统研发的核心目

---

〔6〕 张保生:《人工智能法律系统的法理学思考》,载《法学评论》2001 年第 5 期。

〔7〕 胡昌明:《中国法院"智慧审判"的新发展与新展望》,载《山东法官培训学院学报》2019 年第 4 期。

标。与技术性支撑的初级应用阶段相比,此阶段更重视数据处理和算法建模,试图帮助法官处理更加复杂的任务,比如帮助法官生成司法文书、帮助法官进行卷宗归档、辅助法官进行证据审查等。

3. 自主性决策的深度应用阶段

从整体上看,智慧审判将长期处于替代性辅助的探索应用阶段,这既受到司法自身特性的影响,也因为当前司法领域技术研究尚未获得足够重视和突破。但无论是学术界还是实务界都在思考人工智能在司法审判中的角色转变,即如何实现从替代性辅助到自主性决策的过渡。[8] 在自主性决策的深度应用阶段,人工智能将借助数据和算法完成自主推理过程,而这一过程只需法官少量的操作,甚至可能不需要法官进行人为干预,因此有学者预言,"计算法律,以及算法裁判,或将成为法律的终极形态"[9]。当然,人工智能的自主性决策,并非意味着必须对整个案件进行自主决策而得出裁判结果,也可能是嵌入审判过程中的某个环节的自主决策。但无论如何,自主性决策阶段都是比技术性支撑阶段和替代性辅助阶段更深层次的应用,只不过这一阶段的进入或许比人们设想的时间更久,而且可能无法应用于全量案件中,只能在特定的案件类型中进行应用。

(三)智慧审判的技术路径

在智慧审判构建过程中不可回避的研究议题是如何构建审判领域的人工智能模型。当前智慧审判构建过程中进行法律推理建模的技术路径主要有三种:一是基于法律逻辑的形式主义推理;二是基于历史案例的现实主义推理;三是基于法律大数据的裁判预测。

1. 基于法律逻辑的形式主义推理

在智慧审判构建过程中最初应用的技术路径便是基于法律逻辑的形式主义推理,这也是成文法国家法律推理史上的主流建模路径。该技术路径的本质是将包含法律规则的法条按照演绎推理的方式表达为计算机可以进

[8] 盛学军、邹越:《智能机器人法官:还有多少可能和不可能》,载《现代法学》2018 年第 4 期;马皑、宋业臻:《人工智能"法官"的一种实现路径及其理论思考》,载《江苏行政学院学报》2019 年第 2 期;[澳]塔妮娅·索丁:《法官 V 机器人:人工智能与司法裁判》,王蕙、李媛译,载《苏州大学学报(法学版)》2020 年第 4 期。

[9] 腾讯研究院等:《人工智能》,中国人民大学出版社 2017 年版,第 281 页。

行识别和执行的模型，其遵循的基本逻辑是司法三段论，即只需要向计算机程序输入一个案情事实，则可根据预先设置的法律规则进行数据运算、论证、推理和解释，最后给出裁判结果。这种推理路径的典型应用是以要素式审判理论为指导研发的智能化系统，系统按照法律规则推理思路设置了具体性的诉讼请求、对抗性的审理要素、关键性的计算辅助、区分性的裁判说理、靶向性的法律适用、对应性的裁判结果、自动性的文书生成七大功能，以期实现从案情到结果的推理过程。[10] 不过，这种基于法律逻辑的形式主义推理在构建过程中存在相当大的困难之处，主要原因有：第一，将案情事实分解为要素因子的方式无法避免案件事实复杂和要素颗粒度设置的难题，同一案件事实在不同要素因子拆解下会呈现为不同的表现形态，甚至可能会导致案件事实的偏差；第二，在建立在机械、有限视角下的法律逻辑模型中，这些要素因子对推理出的裁判结果所具有的权重系数应该如何进行衡量和定义；第三，根据案件事实设置的事实要素与根据法律规范设置的法律要素应该如何进行关联，并应当按照何种法律逻辑进行推理。

2. 基于历史案例的现实主义推理

在整个法律体系中，具有开放结构术语和概念的法条占据了相当大的比重，这一方面是由人类自然语言的模糊性、社会性、分歧性等本质特征所决定的，另一方面立法者也不可能预测现实中的所有情形并设计出足够详尽的规范。事实上，基于法律逻辑的推理在理论研究和司法实践中都受到了诸多限制和质疑。因此，起源于判例法国家审判传统的一种技术路径逐渐进入研究者视野——基于历史案例的现实主义推理。这种推理方式关注的核心问题是如何建立待决案件与历史案例的相似关系及程度，一旦这种相似关系建立后便可借助历史案例已确定的裁判规则实现待决案件的类案同判，从而实现法律人工智能推理的目的。不过与判例法国家的案例推理不同，在成文法国家中这种推理方式通常作为一种补充形式而存在，法官更希望的是从相似的历史案例中获取可以指导审判实践的裁判规则。这种推理路径的典型应用是结合办案场景的类案推送，比如在庭前准备阶段、审理

[10] 李鑫、王世坤：《要素式审判的理论分析与智能化系统研发》，载《武汉科技大学学报（社会科学版）》2020 年第 3 期。

阶段、结案阶段等向法官推送类案。[11] 但这种推理方式尚存在两个关键问题未得到充分解决：第一，作为推理基础的历史案例库构建问题。从近几年案例库的建设现状来看，无论是各级法院建设的判例数据库，还是法学研究机构以及其他社会主体建设的判例数据库，都存在高质量判例数据较少、裁判规则提取质量不高、遴选的渠道与机制缺失等问题。[12] 第二，作为推理核心的相似案例关联问题。实现相似案例关联的技术路线主要包括通过案件事实进行关联、通过争议焦点进行关联和通过法律适用进行关联，无论哪种技术路线都需要实现案例信息的检索和抽取，但从目前已进行的研究进展来看，案例信息抽取和案例相似关联都未取得理想的效果。[13]

3. 基于司法大数据的裁判预测

与建立在演绎推理逻辑上的规则推理技术路径和建立在类比推理逻辑上的案例推理技术路径不同，基于司法大数据的裁判预测是综合运用社会科学、数学、统计学等学科，以海量司法数据蕴含的过往判例信息为基础，对待决案件裁判结果作出的可能性预测。在前两种技术路径下，即使没有足够的司法数据，只要存在明确清晰的规则或指导意义的案例，就可能得出正确的推理结果。但在基于司法大数据的裁判预测这种技术路径中，具有足够数量的既往案件事实和裁判结果是其进行推测的前提，没有一定规模的司法数据信息很难实现真正意义上的裁判预测。[14] 这种技术路径主要用于刑事案件的量刑建议上，如通过裁判文书的文本挖掘和基于神经网络、线性回归方法的量刑预测建模实现对贩卖毒品罪的量刑预测。[15] 但基于司法大数据的裁判预测通常会存在两个典型问题：第一，大数据所具有的客观属性和预测能力在司法审判领域可能受到限制。利用司法数据进行预测之前，需要对数据进行主观评价和解释，这一过程无疑会导致数据客观属性的

---

[11] 陈琨：《类案推送嵌入"智慧法院"办案场景的原理和路径》，载《中国应用法学》2018 年第 4 期。

[12] 顾培东、李振贤：《当前我国判例运用若干问题的思考》，载《四川大学学报（哲学社会科学版）》2020 年第 2 期。

[13] 李鑫：《从信息化呈现到体系性构建：判例运用视角下判例检索系统的建设与发展》，载《四川大学学报（哲学社会科学版）》2020 年第 2 期。

[14] 白建军：《法律大数据时代裁判预测的可能与限度》，载《探索与争鸣》2017 年第 10 期。

[15] 舒洪水：《司法大数据文本挖掘与量刑预测模型的研究》，载《法学》2020 年第 7 期。

消解。此外,由于案件事实的复杂和法律体系的演变,从法官已判先例中提取可以预测裁判结果的要素时往往会捉襟见肘。第二,裁判预测可能不受控制地朝着非正确的方向愈演愈烈。这好比通过大数据预测顾客的购物喜好或观影偏好,一旦得出预测结果便会向这种结果偏移——哪怕这种结果是错误的,而对于非正确预测结果的纠正却并非简单而有效。

三、智慧审判受制于司法特性与智能技术的双重张力

当智慧审判在理论研究和司法实践领域广泛开展时,人们越来越认识到"智慧"与"审判"的叠加效果并不乐观,两者之间可能会产生紧张的内在张力,更深层次的影响是对现有司法体制的冲击。一方面,司法系统运作向智能技术开放引发的直接后果是法官审判权本身可能存在潜在风险;另一方面,随着智慧审判的应用与深入,司法裁判过程与结果能否在智能技术潜移默化影响下保持公正性亦成为关注的焦点。

(一)司法审判自由裁量权与算法不可解释性之间存在张力

由于法律本身的局限性与社会生活的复杂性,在每一个个案处理中都可以看到法官经验与智慧的运用,在审判活动中充满着法官自由裁量的色彩。法官根据自己对立法目的和法律原则的理解,在法律规范的框架内,凭借道德良知和审判经验,运用司法逻辑和理性思维,认定案件事实,选择至善的裁决结果,以实现公平正义的价值。[16] 法官自由裁量权其实是一把"双刃剑",既可以凭借法官的司法技艺对纠纷化解和实现正义起到积极作用,也可能因为法官职业道德素养差异与自由裁量缺乏操作标准而陷入权力行使不当或被滥用的伦理困境。技术不可解释性源于技术黑箱问题,是信息时代普遍存在的客观现象,但是人工智能算法的不可解释性更具有鲜明的特征,这是因为当前智慧司法领域推崇的机器学习、深度学习、神经网络等都为非显式编程。无论是算法因为商业秘密不公开,还是因为技术本身的特性无法公开,都使人工智能算法的不可解释性成为智慧审判领域不可避免的难题,初观是从条件到结果的决策过程无法被解释,实则是因为无

---

〔16〕 李叙明:《法官自由裁量权的伦理规制研究》,载《湖南大学学报(社会科学版)》2013 年第 5 期。

法按照法官常规审判方法得出裁判结果,使整个司法过程失去了透明性与权威性。

对当事人而言,法官自由裁量权下的自由心证过程与算法黑箱下的数据运算过程都存在不同程度的不可解释性问题,只是法官自由裁量权下的自由心证过程受到同业法官、说理义务、伦理道德、司法责任制等各种形式的制约,而算法黑箱下的数据运算过程往往缺乏相应的制约措施。在简化说理的简单案件中,裁判文书呈现法官自由心证过程相对较少,当事人所感受到的不可解释性问题差别就很小,只有在需要详细说理的复杂案件中,这种差距才会明显。而对法官而言,人工智能算法不可解释性给强调法官自由裁量权的司法审判带来的是巨大挑战,这种挑战主要体现在人工智能算法可能不断消解法官的主体性,动摇法官在司法审判中的主体地位。因此,法官对于人工智能算法介入审判领域在很大程度上会保持怀疑和排斥,从而限制智慧审判的应用和发展,"法官们在历史上已经表现出对于那些企图影响他们自由裁量权因素的敏感度,因而也可以推定强加给他们某个电脑决策支持系统的态度"[17]。

人工智能算法应用会对法官自由裁量权产生两方面的影响。一方面,通过人工智能算法可以在一定程度上限制法官自由裁量权,这符合规制与监督法官自由裁量权的目的,但在算法不可解释性下,这种约束却不容易控制,对法官自由裁量权的限制也无法限缩在某个可控范围内。另一方面,人工智能算法结果可能会对法官内心确认结果造成不当干预。人工智能算法运用历史数据构建模型,通过训练模型而形成决策规律,但这种决策规律在算法不可解释性影响下就变得不易被发现,当决策规律形成偏差而导致"算法歧视"时,就会形成看不见的不正义。[18] 当这种决策结果提供给法官参考时,法官无法知悉结果的运算逻辑,内心会纠结,从而出现裁判偏差。比如法官根据案情事实和量刑情节得出的量刑结果为 5 年,然后人工智能算法通过对本院甚至上级法院的裁判文书自动分析后得出的量刑建议结果为 7 年,此时就会对法官的心理活动产生重要影响,极可能导致量刑不当。正是由于人工智能算法不可解释性带来的负面影响,如何维持合理限制法官

---

〔17〕 吴习彧:《司法裁判人工智能化的可能性及问题》,载《浙江社会科学》2017 年第 4 期。

〔18〕 魏斌:《司法人工智能融入司法改革的难题与路径》,载《现代法学》2021 年第 3 期。

自由裁量权与避免不当干预法官自由裁量权行使之间的平衡，是智慧审判构建过程中不可回避的问题。

(二)社会公众对司法公正的追求与技术工具理性之间存在张力

与公平正义的永恒论、普遍论相比，公平正义应该是具体的、历史的，不存在脱离具体的公平正义，具体到司法审判中，让人民群众在每一个司法案件中感受到公平正义就是最直接的表达。其中"感受到公平正义"则必然包含程序正义和结果正义两方面，两者之间的复杂联系表现为程序正义保证结果正义的实现，结果正义影响程序正义的感受。[19] 技术工具理性是追求效率优先的技术与具有逻辑分析、结果预测以及利弊权衡能力的理性思维的高度契合，因强调客观性、规范性和可操作性的特征而被广泛应用于生活各个方面，但其在智慧法院建设的很多领域都显得与司法本性格格不入，而司法审判又是其中最突出的部分。[20] 在传统司法审判运行模式下，法官审判案件是一项综合运用法学知识、审判经验、社会价值等内容的复杂技艺，由此得出的审判结果才能让双方当事人信服并产生定分止争的社会效果，而这正是司法正当性的基础。智慧审判试图运用技术方式达到法学知识积累、审判经验复制、社会价值嵌入的效果，但仍然无法让当事人像信赖法官判案一样信赖技术判案，这不仅仅是因为现有技术无法完全模拟司法运作过程，更重要的是技术判案并不具备法官判案的外观，无法让当事人在心理上产生认同感并感受到公平正义，社会公众对司法公正的追求与技术工具理性之间的矛盾也就显露出来。

公平与效率的关系是中外哲学、伦理学、法学、经济学等长期争论的焦点，存在公平与效率无关论、效率优先论、公平优先论、公平与效率并重论、公平与效率辩证论、公平与效率统一论等各种观点。[21] 随着研究深入，学界的更多研究认为公平与效率并非二元对立关系。在智慧审判建设过程中，技术工具理性的客观存在对于社会公众的司法追求不可避免地产生直接影响，但技术工具理性与社会公众对司法公正追求的正负关系及前者对

---

〔19〕 刘立明：《"感受到公平正义"的法治意蕴》，载《江苏社会科学》2020年第5期。

〔20〕 徐骏：《智慧法院的法理审思》，载《法学》2017年第3期。

〔21〕 孙国华、方林：《公平正义是化解社会矛盾的根本原则》，载《法学杂志》2012年第3期。

后者的影响程度是一个难以进行客观衡量的问题,对效率价值与公正价值的辨析关系也不能只进行公正优先于效率的僵化理解,还应从以下几方面进行分析。其一,技术工具理性对于社会公众追求司法公正是有积极意义的,这主要体现在通过借助技术手段发现案件事实、寻求法律适用、生成裁判文书等提高审判效率,以解决"迟到的正义非正义"问题。法律系统应在运作上坚持封闭而在认知上保持开放,上述活动都属于法院系统的认知领域,本身应该保持开放性,外界技术因素介入并不会当然破坏法院系统运作上的正当性。[22] 但如果想借助技术手段进行自动判案,而不是只作用于审判的认知领域,以牺牲司法公正为代价提高司法效率,则必然会引起公众对审判结果的正当性追问。其二,技术工具理性对司法公正的影响在不同案件类型上的作用力是不同的,应结合不同案件类型进行区分,不能一概而论否定技术工具理性的作用。比如在合同案件中应用技术手段的核心在于还原案件事实,追求"工具理性"可能不会导致社会公众对司法公正的追求与技术工具理性之间的紧张关系;但在婚姻家事案件中应用技术手段,则必须保持高度谨慎,避免过度强调"工具理性"而忽视"价值理性",因为无论是亲属关系处理还是财产分割都具有着强烈的伦理属性,在运用技术手段时极易被忽略。其三,技术工具理性可能使"程序正义"流于"形式正义"。通常而言,基于程序正义原则的要求,司法在审判过程中设置了如管辖权、程序转换、审判时限、回避等诸多规定来规范程序进行,只要审判程序符合已设置的程序规则就表明当事人感受到了程序正义,但事实往往并非如此。即使审判程序完全按照预先设定的规则进行,当事人仍然会抱怨审判不公正,究其原因,是"程序正义"与"形式正义"被偷换了概念,机械地认为"形式正义"就是"程序正义"。然而,根据阿玛蒂亚·森的观点,正常法律程序的实现需要依靠理智,而理智则应包括理性和情感两方面。[23] 与兼具理性和情感的诉讼个体不同,技术工具理性无法像诉讼个体之间那样进行情感交流,其过于强调程序规则而忽视了诉讼过程中的情感交流,可能存在追求"形式正义"的风险。

---

[22] 段厚省:《远程审判的双重张力》,载《东方法学》2019 年第 4 期。

[23] [印]阿马蒂亚·森:《正义的理念》,王磊、李航译,中国人民大学出版社 2012 年版,第 40 页。

四、智慧审判构建的基本理念

(一)事实之维:人工智能推理介入司法审判的先决条件

传统上对于法律推理的讨论主要聚焦于法律要素层面,并将事实要素归为证据法领域,“但只要法律问题几乎总是取决于对事实的判断,只要事实判断以各种方式受到法律规则和典型推理方式的塑造,那么将事实问题排除于法律推理的主题之外就显得很奇怪”〔24〕。无论采取哪种技术路径的法律推理方式,都不可避免地需要对待决案件和已决案件的事实进行事实要素抽取或事实知识图谱构建等预处理,对案件事实处理的好坏直接决定着能否按照预先设计的推理模型实现法律推理。当前智慧审判之所以并未取得良好成效的其中一个关键因素便是案件事实并非总那么容易通过技术手段进行处理并达到想要的案件事实解析效果。换言之,案件事实的可类型化和复杂程度决定着人工智能在司法审判中的应用,判断某类案件是否可以嵌入人工智能时,对该类案件事实是否能够按照机器可以理解的方式进行描述是必要的审查前提。

类型化案件在案件事实、法律适用等方面存在共性,可以通过审判实践经验对案件事实要素、法律关系、审判要点等方面进行总结归纳,具有简易性、要素化、标准化、参与性、可预见性等审理特征。〔25〕从基于法律逻辑的形式主义推理角度而言,类型化案件的案件事实与法律事实具有同质性,只要将案件事实与法律事实进行比照便可以得出结论,使人工智能介入具有可能。而在基于历史案例的现实主义推理和基于司法大数据的裁判预测的两种推理路径中,案件事实清楚、可要素化表示也是对案件拆解、比对、分析的重要前提。不过,类型化案件的案件事实在司法实践中经常因为案件材料未进行电子化、无法进行结构化、要素抽取存在难度等方面的因素影响了案件事实的提取,使人工智能应用同样存在困难。解决该类问题的关键是如何抽取既有卷宗材料中蕴含的事实要素,并通过事实要素构建出案件事

---

〔24〕［美］弗里德里克·肖尔:《像法律人那样思考:法律推理新论》,雷磊译,中国法制出版社2016年版,第225页。

〔25〕李晨:《论类型化案件智能审判系统的建构——以J区法院为样本》,载齐树洁、张勤主编:《东南司法评论》第11卷,厦门大学出版社2018年版。

实,只要构建出案件事实便可通过与法律事实的对应关系而进行推导。相比之下,非类型化案件的案件事实往往与法律事实存在较大出入,通常无法根据法律事实比照案件事实作简单推理,并按照“决策—论证”模式从既有法律规范中寻求可以进行裁判的依据,这种阻却机制使得人工智能在这类案件的应用中受到限制。[26] 此时,由于案情的复杂,需要法官进行证据综合审查、案情分析比对、自由裁量权行使等各种审判工作,这一系列过程很难通过人工智能进行模拟,必须法官亲力亲为。

(二)规范之维:司法审判算法模型构建的逻辑着力点

在智慧审判构建中,对算法运行规则设计、法律推理模型构建等起决定性作用的问题是如何将法律规范进行知识表达,并用于司法运作过程的描述与还原。基于法律逻辑的形式主义推理将法律规范作为大前提,基于历史案例的现实主义推理将法律适用作为判断条件,基于司法大数据的裁判预测将法律规则作为预测规则,可以看到,无论哪种推理路径均需要围绕法律规范形成的法律论证范式。法官在审判中需要对个案作出具体评价或裁决时,需要结合案件事实从现有法律框架内寻找与之相匹配的法律规范,从而结合自己的审判经验、审判思维和审判技巧构建一套适用当前案件处理的裁判理由和裁判依据。这是司法审判中法官释法或法律推导的过程,在这过程中需要遵循最佳理解原则:首先,应当尊重法律条文,按照成文法条文的字面意思解释法律,不得擅自背离法律条文的字面含义;其次,要将成文法条文置于整个法律体系中加以理解,要考虑法律条文之间的关系以及条文背后的意图、目的、价值和精神;最后,要基于成文法条文及体系的整体思维即整合性的理解,从法律体系中推导出关于当前案件审理涉及的法律问题的最佳答案。[27] 人工智能目前阶段可以将法律条文的字面意思转译为规则,也可以将不同法律规范调整同一法律事实的法律条文组成法律规范组,但解决法律的开放性问题、理解法律条文背后的精神和对法律体系的整合性理解是目前人工智能无法做到的。因此,在设计司法审判算法模型

---

〔26〕 沈寨:《个案正义视角下司法人工智能的功能与限度》,载《济南大学学报(社会科学版)》2019 年第 4 期。

〔27〕 王洪:《制定法推理与判例法推理》,中国政法大学出版社 2016 年版,第 197 页。

时，必须将这种局限性考虑进去，否则必然引起整个推理过程的底层崩塌。

虽然法律规范在法官裁判活动中的地位毋庸置疑，但法律规范的不确定性也使得在法律推理过程中的“案件事实—法律规范”的二重结构联结容易出现断层，这就意味着，人工智能在进行法律推理的时候无法准确地在案件事实与法律规范之间建立联系，从而导致法律推理的偏差。为了解决这一问题，一种有效的解决方式是先形成具有严密、确定意义的裁判规则，并通过裁判规则将案件事实与法律规范联结起来，形成“案件事实—裁判规则—法律规范”的三重结构。一方面，裁判规则的提炼场域为个案事实，其目的在于为个案事实提供裁判指引，因此能够与案件事实形成联结；另一方面，以个案事实为基础总结的裁判规则，又需要借助既存的法律规范形成效力，因此能够与法律规范形成联结。〔28〕 目前，最高人民法院发布的指导性案例、公报案例、典型案例等，以及各级人民法院编写的审判指导、参阅案例等权威案例，普遍采取这种模式，根据筛选的个案事实形成裁判规则，从而为其他类似案例的裁判提供裁判指引。不过，由于案件数量较少、覆盖面较窄、裁判规则普适性不强等原因，现有体系下的案例指导制度尚未完全发挥预设的功能与效力，但却提供了通过构建裁判规则实现案件事实与法律规范联结的建设思路，其问题转变为如何通过既有的判例库、法规库等形成具有数据多、覆盖性强、普适性高等特征的一般裁判规则。〔29〕

（三）价值之维：人工智能机械正义的衡量标尺

智慧审判的目标是将人工智能技术嵌入审判活动的方方面面，用数据和算法模拟法官审判过程。对这一过程的价值衡量取决于是否允许借助计算机进行模拟，其核心问题是明确预测结果在法律上和法理上的正当性。正义根据表现形式和实现目的可以分为程序正义和实体正义，智慧审判对形式正义和实体正义均会产生影响。比如，在线庭审改变了传统庭审方式，更大程度上影响的是程序正义，而在量刑建议中，更容易引起质疑的是个案中的实体正义。人工智能通过数据和算法提供的是冰冷的、一般的机械正义，这与法官基于审判经验、内心裁量形成的个案正义存在本质区别。对于

---

〔28〕 张其山：《司法三段论的结构》，北京大学出版社2010年版，第79页。

〔29〕 李姝卉：《案例指导制度下的一般裁判规则构造》，载《法律方法》2019年第4期。

人工智能得出的计算结果,很多学者都在不同程度上表达担忧,如人工智能在提供正义产品时只能提供基本的素材或粗加工的产品,始终不能复制法官智慧的真谛,无法实现实质正义[30];算法裁判很难具有源于人的心性和灵性的司法判断潜质,应该对司法人工智能设置禁区,禁止在某些司法活动中的应用。[31] 价值判断是智慧审判不可回避的问题,各种研究及应用也应该围绕价值判断展开。总体而言,大数据和人工智能的"数据"能力对类型化案件裁判乃至特定个案裁判都可能给出结果预测,并在一定程度上消解法官的知识局限和主观偏见,但正是由于人工智能技术存在技术瓶颈、不可解释等问题,给出的结果预测受到诟病。因此,对于人工智能产生的机械正义,应该建立一套数据和算法的法院标准,明确在智慧审判中的数据应该如何提供、模型应该如何确定、过程应该如何监督、结果应该如何审查等问题。

人工智能算法本身是无能力进行价值判断的,其在智慧审判应用中处理涉及价值判断的问题时,主要做法是提取法官或者构建者在这个问题上的价值判断,并以此为基础作出决策。有观点认为,与传统工具相比,人工智能具备某些智力上的学习能力,在特定方面更可能超越人类,在评估技术风险时必须同时将人工智能本身的智力能力纳入考虑范围。[32] 不过,人工智能本身的智力能力归根结底仍然取决于数据及算法等底层内容,因此,算法模型构建过程中的司法价值取向主要受以下几方面因素影响:第一,基础数据本身蕴含的司法价值取向。裁判文书作为目前进行算法模型构建最重要的基层数据之一,其本身蕴含着法官对案件事实裁判的态度,裁判文书范围的选取其实就是确定司法价值取向的过程。裁判文书的类型、质量、范围都决定着会形成什么样的司法价值,个案的处理便会向着这种司法价值偏移。第二,数据标注规则及标注过程中的司法价值取向。以司法实践中某种人工智能法律知识图谱构建为例,其总体路径为依据要件事实型民事裁判论,将案件认事用法解构为不同层级要素,然后由法律专家进行标注,形成标注数据供算法学习。[33] 这种定义数据标注规则及进行数据标注,本身

---

[30] 潘庸鲁:《人工智能介入司法领域路径分析》,载《东方法学》2018 年第 3 期。

[31] 黄京平:《刑事司法人工智能的负面清单》,载《探索与争鸣》2017 年第 10 期。

[32] 陈景辉:《人工智能的法律挑战:应该从哪里开始?》,载《比较法研究》2018 年第 5 期。

[33] 高翔:《人工智能民事司法应用的法律知识图谱构建——以要件事实型民事裁判论为基础》,载《法制与社会发展》2018 年第 6 期。

就是进行司法价值取向选择的过程。第三,算法模型取舍衡量时的司法价值取向。例如,分类算法是智慧审判构建过程中应用广泛的一种算法模型,其运行逻辑是先根据预定的数据集或概念集建立一种分类模型,再使用分类模型对新数据进行分类,可以用于证据分类、裁判文书分类、要素分类等。能够实现这一目的的分类算法有决策树、贝叶斯、人工神经网络、K-近邻等,但相同数据通过不同分类方法计算后的结果是不同的,所以结合应用场景筛选算法模型也是选择司法价值取向的过程。

五、智慧审判建设的推进路径

智慧审判建设是围绕司法审判工作开展的一系列审判信息化、审判智能化措施,在法官审理案件的全过程中提供不同方面、不同程度、不同方式的智能化服务。一方面智慧审判建设贯穿审判全流程,涉及立案阶段、庭前阶段、庭审阶段、裁判阶段、结案阶段等;另一方面智慧审判建设隶属于智慧法院建设,与智慧服务、智慧执行和智慧管理存在密不可分的关系,与智慧服务共享案件审理基本信息、与智慧执行共享案件审判结果信息、与智慧管理共享案件审判过程信息等。图3-1为智慧审判建设的总体架构,总体而言,应是以数据智能和认知智能为基础支撑,按照案件的审理流程构建智能应用场景,并区分案件类型提供不同程度的智能化服务。

(一)以司法数据和审判知识构建智慧审判中的数据智能

1. 面向智慧审判建设的审判大数据

司法数据是一个宏观概念,在广义上可以泛指一切与司法相关的数据,就概念本身而言,学界尚未达成统一共识。司法数据的涵摄范围是随着应用场景变化而不断变化的,比如面向法院内部的司法数据与面向社会公众公开的司法数据必然存在差异,面向智慧审判的司法数据与面向智慧执行的司法数据同样存在不同。本章研究的对象为智慧审判建设,面向智慧审判建设的司法数据主要是指围绕审判工作所形成和需要的数据,包括审判工作过程中产生的审判信息、卷宗材料、法律文书等数据,也包括对审判工作起到支撑作用的历史判例、法规规范、行业标准、金融信息、财产信息等数据。智慧审判建设的前提之一是具备相当规模的司法数据,通过对司法数

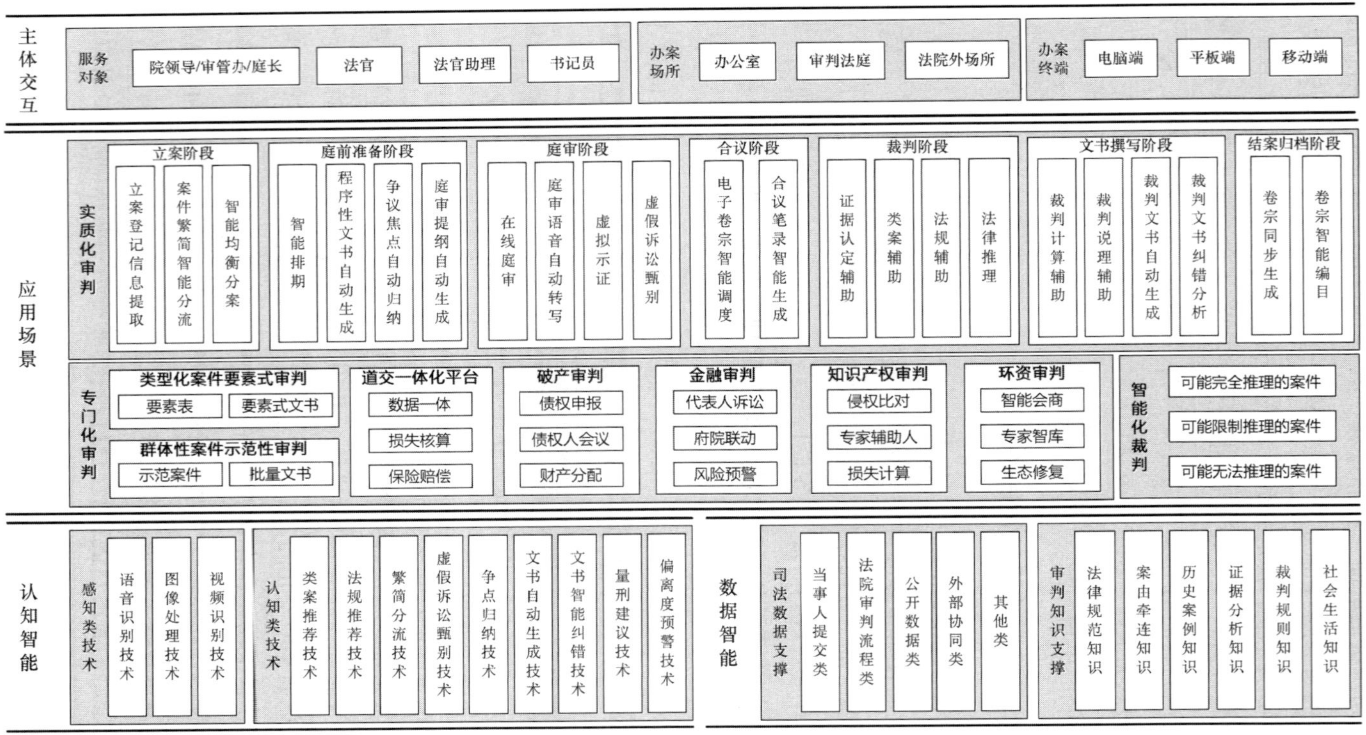

图3-1　智慧审判建设总体架构

据的采集、存储、加工和管理,挖掘审判活动与各种数据之间的关联关系,以符合司法审判规律的方式为审判工作提供服务。比如,在对案件进行繁简分流时,就需要从审判数据中获取当事人信息、案由信息、标的信息等;从当事人材料中获取证据信息、诉讼请求、基本事实等;从历史判例数据中获取法律适用信息、类案分流结果信息等。这种对司法数据的运用是一种多维的动态过程。

从数据来源看,面向智慧审判建设的司法数据主要包括以下几类:一是当事人提交类,是当事人在进行诉讼过程中向法院提交信息生成的数据,比如起诉状文本、证据材料、各种程序申请材料等。二是法院审判流程类,是法院内部在办案过程中随着案件办理流程生成的数据,比如送达文书、庭审笔录、程序变更、审限变更等。三是公开数据类,是相关部门通过一定的行为公开的数据,比如权威案例、历史判例、法律规范、公开公示等。四是外部协同类,是法院在审判案件过程中需要与外部部门协查的相关数据,比如不动产登记信息、鉴定信息、人民调解信息、仲裁信息等。五是其他类,是除上述类型数据外与审判活动相关的数据,比如图书、期刊论文中涉及审判的信息等。

从数据形式看,面向智慧审判建设的司法数据既包括通过电子诉讼平台、审判办案系统等产生的案件基本信息等结构化数据,如当事人信息、管辖信息、证据交换信息、送达信息等;也包括随案生成的各种电子诉讼材料等半结构化数据,如起诉状文本、答辩状文本、证据文本、裁判文书等;还包括围绕庭审活动产生的庭审录音录像、图像类证据材料、视频类证据材料等非结构化数据。〔34〕

2. 面向智慧审判建设的审判知识体系

智慧审判之所以可能,脱离不了围绕案件处理所应具备的各种法学知识的汇聚,对各种法学知识的使用构成了智慧审判建设的底层支撑。司法审判的专业性及权威性,要求智慧审判构建必须具备相当量级的法学知识储备,包含法律规范知识、案由牵连知识、历史案例知识、证据分析知识、裁判规则知识、社会生活知识等在内的各种法学知识。从目前智慧审判建设

〔34〕　孙晓勇:《司法大数据在中国法院的应用与前景展望》,载《中国法学》2021 年第 4 期。

现状来看,法学知识整合中尚存在两大问题:第一,法学知识的信息化转变问题。这种信息化转变既包括由非结构化知识向结构化知识的转变,也包括由零散性知识向体系化知识的转变。前者如从法律规范中抽取裁判规则、从裁判文书中抽取法官智识、从证据材料中抽取案件要素等,后者如多源法律知识融合、法学知识图谱构建等。当前法学知识信息化转变的广度和深度都未达到智慧审判预设的期望,如法学知识库重视法律规范和裁判文书的信息化转变而对风俗习惯、行业知识等其他知识涉及较少;复杂案情无法按照既定法学知识图谱进行刻画。第二,法学知识的信息化呈现问题。法学知识的信息化呈现是根据司法审判场景自由组合的过程,应该是结合司法审判进程进行的动态调整,比如在案件庭审阶段向法官呈现案件证据知识、在案件研判阶段向法官呈现类似案例和法律规范知识等。目前智慧审判应用中已有涉及,但是呈现的精准度和关联性均有不足,如推荐的类似案例范围过宽而仍然需要法官进行大量筛选工作、卷宗材料尚未将多方主体提交的证据进行链条式关联而不能为法官的综合性审查认定提供支撑。

(二)智慧审判建设的技术机理由感知智能到认知智能

1. 围绕审判大数据发展领域感知智能

感知智能是人工智能的初级阶段,主要包括人脸识别、语音识别、图像识别、视频识别等智能化处理技术,意在模拟人类的语言表达、听觉和视觉感知能力。[35] 庭审语音自动转写、图像证据识别、卷宗 OCR 识别等都是感知智能技术在智慧审判领域的典型应用场景,目前已经取得了小范围的成功,相比传统的信息技术,能够大幅度提升审判工作的效率。这种成功主要得益于两方面:一方面,这些感知智能技术隶属于通用技术,在泛行业已经经过长期试验和不断完善,具备了相当高的兼容性和成熟度;另一方面,虽然这些感知智能技术在智慧审判领域与其他领域的应用场景不同,但在技术逻辑上并无较大差异,只是技术难度不同。[36] 但总体而言,感知智能在

---

〔35〕 魏斌:《论法律人工智能的法理逻辑》,载《政法论丛》2021 年第 1 期。

〔36〕 左卫民:《从通用化走向专门化:反思中国司法人工智能的运用》,载《法学论坛》2020 年第 2 期。

智慧审判领域仍未获得普遍运用,其中最重要的原因是感知智能仍然停留在通用技术层面,未针对审判活动领域研发感知智能,这就限制了感知智能在智慧审判复杂场景中的应用。以庭审语音识别转写为例,除因语速、口音、语言环境、方言等影响识别效果的共性问题外,“案件基本信息如人名、地名、证据名称等无法以热词形式预先导入进行机器学习,影响转写准确度”〔37〕。而限制庭审语音识别转写应用的真正原因是单纯的语音转写与书记员的人工记录是存在本质区别的,如果先不考虑语音转写的准确度,单纯的语音转写会将法庭上所有人的对话一次不差地转写成文字,但书记员的人工记录却是有针对性的记录,既保持了对话真意又将与庭审无关的对话过滤掉,让法官阅读一份完全记录的庭审笔录来处理案件是一种低效而错误的方式,反而会加重法官审判案件的负担。感知智能的发展高度依赖大数据,近年来人工智能在语音识别、OCR 识别、图像识别等感知智能场景下取得的成功都离不开大数据技术的支撑,因此,要发展领域感知智能必须立足于司法审判的领域特性,尤其要挖掘审判活动的技术需求,以审判数据为核心突破通用感知智能技术的“瓶颈”。

2. 围绕审判知识体系创设司法认知智能

随着数据积累到一定量级并符合大数据的海量性、高速性、多样性、价值性的“4V 特征”,借助大数据分析实现知识发现的大数据技术逐渐受到追捧,并以此为基础形成了经验主义认识论,该认识论排除理论预设,以数据分析为前置,相信只要存在足够的数据,就可以从中发现规律并解决问题。〔38〕这是通用大数据认识论的主要观点,但是随着通用大数据技术在智慧审判建设中的应用,逐渐显现出没有法学知识指导的弊端,通用大数据技术与法律领域的逻辑思维、因果思维、推理思维等方面都存在不兼容,导致数据分析后的结果差强人意,限制了智慧审判的发展。智慧审判建设的技术机理是从感知智能到认知智能的过程,感知智能的发展依赖于大数据,而认知智能的发展则依赖于知识。因此,应当更新围绕大数据发展认知智能的理论认识,建立围绕知识发展认知智能的理论思维。认知智能是人工智

〔37〕 朱川、孙咏等:《庭审语音识别转写系统优益与配套机制研究》,载《人民司法(应用)》2018 年第 19 期。

〔38〕 王禄生:《论法律大数据“领域理论”的构建》,载《中国法学》2020 年第 2 期。

能的高级阶段，模仿的是人类数据理解、知识表达、逻辑推理、自主学习能力，在智慧审判中的应用场景主要有法律知识表达、法律逻辑推理、法律知识决策等。以量刑建议技术为例，这是一个从案件事实到裁判结果的过程，必须运用人工智能的司法认知能力，即首先需要以历史判例中类案量刑作为学习样本并构建算法模型，在输入案情后通过算法模型计算得出判决建议结果。以类案量刑构建算法模型，就必然涉及法律知识图谱、裁判规则表示等审判知识，单纯大数据是无法实现这一目的的。

(三)继续深化人工智能对实质化审判各流程阶段的辅助成效

在智慧法院建设宏观政策及商业机构盈利运营的推动下，智慧审判已经形成了多建设、集应用、广试点的实践格局，但当前的智能化应用仍然是零散和不成体系的，其中很重要的原因之一是没有按照审判流程进行系统化梳理，没有明确各阶段可以提供哪些智能化辅助。基于审判流程的立案、庭前准备、庭审、合议、裁判、文书撰写、结案归档的七个常规审理阶段，智慧审判建设应该以数据智能和认知智能为基础，打造各审理阶段的智能化服务模式，从而为一般性案件的常规审理提供智能辅助。

第一，立案阶段的智能辅助场景。立案登记是案件审判的起始流程，虽然随着电子诉讼的推广，当事人基本信息、诉讼标的信息等都已经实现了电子化，可以通过数据流转的方式同步到办案系统中，辅助立案法官进行立案审查，但仍有相当部分的信息未实现电子化或者通过线下方式发起诉讼，此时就需要为立案法官提供立案登记信息提取的智能辅助，支持从当事人提交的诉讼材料中提取立案需要的必备信息，从而完成立案登记。案件繁简分流是当前法院满足人民群众多元司法需求、提升司法供给能力的系统性改革举措，要实现案件繁简分流，“不仅需要对人民法院海量案件信息进行分析、提取、标识，还需要对人民法院审理不同案件的法官工作绩效进行量化计算”[39]。为推进案件繁简分流改革，可以提供案件繁简智能分流和智能均衡分案的智能辅助，先预先设定案件繁简识别规则及分案规则，再根据提取的当前案件信息实现案件的繁简分流及分案。

---

[39] 姚辉、翟墨：《民商事案件繁简智能分流的实践探索》，载王利明主编：《判解研究》总第89辑，人民法院出版社2019年版。

第二,庭前准备阶段的智能辅助场景。庭前准备阶段的工作大体包括事务性工作和审判性工作。案件排期及程序性文书制作都属于事务性工作,为节省事务性工作时间,可以提供案件智能排期和程序性文书自动生成智能辅助。庭前准备阶段需要完成的审判性工作有争议焦点归纳、撰写庭审提纲等,可以对当事人提交的起诉材料、答辩材料、证据材料进行提取,并结合类似案例中的争议焦点为法官提供争议焦点自动归纳辅助;可以结合案件特征、审查要素、争议焦点等内容为法官提供庭审提纲自动生成辅助。

第三,庭审阶段的智能辅助场景。在线庭审是突破庭审空间障碍和时间障碍的新机制,是实现接近正义目标的有效举措,在线化审判需要一系列措施予以保障,因此需要提供在线庭审辅助,比如通过生物识别验证当事人真实性、通过音视频信号控制证人出庭时间、通过共享屏幕模式完成在线举证质证等。传统庭审记录方式容易受到书记员的记录水平、总结能力、记录速度等因素的影响,庭审语音自动转写辅助具有语音采集和实时转写功能,可以区分诉讼主体身份实现庭审语音同步转化成文字并生成庭审笔录,将书记员们从繁重的庭审记录工作中解放出来,让其有更多时间和精力从事其他辅助工作。庭审过程中,有些实物证据无法拿到法庭进行真实示证或者案发过程无法还原,但仅通过图片、视频等方式可能导致证据失真而影响证据的证明力和证明效力,因此可以通过虚拟示证技术提供示证辅助,比如对证据进行3D建模,再通过VR技术进行证据显示,让法官更加清晰地掌握证据信息。随着“套路贷”等虚假诉讼的常态化,如何准确发现虚假诉讼成为打击和防范的关键,庭审阶段提供的虚假诉讼甄别辅助能够对虚假诉讼高发案由案件,运用云计算、大数据和智能算法等技术,实现对风险人员、风险案件的智能识别与预警,辅助法官精准高效甄别和防范虚假诉讼。

第四,合议阶段的智能辅助场景。在案件合议阶段,合议成员都需要对包括当事人提交材料、证据材料、程序性材料等在内的案件卷宗进行研读,纸质卷宗不利于卷宗检索、信息共享,因此可以为合议成员提供电子卷宗智能调度,通过语音识别、语义理解技术实时调度卷宗材料,并在终端屏幕上同步显示,提高合议效率。针对案件合议研读情况,还可以提供合议笔录智能生成辅助,将案件信息、证据分析、事实认定、法律适用等内容按照合议笔录的要求自动生成。

第五,裁判阶段的智能辅助场景。经过庭审过程的举证质证环节,法官已经对证据材料有了较清晰的认识,在裁判阶段需要结合证据材料进行事实认定,在这个阶段可以为法官提供证据认定辅助,一方面,从证据材料的呈现形式上,需要改变之前证据材料归类混乱或者只按诉讼主体简单归类的粗暴做法,以案由和案件类型起草证据参照目录,对证据材料按照法律构成要件进行分类;另一方面,从证据材料的内容提取上,可以将电子化证据材料进行结构化解析、对同类证据进行关联比对等。为实现同案同判,有效的措施是在裁判阶段为法官提供类案辅助,这是目前智慧审判中研究最多的领域之一,其中检索类案的技术相对成熟,但如何提取待办案件信息向法官推送类案仍值得深入研究。对于法规辅助,通过构建法规数据库、建立案由法规关系、法律规范组等形式可以帮助法官解决寻找法律的问题,但法律适用选择、法律适用分歧解决等方面的智能辅助仍然不足。法律推理是裁判阶段的重要工作,如何提供法律推理辅助,前文已有论述,此处不再赘述。

第六,文书撰写阶段的智能辅助场景。有些案件涉及赔偿计算,有时会在计算上耗费法官大量时间,而且很容易因为某个数据输入错误而需要重新计算,此时可以为法官提供裁判计算辅助,不仅帮助法官得出计算结果,还可以将计算逻辑以法律语言的形式生成到文书中。通过对优秀裁判说理进行汇编整理可以形成裁判说理库,在常见争点需要说理时可从裁判说理库中调用类似说理,提高法官撰写文书效率,不过裁判说理库需要及时维护,既要补充新争点说理,又要根据法律修正情况更新旧争点说理。裁判文书自动生成辅助可以从起诉状、庭审笔录等案件材料中进行信息分析和信息提取,并按照裁判文书模版生成裁判文书的大部分内容,但目前仍然存在以下问题需要完善:一是信息无法做到精准提取;二是案件事实段落无法生成;三是相对依赖要素式审判等特定的审判方式。在裁判文书的校对过程中,还可以为法官提供裁判文书纠错分析辅助,当前在字词错误、语句错误等形式审查方面能够提升法官校对效率,但是在法律适用、裁判结果等实质审查方面存在不足,比如撰写裁判依据时应该引用《民法典》第 111 条,但因为疏忽而写成了《民法典》第 110 条,此时单纯的形式审查是无法给出校对提醒的。

第七,结案归档阶段的智能辅助场景。卷宗同步生成和卷宗智能编目,是结案归档阶段的核心工作,需要将案件办理过程中产生的诉讼材料及时电子化并按照目录结构存储,是智慧审判建设的基础。虽然应用结果落在最后的结案阶段,但需要通过电子卷宗的深度应用为其他阶段的智能辅助提供支撑,是贯穿全流程的智能辅助。

(四)以实现专门化审判的智能化特色辅助为当前任务

智慧审判构建的理论框架是在司法运作逻辑上嵌入人工智能,研究至今已形成了一定的理论基础和实践经验,但不可否认,智慧审判应用系统仍然存在普适性不强、操作过程烦琐、精准度不高等诸多问题。深入思考,试图建立一种可以适用于全量案件审判的"一劳永逸"智慧审判模式可能是失败的根本原因之一。而在现实司法实践中,法院系统也不再过于追求法院的通才型特征,逐渐在传统综合性法院设置模式下设立若干专业化法院及专业化审判庭,其核心目的为推进特定类型案件的专业化审判,比如环境资源案件的专业化审判、知识产权案件的专业化审判、金融案件的专业化审判、破产案件的专业化审判等。

除了基于案件共性特征提供的智能化辅助外,还需要结合案件个性特征提供智能化特色辅助,这种辅助具有较强的案件属性,比如提供要素式审判智能化辅助只能针对适合进行要素式审判的案件,提供示范性审判智能化辅助只能针对群体性案件等。某些智能化辅助的服务对象不是也不应该是所有类型案件,而应该与专业化审判相结合,以实现专业化审判的智能化特色辅助为当前任务,主要考量因素有以下几点:第一,智能化辅助决策并非简单的数据检索、数据流转等基础应用,而是包括证据审查判断、案件事实认定、裁判结果推论等在内的法律论证分析应用,因而只能先在专业化审判领域展开。第二,专业化审判类型案件的法律构成要件特征明显、审判知识需求相对固定,能够使得"主张—抗辩—争点—说理—结果"的知识结构得以标准化,并能够从案件具体事实中将实体法构成要件范围之内的案件具体事实识别、分析与解构出来,更符合智慧审判的对话式论辩原理。[40]第三,专业化审判司法资源额外增加的技术性平衡。审判专业化可能对法

[40] 高翔:《智能司法的辅助决策模型》,载《华东政法大学学报》2021年第1期。

院工作产生中性优势影响，随着法官集中和案件集中，会产生审判质效提升、裁判品质提高、法律适用统一等成效。[41] 但也会额外增加司法资源的消耗，这是将专业化审判独立出来不可避免的事实，而通过构建专业化审判的智慧审判模式，可以有效降低法官、法官助理、司法辅助人员的投入。第四，有些功能专属于特定类型案件，不存在复用的可能性。比如在破产案件中提供的破产财产分配辅助、在知产案件中提供的涉案作品侵权比对辅助、在环资案件中提供的生态修复辅助，这些智能化辅助只能结合案件本身进行研发，属于定制化需求。

（五）智能化裁判的运行机理应分类型确定推理层次

智能化裁判是比智能化辅助更高层次的智慧审判应用模式，其目的是尽可能借助人工智能还原法官决策过程，利用卷宗材料、司法数据、法学知识、算法模型等进行自动化裁判。从数据积累的角度，目前法院的司法数据已经足够支撑相应的司法智能模型构建，但是要实现智能化裁判，仍然受制于技术瓶颈和法学知识转换等问题。受限于案情特征和司法伦理，智能化裁判应该区分案件类型进行构建，大体可以分为三种类型：一是可能完全推理的案件；二是可能限制推理的案件；三是可能无法推理的案件。

1. 可能完全推理的案件

可能完全推理的案件，是指该类案件存在借助人工智能实现对案件事实、法律规范、裁判说理等通过模型进行完全表达的可能。这种案件应该具有如下特征：(1)案件事实明确且宜于表达；(2)裁判规范可以进行模型化拆解；(3)裁判说理不涉及伦理判断；(4)裁判结果不会引发正当性争论。其中最具代表性的案件类型为机动车交通事故责任纠纷。在机动车交通事故责任纠纷案件审判中，交通事故事实查明有赖于公安交警部门作出的交通事故责任认定，而大多数普通案件的交通事故责任划分是正确的；交通事故中涉及的人身损害赔偿项目和财产损失赔偿项目可以根据法律规范拆解为计算规则，并根据具体损失计算得出赔偿方案；根据预设文书样式自动生

---

〔41〕［美］劳伦斯·鲍姆：《从专业化审判到专门法院：专门法院发展史》，何帆、方斯远译，北京大学出版社2019年版，第240页。

成的文书完整度可以达到90%左右。[42] 当然，机动车交通事故责任纠纷虽然具有完全推理的可能，但并非所有案件都可以进行完全推理，疑难、复杂、新型等案件仍然无法进行完全推理。

2. 可能限制推理的案件

可能限制推理的案件与可能完全推理的案件的最大区别在于案件事实没有前置环节予以认定，仍需要法官在案件审理过程中进行查明，案件事实确定后的其他部分存在通过人工智能算法模型实现完全表达的可能。其中最具代表性的案件类型为信用卡纠纷。通说认为，信用卡纠纷涉及的法律关系有储蓄存款合同关系、金融借款合同关系、委托代理关系、买卖合同关系、侵权关系等。[43] 信用卡纠纷涉及的支付或消费记录都以电子数据的方式进行存储，纠纷涉及的标的金额、合同条款、资金往来等都可能通过人工智能进行计算，但涉及的法律关系却无法轻易得出，因此这种类型案件的智能化裁判的介入环节为事实查明之后其他过程。

3. 可能无法推理的案件

有些案件完全不符合可能完全推理案件的四个特征，人工智能应用于此类案件时会受到严格的限制，这类案件属于可能无法推理的案件。其中最具代表性的案件类型为离婚纠纷。离婚纠纷案件审判中涉及夫妻关系、子女关系、财产分割、债务清偿、离婚救济等法律关系的处理，其中夫妻关系及子女关系的伦理属性自不待言，而夫妻财产制度同样包含着婚姻家庭伦理秩序与财产归属规范构成的内部结构与夫妻财产约定的对外效力、财产处分以及夫妻债务规则等形成的外部结构。[44] 在这种强伦理特性的影响下，案件事实的复杂性、法律规范的原则性、裁判说理的情理性、裁判结果的公平性都影响着案件的智能化裁判，非智能技术发展就可以解决。因此，这种类型案件的智能化裁判从构建之初就会受到伦理性质疑，通常不适合进行智能化裁判。

智慧审判建设已发展成为涉及法学、计算机科学与技术、数学、统计学

---

〔42〕 曾学原、王竹：《道路交通纠纷要素式审判探索——从四川高院的改革实践出发》，载《中国应用法学》2018 年第 2 期。

〔43〕 人民法院出版社编著：《最高人民法院民事案件案由适用要点与请求权规范指引》（上册），人民法院出版社 2019 年版，第 258 页。

〔44〕 冉克平：《夫妻财产制度的双重结构及其体系化释论》，载《中国法学》2020 年第 6 期。

等在内的多学科对话,既是一场司法实践活动,也是一项理论研究课题。在过去相当长的一段时期内,两者之间似乎都未达成统一认识,存在“理论研究旨在代替法官而实践应用不能代替法官”的悖论。[45] 随着在智慧审判本体论、认识论和价值论问题上的深刻研究,建设智慧审判就是利用人工智能判案取代法官判案的片面认识观已逐渐得到消解。实际上,无论是利用人工智能进行智能化辅助还是智能化裁判,都是机器根据案件类型特征所能够实现的目标,但绝非是代替法官进行决策,机器结论在本质上始终是一种辅助手段,只是辅助的程度高低不同而已。当前,智慧审判建设仍然处于发展阶段,各种智能化应用还需要与审判实践进一步磨合,我们应该充分认识智慧审判中法官与人工智能的协同关系,厘清智能化手段存在的技术局限和伦理风险,寄期望在应用中进行研究,在研究中获得提升,从而构建既遵循司法规律又满足司法需求的智慧审判模式,以信息化和智能化实现对司法公正的无限接近。

---

〔45〕 张保生:《人工智能法律系统:两个难题和一个悖论》,载《上海师范大学学报(哲学社会科学版)》2018 年第 6 期。

第四章

要素式审判的司法实践与建设路径

近年来,人工智能相关议题不断出现在各行各业,已经成为改变人类社会生活、交往方式的重要手段之一。虽然对于人工智能深度应用的利弊长期存在不同声音,但不可否认,人工智能已由学术研究和道德伦理讨论层面转变为应用主导层面,驱动着包括法律在内的若干重要领域的深刻变革。[1] 目前人工智能在司法领域的应用深度不足,尚不能为司法提供全方位、高水平的智能服务,仍然面临着诸如技术与司法耦合难度、智慧司法风险、技术伦理性探讨等现实难题。[2] “法官审理疑难案件的过程,尤其当需要决断复杂的原则、政策、道德问题时,已经远远超出了当前及可预见的计算机系统的能力范围。”[3] 全国各地法院利用人工智能辅助审判的司法实践也表明,当前的人工智能技术仍然无法辅助法官处理疑难复杂案件,仅适用于可以要素化审理的特定类型案件。[4] 因此,以繁简分流、案件类型化、要素庭审等为理论指导的要素式审判,可以为人工智能与审判辅助架起跨越鸿沟的桥梁,成为破解人工智能辅助司法审判难题的关键。

一、开展和探索要素式审判的原因

作为法院工作的核心业务,审判方式改革的尝试和探索早已存在。要素式审判的创新,使改革的广度和深度迈向了新层次,这种审判方式在短时间内得以开展的原因。概言之,集中体现在三个方面:司法的现实需求、社

---

〔1〕 李鑫:《人工智能在法院工作中应用的路径与前景》,载《经济与社会发展》2018 年第 4 期。

〔2〕 马靖云:《智慧司法的难题及其破解》,载《华东政法大学学报》2019 年第 4 期。

〔3〕 [英]理查德·萨斯坎德:《法律人的明天会怎样?——法律职业的未来》,何广越译,北京大学出版社 2015 年版,第 109 页。

〔4〕 王猛:《智能化助推司法体制综合配套改革》,载《河北法学》2018 年第 5 期。

会公众的正义需求及人工智能司法应用的需求。要素式审判在前两方面需求的驱动下快速萌芽和成型，但其之所以能够在诸多审判方法中脱颖而出，则归因于人工智能的司法应用。与人工智能技术的有效结合，不仅可以推动要素式审判改革成果的固化，而且为要素式审判发展提供了外部助推。

（一）司法的现实需求

1. 提升司法机关生产力，有效解决积案问题

随着社会和经济的发展与转型，法院收案数量持续高位运行，加上法官员额制改革，司法资源的有限性与办案模式的局限性导致了案件处理"质"与"效"难以兼顾，"案多人少"矛盾已成为全国法院亟待解决的主要问题。针对法院"案多人少"的问题，理论界及实务界从社会管理与审判管理、国家治道变革、司法辅助人员数量、要素式审判改革等不同角度进行论证，试图建立有效机制在缓解"案多人少"矛盾的同时保证司法公正和司法为民。[5]根据全国地方各级人民法院案件数量统计，未审结、未执结案件数量一直维持在200万件以上，占受理案件数量的比重最高超过了10%（见表4-1），在司法资源紧张的情况下，提升生产力、解决积案问题成为司法机关面临的迫切需求。

表4-1　2018—2022年全国地方各级人民法院案件数量统计

年份	受理案件数量/万件	同比增长/%	未审结、未执结案件数量/万件	占比/%
2018	2800	8.80	283.2	10.11
2019	3156.7	12.74	254.5	8.06
2020	3080.5	-2.41	210	6.82
2021	3351.6	8.80	341.2	10.18
2022	3370.4	0.56	289.4	8.59

注：根据历年最高人民法院工作报告记载的案件数据统计。

---

[5] 相关研究成果，参见苏力：《审判管理与社会管理——法院如何有效回应"案多人少"？》，载《中国法学》2010年第6期；姜峰：《法院"案多人少"与国家治道变革——转型时期中国的政治与司法忧思》，载《政法论坛》2015年第2期；江苏省高级人民法院民三庭课题组、宋健、刘莉：《怎样解决案多人少的矛盾？——以A中院民三庭K法官为调研样本》，载《法律适用》2015年第6期；郎立惠：《司法改革对民事案件事实认定的影响》，载《河北法学》2018年第1期等。

2. 促进法律适用统一

法律的生命力在于实施。最高人民法院尝试建立案例指导制度，通过发布具有指导意义的案例统一法律适用，但根据司法实践分析，适用指导性案例的案件绝对数量并不多，该制度尚未完全融入司法领域并达到立法的初衷。[6] 为提升司法公信力和司法权威，还需要从以下几个方面着手，促进法律适用统一：第一，实现调判标准统一。人民调解具备其他解决方式所不具有的优势，对于止争息诉存在积极意义，确定统一的调判标准，有利于调解达成并减轻法院案件数量压力。第二，保证批量案件结果统一。法官通常需要处理案情事实非常相似的批量案件，确保批量案件处理结果的一致性至关重要。第三，避免冲突判决的产生。审判责任制改革在某种程度上影响了本院裁判尺度的统一，同一法院不同法官所做的司法判决可能存在冲突。第四，实现不同审级裁判标准统一。在上下级法院间统一裁判思路和标准，有利于降低案件的改判率和发回率，促进审级和谐。[7]

3. 繁简分流，优化资源配置

(1) 调解案件的司法确认

人民调解协议司法确认程序脱胎于甘肃省定西市中级人民法院的"定西做法"，并作为多元化纠纷解决机制改革的成果在立法上得以确认，其具有的调解优先、成本低、申请便利、执行力保障等特点促使司法确认案件不断增多。[8] 虽然从目前司法确认程序的整体运行来看，尚未全面取得预期的效果，但以长远发展的眼光看待，司法确认必将得到广泛认可。调解案件司法确认的快速处理，有助于调解成果的固化，促进纠纷及时解决，当事人不再走诉讼程序，可以间接促进司法审判资源的优化配置。

(2) 速裁案件的高效处理

"民事速裁"是一种制度、程序还是机制，在学界尚未有清晰的认识。在现行民事诉讼立法和相关司法解释的框架下，速裁并非独立的诉讼程序，而是在参考国内外民事审判实践经验基础上的审判方式探索，作为一种机制

---

〔6〕 彭中礼：《司法判决中的指导性案例》，载《中国法学》2017 年第 6 期。

〔7〕 应勇：《推进法律适用统一　促进法律有效实施》，载《法律适用》2012 年第 3 期。

〔8〕 刘加良：《司法确认程序何以生成的制度史分析》，载《法制与社会发展》2016 年第 1 期。

可能更为贴切。[9] 在比较法上,“民事速裁”的基本类型包括普通程序速裁审、简易程序速裁审、特别程序速裁审和小额诉讼速裁审。[10] 虽然我国民事速裁大多指小额速裁,但并非当然排除简易程序、普通程序的速裁,对速裁案件的高效处理,符合案件繁简分流的要求,可以直接促进司法审判资源的优化配置。

(二)社会公众的正义需求

1. 纠纷得到高效的解决

当公众的合法权益受到侵害,在通过其他途径无法解决时,诉诸法院寻求帮助是理所当然的事情。但诉讼成本高、解决效率低等现实问题又制约着这种司法需求的满足,这属于严重的社会问题。法院致力于构造多元化纠纷解决机制,有效降低诉讼成本、提高纠纷解决效率,但这是远远不够的。“正义被耽搁等于正义被剥夺。”公众迫切需要改善纠纷无法及时化解的情况,这就需要法院自身探索新的纠纷解决模式,从根本上解决案件久拖不决的问题。

2. 公平正义获得感的提升

(1)裁判标准明确统一

裁判标准初归于民意后归于立法,其明确与否直接决定着裁判公正的传达,是裁判制度的基本特点。裁判标准不明确往往不利于当事人之间纠纷的化解,在裁判结果中“受益”的随意性更会直接损害司法权威,社会公众难以在司法裁判中感受到公平正义。明确裁判标准的重要方式是裁判标准的量化,“现代科技的发展,为裁判标准的量化创造了条件,从技术角度看,只有尚未量化的标准,没有不可量化的标准”[11]。充分利用信息技术挖掘海量案例资源,为统一裁判标准提供技术支持也是智慧法院建设提出的具体要求。

---

〔9〕 黄琨:《民事速裁内涵的把握及其未来展望——兼论民事速裁与小额诉讼、简易程序的关系》,载《人民论坛》2013 年第 17 期。

〔10〕 廖中洪:《“民事速裁”:类型、特征与设置原理研究》,载《现代法学》2011 年第 1 期。

〔11〕 蒋德海:《论裁判公正》,载《政治与法律》1995 年第 5 期。

(2)裁判说理有的放矢

裁判说理决定着当事人对裁判结果的认可度,承载着正面回应案件争议和让当事人服判息诉的功能,是司法公信力的重要体现。在过去,裁判说理的"好坏"大多只会影响与本案相关的特定主体,随着裁判文书的上网公开,裁判说理的受众对象扩大到与案件可能完全无关的不特定主体,转变成为全社会共享的一种智识资源。[12] 这种裁判文书公开的现象无形中对法官提出了更高的要求,过去"重结果、轻形式"的办案理念将会逐渐消减。但在当前"案多人少"的背景下,法官对每个案子都追求精细说理是不现实的,裁判说理应当基于具体的国情或情境确立自身定位,根据是否有争议做精简区分,坚持释法说理强化与简化的有机统一,做到有的放矢。[13]

(三)人工智能司法应用的需求

1. 人工智能融入司法的驱动力

智慧法院建设在过去几年变化显著。将技术融入司法主要由"内"和"外"两股力量驱动:法院建设的自身需求和信息技术的领域渗透。一方面,作为保障人权的最后防御,法院工作面临诸多挑战,"案多人少"的矛盾冲突迫使法院必须找到应对方法,这种需求是有意识的。另一方面,人工智能的快速发展改变了许多领域的传统工作方式,这些无处不在、不断创新的信息技术同样会悄无声息地改变法院的运作方式,这种渗透是无意识的。在"内"和"外"两股力量的驱动下,必然导致技术与司法的融合与变革。

2. 人工智能浪潮推动司法改革

司法改革是党中央作出的重大战略部署,也是人民法院一直践行的任务和目标,陆续推出了司法责任制、矛盾纠纷多元化解、案件繁简分流、司法公开等重要举措,在提高审判质效、促进司法公正等方面取得了长足进步。但也必须客观地认识到,司法改革的实质性进展是缓慢的,以技术解决改革中遇到的一些瓶颈性问题、逐步完善司法生态将是一条崭新的改革路

---

[12] 顾培东:《判例自发性运用现象的生成与效应》,载《法学研究》2018 年第 2 期。

[13] 李滇、樊华中:《刚弱两需分野下我国判决说理模式新探——以 S 市 F 区法院判决书为样本的研究》,载《法制与社会发展》2015 年第 3 期。

径。[14] 2017年11月1日,最高人民法院时任院长周强在第十二届全国人大常委会第三十次会议上所作的《最高人民法院关于人民法院全面深化司法改革情况的报告》中,强调要大力加强智慧法院建设,以互联网、大数据、人工智能等现代科技应用助推司法改革。在2019年年初的中央政法工作会议上,习近平总书记对司法改革作出重要指示,要深化诉讼制度改革,推动大数据、人工智能等科技创新成果同司法工作深度融合。[15] 这些都表明,司法改革已经迎来突破发展的契机,借助现代技术的力量实现司法改革的成果巩固和领域创新,搭建智能辅助办案平台,为法官提供智能服务,将会是法院未来几年的重要改革方向。[16]

二、要素式审判的理论分析

(一)要素式审判的内涵

在审判方法改革过程中,涌现了诸如法律关系分析、请求权基础检索、要件审判九步法、要件事实论等审判方法。[17] 近年来,推进"案件繁简分流、优化司法资源配置"改革过程中探索的审判方法——要素式审判,实际上是对上述审判方法的继受与创新。关于要素式审判的概念,学界尚未形成统一共识,但基本上认为要素式审判是对能够凝练出共同事实要素的类型化案件,围绕要素进行庭审并制作裁判文书的一种审判方法。[18]

要素式审判是对类型化案件审判方式的一种革新,是一种规范化的新型案件审理方法,其内容主要包括要素式庭审和要素式裁判文书制作两个方面。具体而言,在要素式庭审方面,法官在庭审过程中结合当事人在庭前

[14] 徐昕、黄艳好:《中国司法改革年度报告(2018)》,载《上海大学学报(社会科学版)》2019年第2期。

[15] 《习近平出席中央政法工作会议并发表重要讲话》,载《旗帜》2019年第2期。

[16] 在司法改革中,审判流程、庭审活动、裁判文书、执行信息四大平台的建设便是近几年利用信息化手段推动司法公开的优秀典范,已经取得了阶段性成果。

[17] 杨凯:《寻找从现实生活出发的民商事审判方法》,载《法律适用》2012年第1期;王泽鉴:《法律思维与民法实例——请求权基础理论体系》,中国政法大学出版社2001年版,第42页;邹碧华:《要件审判九步法》,法律出版社2010年版,第26页;许可:《民事审判方法:要件事实引论》,法律出版社2009年版,第7页。

[18] 滕威、刘龙:《要素式审判法:庭审方式与裁判文书的创新》,人民法院出版社2016年版,第3页。

填写的要素表，对双方当事人无争议的要素直接予以确认，对存在争议的要素逐项展开法庭调查，并组织当事人进行举证和质证，不受法庭调查、法庭辩论等程序的限制；在要素式裁判文书制作方面，不再按照传统的裁判文书格式分别阐述原告诉称、被告辩称、法院查明和本院说理段落，而是针对有争议的固定要素进行陈述，其形式灵活简便，与要素式庭审有效统一。

（二）要素式审判的由来

要素式审判在庭审方式和裁判文书制作方面进行了创新，这种创新并非“无根之水”，而是有着“渐进式”发展的历史渊源。

1. 庭审方式改革的重心转变

人民法院自20世纪90年代开始探索庭审方式改革以来，先后经历了重举证责任、重认证程序、重裁判权等阶段，随后的庭审方式改革开始向简化庭审、重争点审查转变。〔19〕

（1）表格化审判

面对案多人少的突出矛盾，某地法院从交通肇事案件着手，推出案件的“表格化审判”。〔20〕该法院根据审判经验，将交通肇事案件的责任认定、医疗费、护理费、残疾赔偿金等制成统一的“表格”，在庭审过程中对照表格逐一填表，既提高办案效率，又保证审理公正。

（2）门诊式庭审

为推进案件繁简分流，某地法院力推“门诊式”庭审，这种庭审方式适用于简单案件，开庭类似医生看病，可以进行多案同审或多案连审。在开庭过程中，法官只审理存在实体争议的问题，不再严格进行庭审调查、归纳争点、法庭辩论等传统环节，有些案件甚至可以当庭宣判，大大简化了庭审程序。〔21〕

（3）“1+3”庭审

在民商事领域的审判方式中，某地法院开展了“1+3”新型庭审方式的

---

〔19〕 滕威、刘龙：《要素式审判法：庭审方式与裁判文书的创新》，人民法院出版社2016年版，第37-40页。

〔20〕 任雪娜：《龙口新嘉法庭“表格化审判”提升效率》，载《烟台日报》2015年7月24日，第5版。

〔21〕 魏薇薇：《广州中院推行“门诊式”庭审》，载《信息时报》2017年7月27日，第A7版。

改革,其是以争点确定及事实查明、排除疑点、形成心证为中心的新型审判模式。[22] 这种庭审方式要求当事人在庭前进行书面的诉答与质证,便于法官确定有争议的事实和无争议的事实,进而归纳争点,实现诉请、证据、争点的"三固定"效果。

(4)模块化审判

针对传统法院工作模式存在的类案不同判、法官能力传承和培养不足的问题,法院探索建立了模块化审判机制,通过设立"审判模块"的方式克服传统粗放式管理的拖延和空档期弊端,以节点式管理缩短审判周期。[23] 模块化审判是案件标准化处理的创新成果,有些法院对"审判模块"进一步分解,从中提炼重点"要素",发展了要素式审判。[24]

2. 裁判文书改革的样式创新

提高裁判文书质量、强化裁判文书说理一直都是裁判文书改革的重点内容。2000 年 8 月 13 日,最高人民法院《关于加强人民法院基层建设的若干意见》的公布开启了裁判文书繁简分流改革的序幕,叙述方式由通篇铺叙向繁简得当转变,文书样式也进行了相应创新。[25]

(1)拟制式文书

拟制式文书,是法院长期采用的文书样式,规定的相当详细,总括可以分为首部、正文、尾部三部分内容。[26] 首部和尾部呈明显的固定格式,而正文部分的诉称、辩称、查明、说理、判决部分则是文书的灵魂部分,占据了文书的大半篇幅。

(2)填充式文书

针对某些简易、调解或者特定案件,法院可以使用填充式文书,采取简

[22] 张立叶:《探索庭审方式改革与司法人才培养的协同发展——"贴近审判的司法人才培养与庭审改革的协同发展"研讨会综述》,载《人民法院报》2018 年 1 月 5 日,第 5 版。

[23] 翟志勇:《模块化审判兼顾办案质与量双提升》,载《人民法院报》2017 年 10 月 12 日,第 5 版。

[24] 郭京霞:《一体两翼助推金融法治环境建设——北京西城法院构建"大金融审判格局"工作调查》,载《人民法院报》2018 年 7 月 5 日,第 5 版。

[25] 最高人民法院《关于加强人民法院基层建设的若干意见》第 27 条规定:提高裁判文书质量,适用普通程序审结案件的裁判文书,应当讲求裁判的论证性、说理性;适用简易程序或者调解结案的裁判文书,力求简洁、明晰。

[26] 熊先觉:《中外法院判决书之风格》,载《人民法院报》2002 年 3 月 16 日,第 3 版。

易方式填写必要的事实和理由、判决等部分即可，大大提高了文书书写的效率。虽然有些法院认为这种文书不严肃、不规范，但其承载的简便、快捷、实用等价值仍然值得肯定。[27]

(3)表格式文书

法院在裁判文书制作改革方面经历了重形式、重内容、求效率、求风格的阶段转变，于离婚、金融借款等特定类型案件开始尝试“表格式”文书模式，提高文书制作效率。[28]

(4)令状式文书

为了配合小额速裁案件的审理，方便当事人及时拿到裁判文书，法院设计了令状式文书。这种文书只包含当事人信息和裁判主文内容，不记载原被告诉辩情况和裁判理由，能够当庭宣判、当庭出具。[29]

(三)要素式审判的特征

1. 要素化

“审判程序中的当事人陈述、举证质证、询问调查、辩论等行为，实质上是为个案裁判‘提取’法律要素的过程。”[30] 要素式审判制度设计的核心是案件共同要素的总结，无论庭前要素表的填写、庭审中要素的审理，还是争议要素的最后裁判，都是围绕要素展开，可以说“要素化”是要素式审判的首要特征。当然，应当明确的是，要素式审判的“要素”是审理要素的总称，既包括法律要素和事实要素，又包括实体要素和程序要素。

还需要注意，要素式审判的“要素”相对比较固定，在同类型案件中是可以复用的。比如，在道路交通事故案件中，可以固定为交通事故当事人信息、交通事故事实、责任比例、垫付情况、投保情况、人身和财产损失认定等。又如，在离婚案件中，可以固定为夫妻感情是否破裂、子女抚养权归属确定、子女抚养费给付、夫妻共同财产分割、离婚经济帮助、离婚经济补偿、离婚损

---

〔27〕 杨克彬:《法官如何使诉讼富有活性》，载《人民法院报》2001年2月21日，第3版。

〔28〕 曲艺:《成都高新区法院裁判文书改革重效率求风格》，载《人民法院报》2001年10月30日，第4版。

〔29〕 李汝建、胡曲云:《深圳:冲破民商事裁判文书制作瓶颈》，载《人民法院报》2012年11月27日，第7版。

〔30〕 胡发胜:《要素模式引领审判权运行改革研究》，载《山东审判》2015年第5期。

害赔偿等。

2. 高效性

提高审判效率,有效解决积案问题是要素式审判改革的动因之一,因此,“高效性”是要素式审判的基本特征。在案件审理过程中,经常出现因某些事实漏查导致案件久拖不决的情况,这可能是当事人自身遗忘和法官经验不足两方面原因共同引起的。由于缺乏明确的指引,正常有序的庭审进程往往出现偏离,不得不耗费更多的时间和精力进行法庭调查环节,从而导致审理期限的延长。要素式审判通过对要素的预先整理,将法官和当事人放置于同一主线上,使整个庭审过程有针对性地围绕要素确认进行,既保障了审理事项的完整性又提高了审查效率。

3. 公平性

作为一种新式审判方法,要素式审判在注重审判质效提升的同时,仍然没有忽略审判的公平性,“公平性”是要素式审判的根本特征。法官心证过程的公开是审判公平的重要保障,而对当事人之间不存在争议的事实确认和存在争议的事实总结都属于法官应当公开的心证过程。[31] 在要素式审判过程中,要素的设置及要素有无争议的确认,其实是将法官认定事实的心证过程进行了公开,从而便利当事人围绕争议要素进行举证和质证,最大限度维护当事人的实体利益与程序利益。这种法官心证过程的公开,有益于双方当事人对法官的裁判过程有合理的预期,充分保障当事人的诉权和辩论权,促进审判的公平性。

4. 可解释性

要素式审判通过对类型化案件进行要素化解构,使审理案件转变为审理要素,而要素的设置都需要经过法律体系解释和司法实务验证,因此,“可解释性”是要素式审判的专有特征。人工智能算法本身尚存在非透明性和不可解释性的缺陷,直接将人工智能应用于司法将无法回应人工智能算法“黑箱性”与法律决策“透明性”的天然冲突。[32] 与其他司法人工智能应用相比,要素式审判的优势在于可解释性,通过设置要素实现法律语言的结构化和审判思维的固定化,可以在一定程度上弱化人工智能“暗中”操作的弊端,最大限度降低信息技术在司法领域应用的合法性、合伦理性风险。

---

〔31〕 毕玉谦:《论庭审过程中法官的心证公开》,载《法律适用》2017 年第 7 期。

〔32〕 左卫民:《关于法律人工智能在中国运用前景的若干思考》,载《清华法学》2018 年第 2 期。

（四）要素式审判的适用范围

1. 案件复杂度范围

要素式审判的核心是类型化案件的要素式审理，并非局限于某种特定的诉讼程序。换言之，只要是可以总结固定要素的案件，无论适用小额诉讼程序、简易诉讼程序还是普通程序，都可能符合要素式审判的逻辑框架，都有适用要素式审判进行审理的理论空间。〔33〕从另一个角度看，要素式审判其实与案件速裁存在共通性，双方追求的司法价值是一致的，适合速裁的民事案件都可以尽量适用要素式审判，实现案件快速审理。〔34〕

2. 案件类型范围

从全国各地法院要素式审判改革的实践来看，在案件类型范围上存在较大的趋同性和不断的扩张性（见表4－2），这表明要素式审判在案件类型的选择方面既与案件类型特点有关，也与法院审判实务需求有关。首先，在初期的案由选取上，主要集中于案件特征明显、数量较多、案情事实简单的民事案件，以道交纠纷、劳动争议纠纷、民间借贷纠纷、离婚纠纷等为多。其次，随着要素式审判理论的发展与成熟，案件类型不再局限于民事案件，而是扩展到了刑事和行政领域。最后，在案件类型的选择上，法院"案多人少"矛盾冲突越紧张的案件越早开展要素式审判。

表4－2　部分法院开展要素式审判的案件类型

法院名称	案件类型
厦门市集美区人民法院①	民间借贷纠纷、离婚纠纷、劳动争议纠纷、交通事故纠纷、金融借款纠纷、物业服务合同纠纷、车辆租赁合同纠纷
深圳市中级人民法院②	劳动争议纠纷、交通事故纠纷、婚姻家庭纠纷

〔33〕滕威、刘龙：《要素式审判法：庭审方式与裁判文书的创新》，人民法院出版社2016年版，第35页。

〔34〕最高人民法院《关于民商事案件繁简分流和调解速裁操作规程（试行）》第22条第1款规定：采用速裁方式审理的民商事案件，可以使用令状式、要素式、表格式等简式裁判文书，应当当庭宣判并送达。

续表

法院名称	案件类型
南京市鼓楼区人民法院③	劳动争议纠纷、交通事故纠纷、婚姻家庭纠纷、借款纠纷、买卖合同纠纷
北京市高级人民法院④	物业纠纷、供暖纠纷、交通事故纠纷、信用卡纠纷、金融借款纠纷、买卖合同纠纷、民间借贷纠纷、离婚纠纷、法定继承纠纷
海口市中级人民法院⑤	简易刑事案件
江阴市人民法院⑥	职务犯罪、民间借贷纠纷、公司类案件、追索劳动报酬纠纷、建设工程合同纠纷
西安铁路运输中级法院⑦	工伤认定、信息公开、治安行政处罚等行政案件
成都市中级人民法院⑧	信息公开、不作为、行政许可、行政处罚等案件

①安海涛、李晨:《改革破制度藩篱　科技提工作质效——福建厦门集美法院推进“分调裁”机制探访》,载《人民法院报》2017 年 12 月 15 日,第 4 版;安海涛、吴淑贞:《厦门集美“五化”布局集成庭审之美》,载《人民法院报》2018 年 6 月 11 日,第 5 版。

②林劲标:《深圳　简易民商案件裁判文书“瘦身”》,载《人民法院报》2013 年 6 月 3 日,第 5 版。

③张宽明、皮轶之:《繁中谋精　简中求速——江苏南京鼓楼区法院繁简分流工作体系》,载《人民法院报》2017 年 11 月 9 日,第 5 版。

④赵岩:《北京“分调裁平台”:“互联网 + ”撬动的改革》,载《人民法院报》2019 年 4 月 30 日,第 5 版。

⑤吴春萍:《海南　当司改示范　护绿色发展》,载《人民法院报》2017 年 3 月 13 日,第 11 版。

⑥卢凤:《简出效率　繁出精品——江苏江阴法院繁简分流机制改革侧记》,载《人民法院报》2017 年 8 月 10 日,第 4 版。

⑦刘辉:《新规范带来新变化——西安铁路运输法院规范化建设纪实》,载《人民法院报》2019 年 8 月 10 日,第 4 版。

⑧蒋敏:《行政诉讼“优化审”改革路径》,载《人民法院报》2018 年 6 月 6 日,第 6 版。

3. 案件审级范围

要素式审判主要适用于一审案件,在二审、再审案件中也同样存在适用的空间。有学者表示,二审和再审案件判决书的内容也可以进行简化,在判决书中尽量凝练概括,避免表述冗长、主次不明的情形,要求法官灵活简略处理。[35] 但要素式审判在一审、二审甚至再审的衔接问题是不可忽视的,

---

〔35〕 罗书臻:《最高法院发布民事诉讼新文书样式及制作规范》,载《人民法院报》2016 年 7 月 6 日,第 1 版。

会影响要素式审判的整体运行和推进。司法实践中，部分二审法官对要素式审判较为排斥，主要原因是一审要素式裁判文书的简化为二审的调查带来了困难，通常需要重新查阅要素表和庭审笔录了解一审裁判过程。[36]

三、要素式智能审判系统的研发

要素式智能审判系统基于要素式庭审模式，结合案件类型审理特点和法官实际辅助需求，搭载人工智能数据处理技术，研发了涵盖诉讼请求、审理要素、裁判说理、法律适用、裁判结果、计算辅助、文书生成在内的七大核心功能。系统核心功能以"要素式"庭审方式为基础，整合了单个核心功能板块的特有属性与不同核心功能板块的逻辑关联，通过智能化方式为审判人员提供贯穿庭审、裁判、管理的全流程辅助。

（一）系统研发的基本思路

1. 以审判辅助需求为导向

对法官审判辅助需求的充分调研，是系统研发必不可少的初始步骤。法官作为最终的使用主体和受益主体，需要充分发挥法官的能动性，主导整个系统的研发过程。在系统研发最初阶段，必须听取法官对于要素式审判中"要素"的理解，汇总一线法官的办案经验，直击审判中遇到的业务难点和痛点，从而充分调动法官的积极性，增强法官在系统研发和使用过程中的参与感，让系统具备实用性和操作性。

2. 重现法官"审""判""管"全过程

系统功能及流程设计过程中，应始终以要素式审判为理论指导，结合要素式审判的司法审判场景，重现法官"审""判""管"的全过程。要素式审判应该囊括立案、庭审、裁判和案件管理，在每个环节都为法官提供审判辅助。

3. 避免给审判人员增加"科技负担"

在系统开发完成正式投入使用前，应对系统的辅助效果进行客观评估，其中最直观的评估方式为效率提升评估。以裁判文书制作为例，可以综合

---

〔36〕 林遥：《民商事类型化案件要素式审判机制研究——以C市法院民事庭审优质化改革情况为样本分析》，载《法律适用》2018年第15期。

考量法官使用系统后在文书撰写与格式调整上节约的时间、在文书篇幅上的减少量、在文书内容上的出错率等方面,得到使用系统为法官审判案件提供辅助的效率提升值。[37] 当效率提升值为负数的时候,无论系统鼓吹的多智能,其都可能成为审判人员的"科技负担"。

(二)系统的核心功能

1. 具体性的诉讼请求

诉讼请求载于起诉状,是当事人向法院主张权益保护的基本表达,应该符合具体性的规范要求。[38] 现实中起诉状所载的诉讼请求并不完全符合"具体"的要求,主要存在以下原因:第一,法律规范中的"具体"含义未作清晰解释。第二,立案时未进行实质性审查。第三,当事人存在规避诉讼费用交纳的主观意图。第四,当事人客观上在起诉时无法具体。对于表达不具体的诉讼请求,法官在庭审过程中往往需要当事人予以具体,并根据具体后的诉讼请求进行审理。因此,针对诉讼请求表达不具体的现象,系统设置了若干标准诉讼请求,为法官庭审中明确诉讼请求提供指引。

2. 对抗性的审理要素

系统内置的案件审理要素主要分为两类:与案情基本事实相关的要素和与诉讼请求相关的要素。与案情基本事实相关的要素,是指从宏观的角度考察某一案由下案件的总体特性,抽象出大部分案件都会查明的要素。而与诉讼请求相关的要素,是指从微观的角度结合具体诉讼请求的主张事项,查明该诉讼请求应该审查的要素。系统通过设置两类要素,可以辅助法官通过要素查明案件相关的事实,不会遗漏审判事项。审理要素是结合当事人的对抗性进行设置的,围绕原告主张的要素属性值,被告可以提出相应的抗辩,而法官则处于中立的地位居中裁判。

3. 关键性的计算辅助

裁判结果中的金钱给付或者赔偿方案计算一直耗费着法官大量的时

---

[37] 李婧:《民商事审裁方式改革的司法逻辑和实践革新》,载齐树洁、张勤主编:《东南司法评论》第 11 卷,厦门大学出版社 2018 年版。

[38] 《民事诉讼法》第 122 条规定:"起诉必须符合下列条件:(一)原告是与本案有直接利害关系的公民、法人和其他组织;(二)有明确的被告;(三)有具体的诉讼请求和事实、理由;(四)属于人民法院受理民事诉讼的范围和受诉人民法院管辖。"

间。系统根据法律规定和司法实践需求，内嵌了大量的计算工具，可以帮助法官实现快速计算。系统内嵌的计算工具主要有两种，一种为“小”计算工具，另一种为“大”计算工具。“小”计算工具特指仅与某个诉讼请求相关或者某个赔偿项目相关的计算辅助，比如劳动争议纠纷中的加班工资计算；商品房买卖纠纷中的违约金计算等。“大”计算工具则指与单个案件或者多个案件的整体计算息息相关的计算辅助，比如民间借贷纠纷中的本金和利息计算；机动车交通事故责任纠纷中的赔偿方案计算等。

4. 区分性的裁判说理

系统结合大数据分析技术，对各级人民法院公开的裁判文书进行分析提取后，选取优秀文书的说理部分作为系统模版，供法官选择使用。系统内置的说理模版分为两部分，即诉讼请求说理与争议焦点说理。法官在查明审理要素后，可以选择与本案相关的说理模版进行说理辅助，适用的结果是优秀的审判经验和思路得以沉淀和传承。此外，系统根据不同的数据库和规则引擎，可以将案件中的过程数据调用到裁判说理中，比如原被告信息、审理要素值、计算参数值及结果等。

5. 靶向性的法律适用

系统根据法律业务专家的反复研究和论证，构建了包含案由关联法条和诉请关联法条在内的双层法律法规推荐功能板块。要素式审判以案由为维度展开研究，因此以案由为维度关联法律法规是很有必要的，在同一案由下引用的法律法规存在一个“边界”，而这个“边界”可以通过对该案由下引用的法律法规的大数据分析后得出，当法官引用的裁判依据超出这个“边界”时，可以为法官提供预警。当然，通过案由关联法条只能为法律适用提供模糊的靶向范围，要提供精确的指引，还需要提供诉请关联法条，相同的诉讼请求引用的法条应该是具有相同性的，因此通过诉请关联法条可以为法律适用提供精确的靶向范围。

6. 对应性的裁判结果

裁判结果需要与诉讼请求对应，不应随意超出诉讼请求的范围。[39] 系统针对法官在庭审过程中确定的具体诉讼请求，结合选取的裁判说理，可以

〔39〕 刘如谦：《判决不应随意超出诉讼请求范围》，载《法学杂志》1995 年第 3 期。

智能地生成与诉讼请求对应的裁判结果。应当特别指出的是,通过系统生成的裁判结果并非代替法官进行结果裁判,与“决策”辅助存在本质区别,而是建立在法官的前置判断基础上的裁判结果生成。以机动车交通事故责任纠纷为例,案件的裁判结果是判决被侵权人损失如何分担的具体方案,而赔偿方案的生成并非机器分析案情和语义理解后的自动处理,是建立在法官进行事实判断、法律判断、价值判断等前置操作基础上由内嵌的计算工具运行的结果。

7. 自动性的文书生成

通过对不同裁判文书类型的结构化研究,系统对每个结构化段落都采用了精细的文书生成规则,其细致程度可以精确到标点的使用。以民事一审判决书为例,系统设置了包括法院名称、文书类型、案号、当事人信息、审理经过、原告诉称、被告辩称、举证质证、事实查明、法院说理、裁判依据、裁判结果、诉讼费交纳、上诉权利告知、审判人员、书记员、相关法条十七个段落,并针对每个段落的生成都梳理了详细的规则。文书生成规则包括案件材料语义分析提取、专家知识库引擎调取、计算结果字段复用等方式。根据法官选择的裁判文书类型,可以一键自动生成相应的裁判文书,法官在线编辑后可直接印发,从而大大减少了法官书写的工作量,在提高文书撰写的效率的同时,也可以有效避免“套改”文书带来的司法风险。

(三)系统研发所需的法律知识与关键技术

1. 系统研发中构建的法律知识

(1)诉讼请求数据库

诉讼请求在审判中居于核心地位,要紧紧围绕诉讼请求审理案件,庭审中引导当事人围绕诉讼请求进行辩论,系统在通过大数据技术进行分析和提取后,建立了具体诉讼请求的数据库。[40] 诉讼请求数据库主要包括:第一,诉请的类型化整理。[41] 通过提取同一案由下起诉状中的诉讼请求,对具有相同法律关系或相同诉讼标的的请求事项进行合并。第二,诉请的变

---

〔40〕 李辰章:《“诉讼请求”在案件审理中的核心地位》,载《法学》1995 年第 5 期。

〔41〕 刘振红:《论劳动争议案件诉讼请求的类型化》,载《中国劳动关系学院学报》2007 年第 3 期。

更关联。在当事人主张或者法官释明后,可能存在诉讼请求变更的情况。系统根据数据分析,可以得出存在变更关联的诉讼请求,比如当事人起诉时主张继续履行合同,但在庭审中法官认为不存在继续履行的条件,一并审理解除合同和已付款返还的事项。〔42〕 第三,诉请的顺序与控制。诉讼请求虽然在当事人主张时是并列主张的,但其实诉讼请求之间也存在相应的逻辑关系。系统通过这种逻辑关系展示诉讼请求,不仅可以为法官提供明确的指引,也可以有逻辑性的体现在文书撰写上。第四,残部请求的提示。在当事人首次起诉只主张部分请求时,可以提供相应的残部请求提示,有利于降低重复起诉的诉讼风险。〔43〕

(2)要素树

系统内置的审查要素是以"要素树"的形式存在,构建了要素之间的关联关系,让要素之间的关系有了"生命力",主要体现在以下几个方面:第一,要素的层级关系。要素之间的关系并不是完全并列的关系,而是呈现"层级"关系,这种层级关系不仅仅体现在单个诉讼请求的要素之间,而且还体现在不同诉讼请求的要素之间。第二,要素的节点控制。要素之间的关系除了"层级"关系外,还存在"控制"关系。通过设置要素之间的控制关系和控制节点,可以更加合理地设置要素间的关联。第三,要素的有限推理。要素间的关系最具"生命力"的是要素值之间的逻辑推理,既包括要素的默认值也包括要素的推理值。

(3)诉请处理关联

系统以当事人的诉讼请求为核心主线,庭审中的要素审查和庭后的裁判结果都紧紧围绕诉讼请求展开,所以需要建立具有关联性的诉请处理法律知识。法律知识库将诉讼请求、计算器、法院说理、适用法条和裁判结果等部分进行关联,在操作过程中产生的数据可以相互调用填充。

2. 人工智能关键技术在系统研发中的具体运用

(1)诉请的提取与分类

针对民事起诉状的提交、存储等现实状态,系统首先通过 OCR 识别技

---

〔42〕 任重:《释明变更诉讼请求的标准——兼论"证据规定"第 35 条第 1 款的规范目的》,载《法学研究》2019 年第 4 期。

〔43〕 袁琳:《部分请求的类型化及合法性研究》,载《当代法学》2017 年第 2 期。

术将图片或PDF格式中的文字转化为可复用的文字。由于起诉状手写、诉讼请求涂改、字迹扫描不清等,OCR识别后需要通过内置的“语法纠错算法模型”进行数据预处理,对谐音字词、语法错误、字词补全、错别字等常见问题予以修正。诉讼当事人向人民法院提交的起诉状中记载的诉讼请求与系统设置的诉讼请求在书写上并不完全一致,为了将起诉状中记载的诉讼请求与系统的诉讼请求进行对应,系统通过人工标注构建相应的数据集(训练集和测试集),采取监督学习的分类算法进行处理,可以实现诉讼请求的提取与分类。

(2)要素值的抽取与回填

庭审笔录记录了庭审过程中各方主体的陈述和意见,包含了审理案件的全部事实,也记载了案件的审理要素。庭审过程中,法官忙于庭审、书记员忙于记录,在现有审判团队成员配置框架下,庭审的同时使用系统的难度较大,因此必须寻求合适的方式。要素式审判围绕审理要素进行审理,由双方当事人发表意见,实际上构建一种“问话—对答”的模式,系统基于深度学习算法,可以通过自然语言处理领域的核心技术——机器阅读理解(MRC)——实现要素值的抽取,并将其作为“答案”回填到相应的要素中。[44]

(3)文书的生成与校对

在庭审过程中对于有争议的要素进行审理、对于无争议的要素进行确认后,系统需要辅助一键生成裁判文书。在生成裁判文书过程中,对处于构架基层的要素实现文本的表述,系统通过构建sequence - to - sequence(seq2seq)框架解决从“要素”到“文本”的序列映射,实现对原告诉称要素、被告辩称要素、法院查明要素的规则转化,最后再根据文本合成技术结合其他规则生成一篇完整的裁判文书。[45] 裁判文书生成后,系统再采取“纠错算法模型”对语法、文书结构、文书格式、法条引用、裁判结果对应等进行校对。

---

〔44〕 李舟军、王昌宝:《基于深度学习的机器阅读理解综述》,载《计算机科学》2019年第7期。

〔45〕 张克君、李伟男等:《基于深度学习的文本自动摘要方案》,载《计算机应用》2019年第2期。

四、要素式审判相关的重点问题

（一）合法性与合伦理性问题

1. 要素式审判的合法性依据

首先，关于要素表记载事项的法律效力确认。要素式审判在庭前设计了相应的要素表供当事人填写并作为法庭审理的依据，这种方式需要合法性来源。根据最高人民法院《关于适用〈中华人民共和国民事诉讼法〉的解释》（以下简称《民事诉讼法司法解释》）第 92 条的规定，当事人在诉讼材料中承认的对己方不利的事实，具有与庭审中自认相同的法律效力，对于要素表所记载的事项，法院可以依法予以确认。[46]

其次，关于简化庭审程序的正当性。要素式审判根据庭前汇总的要素填写情况，在庭审过程中围绕当事人诉讼请求和争议要素进行审理，这种庭审方式是否符合诉讼流程的要求，是否可能侵犯一部分当事人的诉讼权利？一方面，根据《民事诉讼法司法解释》的相关规定，法院应当归纳争议焦点，法庭审理也应当围绕当事人争议的事实进行[47]；另一方面，对于某些民事案件可以简化审理程序，不受法庭调查、法庭辩论等庭审程序的限制。[48]

最后，关于裁判文书繁简分流的合理性调整。根据《民事诉讼法司法解释》的规定，小额诉讼案件的裁判文书可以简化，简易程序案件的裁判文书也可以有条件地简化。[49] 随后，最高人民法院《关于全面深化人民法院改

---

〔46〕《民事诉讼法司法解释》第 92 条第 1 款规定：一方当事人在法庭审理中，或者在起诉状、答辩状、代理词等书面材料中，对于己不利的事实明确表示承认的，另一方当事人无需举证证明。

〔47〕《民事诉讼法司法解释》第 228 条规定：法庭审理应当围绕当事人争议的事实、证据和法律适用等焦点问题进行。

〔48〕最高人民法院《关于进一步推进案件繁简分流优化司法资源配置的若干意见》第 12 条规定：推进民事庭审方式改革。对于适用小额诉讼程序审理的民事案件，可以直接围绕诉讼请求进行庭审，不受法庭调查、法庭辩论等庭审程序限制。对于案件要素与审理要点相对集中的民事案件，可以根据相关要素并结合诉讼请求确定庭审顺序，围绕有争议的要素同步进行法庭调查和法庭辩论。

〔49〕《民事诉讼法司法解释》第 270 条规定：适用简易程序审理的案件，有下列情形之一的，人民法院在制作判决书、裁定书、调解书时，对认定事实或者裁判理由部分可以适当简化：……。第 280 条规定：小额诉讼案件的裁判文书可以简化，主要记载当事人基本信息、诉讼请求、裁判主文等内容。

革的意见》进一步扩大了文书简化的案件范围。[50] 可见,要素式裁判文书符合裁判文书繁简分流的要求,理应得到合法性确认并广泛使用。

2. 人工智能司法应用的伦理审查

目前,将人工智能应用于司法领域尚处于初级阶段,大多数专家都保持积极乐观的态度,这种应用也正向更广范围、更深层次的正面方向发展。人工智能作为一种通用技术,虽然其发展的进程不断受到质疑,但就现在的应用现状来看,已经成为不可逆转的趋势。然而,随着人工智能应用的深入,潜在的、颠覆性的负面风险随时可能爆发,进而对整个司法环境带来剧烈的震动。因此,在人工智能技术应用于司法领域的过程中增加伦理审查,通过制定伦理规约和行为准则,规范开发者和使用者的行为模式是非常有必要的。

针对人工智能的技术过程,有学者将其区分为设计、试验、推广和使用四个阶段,并认为在每一阶段都应发挥伦理的规制作用。[51] 司法领域的人工智能技术嵌入,绝大多数仍处于前两个阶段,在过程初期就应植入相应的伦理价值评判标准,提出和建立清晰明确、普遍认可的规范性共识框架,衡量产生的伦理效应和司法价值。作为技术信任的起点,人工智能司法应用需要遵循可用、可靠、可知、可控的价值理念,尊重司法价值与固有属性,不能逾越司法权的基本底线。[52]

(二)法学与技术的融合问题

1. 司法业务驱动的主导地位

研究法学和技术交叉融合问题时,应充分发挥司法业务驱动的主导地位,贯彻“以需求解决为核心、以技术实现为方式”的发展路线,明确目的与手段的关系。法官在审判事务提供智能辅助方面的需求是多种多样的,可能包括诉讼材料的文档管理、电子文件的案件信息核对、庭审笔录的语音识

---

〔50〕 最高人民法院《关于全面深化人民法院改革的意见》第 34 条规定:……对事实清楚、权利义务关系明确、当事人争议不大的一审民商事案件……使用简化的裁判文书,通过填充要素、简化格式,提高裁判效率。

〔51〕 王钰、程海东:《人工智能技术伦理治理内在路径解析》,载《自然辩证法通讯》2019 年第 8 期。

〔52〕 司晓:《智能时代需要“向善”的技术伦理观》,载《学习时报》2019 年 8 月 14 日,第 6 版。

别、卷宗文本的要素抽取、裁判文书的自动生成等,需要明确哪些是法官需要技术提供解决方案的,哪些会为法官的现有办案增加负担,不能脱离审判工作需要及规律,应有清晰的目标定位和价值取向。

2. 技术适度辅助的当前任务

从裁判人工智能化研究现状的反馈来看,当前的目标定位大体可以归为两类:一类为“决策辅助”〔53〕;另一类为“事务辅助”〔54〕。在如何实现“决策辅助”的问题探讨上,更多停留在学术理论层面,但也有不少应用系统——主要为刑事智能量刑辅助——已经研发上线,即在进行大量司法数据处理后,通过构建算法与模型为法官提供决策辅助。司法裁判其实是一项涵盖评判事实、条文解读、经验积累、类比推理和辩证思考等多方面的复杂工作,并同时注重个案法理与社会效果,从目前人工智能与法律的结合来看,为法官提供决策辅助不免为时过早。〔55〕

法官自由裁量权的限制与算法的“黑箱”理论一直都是从法官角度对“决策辅助”所诟病的现实问题,而如果在审判事务的处理上,通过算法或者模型在数据加工、知识积累、信息提取、文本组装等方面为法官提供适度辅助,则完全符合法官当前的实际需求和学科交叉存在瓶颈的客观现实。

3. 智能辅助的合理预期

随着人工智能浪潮的兴起,加上某些媒体和厂商的前景渲染,导致法律界对于“人工智能”存在过高的期待,在各方力量推动下于法院上线的智能化辅助系统也极大地刺激了司法人员的需求。但这种需求大多是从司法业

---

〔53〕 白建军:《法律大数据时代裁判预测的可能与限度》,载《探索与争鸣》2017 年第 10 期;盛学军、邹越:《智能机器人法官:还有多少可能和不可能》,载《现代法学》2018 年第 4 期;周頔:《朱新力:用智能裁判破解“案多人少”难题》,载《民主与法制时报》2018 年 3 月 18 日,第 4 版;周尚君、伍茜:《人工智能司法决策的可能与限度》,载《华东政法大学学报》2019 年第 1 期;马皑、宋业臻:《人工智能“法官”的一种实现路径及其理论思考》,载《江苏行政学院学报》2019 年第 2 期等。

〔54〕 潘庸鲁:《人工智能介入司法领域的价值与定位》,载《探索与争鸣》2017 年第 10 期;高翔:《人工智能民事司法应用的法律知识图谱构建——以要件事实型民事裁判论为基础》,载《法制与社会发展》2018 年第 6 期;葛翔:《司法实践中人工智能运用的现实与前瞻——以上海法院行政案件智能辅助办案系统为参照》,载《华东政法大学学报》2018 年第 5 期;唐旭、苏志猛:《人工智能辅助审判系统:理论证成、特质与困境突破》,载《重庆理工大学学报(社会科学)》2019 年第 8 期等。

〔55〕 吴习彧:《裁判人工智能化的实践需求及其中国式任务》,载《东方法学》2018 年第 2 期。

务角度提出的,往往是没有经过详细论证的,因此会存在需求“过盛”与技术“局限”的偏差。

在人工智能应用于司法领域的进程中,要对技术发挥的工具价值有合理的预期,有些辅助是短期内无法实现的。比如法律推理,我国是成文法国家,采取的是三段论的演绎推理,通过大前提、小前提得出结论,而这种演绎推理恰恰是现有技术所无法处理的;再如隐性规则,法院的判决既是显性规则影响下的结果,也是非正式隐性规则影响下的结果,但后者并没有体现在裁判文书中,这也是机器无法学习的。[56]

五、要素式审判发展的未来展望

(一)制约要素式审判发展的主要因素

1. 缺乏诉讼制度保障

要素式审判模式在司法实践中仍处于改革尝试阶段,虽然一些地方法院迈步先行,制定了配套的司法文件和示范的要素表、要素式庭审笔录、要素式裁判文书。[57] 但这种规范大多具有引导性质,尚缺乏明确的诉讼制度保障,法官内心的不确信和当事人的质疑都制约着要素式审判的发展。以要素式裁判文书为例,虽然最高人民法院发布的诉讼文书样式包含了供小额诉讼程序和简易程序使用的要素式判决书,但法官使用率是非常低的,究其原因,与法官在暂无诉讼制度保障下采取风险规避的谨慎态度不无关系。

2. 诉讼材料利用的现实困难

(1)庭前“要素表”填写的高度依赖

要素表的设计是要素式审判的首要环节,一般由当事人在庭前阶段进行要素填写,具有着便于获取信息、提示关键事实、总结争议焦点、便捷信息补录等重点功能。[58] 在庭审阶段,法官可以依据要素表进行审理,只针对

---

〔56〕 钱卫清:《法官决策论——影响司法过程的力量》,北京大学出版社2008年版,第5页。

〔57〕 典型的地方性司法文件有:《北京法院速裁案件要素式审判若干规定(试行)》(京高法发〔2018〕135号)、江苏省高级人民法院关于印发《金融借款合同纠纷案件要素式审判工作指引》的通知(苏高法电〔2018〕22号)、《南京市中级人民法院关于推进机动车交通事故责任纠纷案件要素式审判的指导意见》(宁中法〔2017〕247号)等。

〔58〕 林遥:《民商事类型化案件要素式审判机制研究——以C市法院民事庭审优质化改革情况为样本分析》,载《法律适用》2018年第15期。

有争议的事实组织举证和质证，从而缩减冗长的庭审过程。这种制度设计的初衷是好的，但却高度依赖当事人的积极配合，实践表明司法实践中仅有某些案由的机构当事人或者代理律师能较配合地填写要素表。[59]

(2)司法数据运用囿于客观条件

人工智能在法院建设和司法改革过程中显然离不开司法数据的支撑，对司法数据蕴含价值的挖掘已经成为不可逆转的趋势，运用司法数据有助于推进智能审判辅助的整体进程。但司法数据的运用受制于诸多客观条件，首先，司法数据质量本身参差不齐，存在无法利用的"废数据"和需要清洗的"脏数据"。其次，起诉状、庭审笔录等对于审判辅助极为重要的司法数据并不是公开的法律证明文书，尚未实现充分的数据化。[60] 最后，除少数经过"人为干预"的司法数据为结构化数据外，绝大部分数据为半结构化数据或非结构化数据，需要二次加工转化。

3. 对审判团队成员提出的更高要求

在运用要素式智能审判系统辅助法官办案时，对审判团队成员也提出了更高的要求：(1)团队成员意识需要转变。团队成员意识的转变体现在要素式审判模式和要素式智能审判系统两方面，这种接受新模式和人机协同作业的转变应该由被动的"要我用"到主动的"我要用"转变。(2)团队成员配置需要优化。现阶段，法官助理和书记员的职责分工都不包括"操作审判辅助系统"方面的工作。[61] 但在庭审中使用系统辅助法官审判又必须有人专门负责，因此需要对成员配比或工作分工维度进行优化。

4. 法院内外数据流转存在壁垒

2017 年 4 月 20 日，最高人民法院印发《关于加快建设智慧法院的意见》，明确要求建设数据共享交换平台，实现法院之间和法院与外部之间的数据共享交换和业务协同。但目前，"数据为不同部门所拥有，部门壁垒严

---

〔59〕 李晨：《论类型化案件智能审判系统的建构——以 J 区法院为样本》，载齐树洁、张勤主编：《东南司法评论》第 11 卷，厦门大学出版社 2018 年版。

〔60〕 左卫民：《关于法律人工智能在中国运用前景的若干思考》，载《清华法学》2018 年第 2 期。

〔61〕 关于法官助理和书记员的类型划分及具体职责分工，参见王亚明：《司法辅助事务配置研究》，载《江苏社会科学》2019 年第 3 期。

重,很多单位内部的数据资源都是各自独立,数据共享程度极低"[62]。当数据成为一种重要的战略资源时,这种数据壁垒的现象变得尤为突出。针对内外数据流转困难的局面,在法院内部要组织要素式智能审判系统与案件管理系统、科技法庭系统等生产数据和使用数据的平台进行数据对接,通过数据交换实现案件办理的无缝衔接;在法院外部要协调与公安、调解、仲裁等部门的协同配合,打造"数据一体化"平台,建立信息共享机制。[63]

(二)推动要素式审判发展的思路

1. 要素式审判的理论完善

在各地法院积极实践下,要素式审判的理论研究得到了发展,但依然存在概念不清、内涵不明、标准不统一等问题。这主要是因为法院的审判改革探索都"各自为政",虽然基本方向是一致的,但仍然没有明确的指导,应当适时总结司法经验,将要素式审判的研究成果立法化,并提供相应的诉讼制度措施,保障要素式审判的施行。

第一,由"要素化"向"要素标准化"过渡。要素化是要素式审判的首要特征,但实务中仍然存在较大问题。首先,对于要素的理解存在个体差异,在不同法院、不同法官之间都存在不同的理解。其次,对于要素设置的细致程度存在差异,同一类型案件的要素应该设置同样的审理要素,配备同样的裁判标准,才能确保法律适用的统一。"要素"的非标准化,不仅不利于案件的快速审理,更会对审级衔接造成障碍。

第二,要素式裁判文书的推广。要素式裁判文书采取了"精简"的方式,这种新式文书在法官和当事人之间的接受程度为要素式审判的发展带来了挑战,裁判文书上网公开也在一定程度上增加了推广的难度。

2. 新一代要素式智能审判系统的集成

2016年7月28日,最高人民法院印发《关于全面推进人民法院电子卷宗随案同步生成和深度应用的指导意见》,对电子卷宗的随案同步生成和深

---

[62] 曾学原、王竹:《道路交通纠纷要素式审判探索——从四川高院的改革实践出发》,载《中国应用法学》2018年第2期。

[63] 2018年9月19日,最高人民法院、公安部、司法部、银保监会联合召开工作会议,在道交纠纷处理中,率先建立了"网上数据一体化平台",打通不同部门之间的数据壁垒。

度应用提出了基本的要求。根据要求,电子卷宗的内容范围非常广泛,几乎涉及在案件办理过程中所产生的全部电子数据,包括当事人提交的起诉状和答辩状、庭前填写的要素表和庭审笔录等在内的诉讼材料,为办案相关信息的收集提供了充足的来源。[64] 更为重要的是电子卷宗的深度应用,要求"通过对电子卷宗的开发利用,为法官办理案件提供全面的支持和服务;要通过文字和语义识别技术,支持电子卷宗文档化、数据化、结构化,辅助法官复用卷宗文字,智能辅助生成法律文书"。

令人遗憾的是,电子卷宗的深度应用未得到全面贯彻落实,丧失了其应当具备的为法官办案提供智力支持的基本功能。因此,最高人民法院又于2018年1月16日发布了《关于进一步加快推进电子卷宗同步生成和深度应用工作的通知》,对电子卷宗随案同步生成和深度应用提出了更加细致的要求,主要包括:(1)通过文字和语义识别技术将扫描图片等电子文件转化为可复用的电子数据;(2)提取电子文件中的案件基本信息并回填到办案系统;(3)根据自动提取的案情要素自动推送相关法律法规;(4)自动推送与案情或争议焦点相匹配的类似案例。

电子卷宗深度应用的要求与要素式智能审判系统在某些功能设置上存在高度契合,比如对起诉状扫描件的诉请识别、电子文件的要素提取、法律法规和类案的推送等。现阶段的要素式智能审判系统以要素式审判为理论基础已经得到共识,下一阶段将对现有的系统进行优化改造,结合电子卷宗随案同步生成和深度应用的技术要求,集成新一代的要素式智能审判系统,为法官提供更加智能的审判辅助。

---

〔64〕 电子卷宗包含法院在案件受理时接收或办理过程中形成的电子文档、图像、音频、视频等电子文件,以及将纸质案卷材料依托数字影像、文字识别等技术制作而成的电子文档、数据等电子文件。

第五章
在线庭审的司法实践与建设路径

随着互联网时代的全面到来,“信息技术在全球各大洲各个国家的广大范围内以极不平衡的程度波及了法庭诉讼程序,包括诉讼形式、法律人和诉讼当事人的行为方式,以及复杂多样的诉前程序、诉中程序和诉后程序”[1]。可以说,以信息技术为主要载体的现代诉讼方式已成为司法改革的必然性趋势和共识性选择。从诉讼场景来看,在线庭审[2]是电子诉讼庭审环节的改革成果,通常呈现形式为法官和书记员仍然位于法庭内,而其他全部或者部分诉讼参与人以远程视频的方式接入庭审,诉讼参与各方在虚拟法庭空间中完成整个庭审过程。当然更进一步的话,法官和书记员也可以分处不同地方远程参加庭审。早于 2006 年就有法院开始通过远程视频方式审理案件。[3] 2017 年 6 月 26 日,中央全面深化改革领导小组审议通过了《关于设立杭州互联网法院的方案》,开启了涉网案件在线庭审的改革试点。2020 年 1 月 15 日,最高人民法院印发《民事诉讼程序繁简分流改革试点实施办法》和《民事诉讼程序繁简分流改革试点方案》,正式开展民事诉讼程序繁简分流改革试点工作,并将在线庭审改革试点作为重要内容之一。2019 年年底爆发的新冠疫情,给人民法院的审判工作带来了严峻的挑战,但在线庭审的附带价值也逐渐显现,客观上为在线庭审的广泛开展提供了条

---

[1] [德]Peter Gilles:《德国民事诉讼程序电子化及其合法化与“E - 民事诉讼法”之特殊规则》,张陈果译,载张卫平主编:《民事程序法研究》第 3 辑,厦门大学出版社 2007 年版。

[2] 关于这种区别于传统法庭审理的庭审方式称谓还包括电子诉讼、互联网庭审、远程视频庭审、在线诉讼、电子法庭等,理论和实务界都存在混用的现象。本书将其界定为在线庭审,一方面是为限缩研究对象的内涵和外延,将研究对象限制在庭审环节,有明确的指向性;另一方面是为体现互联网的在线思维,重点探讨线上行为与线下行为的交互性。

[3] 郭宏鹏、吴春迎、陈莹:《跨省网络视频庭审首现福建》,载《法制日报》2006 年 12 月 15 日,第 5 版。

件。因此，在科技发展、改革试点、公共卫生事件的三重驱动力影响下，在线庭审大致沿着的“部分法院初期探索——互联网法院专门试点——全国法院广泛适用”的发展路线在推进，需要适时从理论上对在线庭审的司法实践现状进行审视、观察和思考，从而推动在线庭审的理论完善和实践转型。

一、开展在线庭审的现实价值和意义

（一）社会公众线上和线下行为的趋同和模糊

据统计，截至2023年6月，中国网民规模为10.79亿人，互联网普及率达76.4%，手机网民规模为10.76亿人，网民使用手机上网的比例为99.8%，网民规模和普及率都呈逐年增长的发展趋势。[4] 随着数量空前的信息和不胜枚举的应用汇聚于互联网，互联网所具有的“交互性、超链接、可检索、多媒体”等特点吸引着越来越多的人们广泛使用互联网，从而导致社会公众的行为方式出现了结构上的转变，新技术不仅指引着人们的行为方式而且影响着人们的认知理解。传统的线下行为逐渐被线上行为所取代，人们利用互联网可以随时进行信息检索、与他人时刻保持联络、在线支付购物账单、上传和下载文件等，“虚拟世界”与“现实世界”之间的分野正在失去以往的意义。“互联网没有违背我们的意愿去改变我们的思维习惯，而是在顺应我们意愿的情况下，改变了我们的思维习惯。”[5] 人们已经习惯越来越多的行为转移到线上，互联网络的繁荣导致线上与线下之间的边界正在逐渐消失，想要保持与互联网数据或者在线身份完全隔离的线下行为已经变得不可能。在司法领域，互联网所展现出的影响力并不比其他行业少，法院也作出调整以满足社会公众多元化的司法需求。人们的思维习惯通常具有延续性，当人们发生纠纷而诉诸法院时，便希望通过互联网络带来的线上便捷体验在诉讼过程中同样可以享受，但在庭审环节却受到传统庭审的物理特征限制——需要到法院面对面参加庭审。因此，法院有必要创设新的庭审模型来回应社会公众的这种需求。在线庭审使得庭审过程完全或大体上通过互联网进行，正符合人们行为线上化的转变趋势，审判方式的创新以及在

---

〔4〕 中国互联网络信息中心2023年8月发布的第52次《中国互联网络发展状况统计报告》。

〔5〕 [美]尼古拉斯·卡尔：《浅薄：互联网如何毒化了我们的大脑》，刘纯毅译，中信出版社2010年版，第97页。

线庭审的价值逐渐被法院认可,目前全国已有超过半数的法院支持了线上开庭。[6] 这表明,在线庭审顺应了社会公众线上线下行为趋同和模糊的趋势,已被社会公众和法院普遍接受和认同。

(二)实现接近正义目标的实效性举措

随着社会公众法律意识的提高和诉讼门槛的降低,实现正义看似变得触手可及,但“接近正义”本身仍然是一个棘手的问题。20世纪70年代,意大利法学家卡佩莱蒂提出“接近正义”理论,以该理论为指导的接近正义运动在全世界范围掀起了三次浪潮,即为贫困者提供的法律援助、扩散利益的保护、纠纷处理与诉讼外的替代政策。[7] 接近正义理论引入我国后,为促进当事人更有效地“接近正义”,理论界和实务界相继提出了包括构建诉讼保险制度、案例指导制度、诉讼费用制度、案件管理制度、小额诉讼程序等在内的一系列途径[8],可以说,任何对公民的诉讼行为发挥促进作用的措施,都可能会增加公民寻求司法救济、接近正义的机会,并最终保障公民权利的实现。接近正义的评价标准已由注重个案“接近正义”向社会整体“接近正义”转变,这就需要更为有效地实现接近正义的动力,“智能司法被视为接近正义第三次浪潮的延续乃至第四次浪潮的主力”[9],智能技术在接近正义方面具有的缩短物理空间、提供诉讼辅助、降低诉讼成本等功能也被逐渐挖掘。

在“接近正义”的司法改革框架下,信息手段给庭审方式带来了革命性变化,通过发挥在线庭审的工具价值使得社会公众“接近正义”目标得以实

---

[6] 陈甦、田禾主编:《中国法院信息化发展报告 No. 4(2020)》,社会科学文献出版社2020年版,第3页。

[7] [意]莫诺·卡佩莱蒂编:《福利国家与接近正义》,刘俊祥等译,法律出版社2000年版,第5页。

[8] 张晓薇:《接近正义与诉讼保险制度研究》,载《河北法学》2004年第10期;房文翠:《接近正义寻求和谐:案例指导制度的法哲学之维》,载《法制与社会发展》2007年第3期;穆昌亮:《试论我国民事诉讼费用制度》,载《政治与法律》2007年第4期;陈桂明、吴如巧:《美国民事诉讼中的案件管理制度对中国的启示——兼论大陆法系国家的民事诉讼案件管理经验》,载《政治与法律》2009年第7期;齐树洁:《构建小额诉讼程序若干问题之探讨》,载《国家检察官学院学报》2012年第1期等。

[9] 孟醒:《智慧法院建设对接近正义的双刃剑效应与规制路径》,载《中国政法大学学报》2020年第6期。

在化。影响当事人接近正义的障碍因素有很多，其中律师费支出、当事人的经济负担、小额请求、迅速裁判是实效性接近正义的主要障碍。[10] 在线庭审相对恰当地可以在消除上述障碍因素中发挥特有功能，使得在线庭审的广泛适用具备了正当性基础。第一，在线庭审可以有效降低律师出庭成本支出，从而可能降低聘请律师的费用支出。律师服务收费一方面受到政府指导价或市场调节价的影响，另一方面受到案件代理成本评估的影响。在进行跨域代理时，代理律师可以通过在线庭审的方式控制代理成本而降低律师服务费用，从而让当事人以更少的经济支出而获得同样质量的法律服务，避免因寻求法律援助可能面对的法律服务水平较低问题。第二，在线庭审可以通过在线方式摆脱物理距离的束缚，有效降低当事人的经济负担。当事人进行诉讼活动产生的某些法院成本和费用仍然由其本人承担，通过在线庭审可以满足当事人不用前往法院而完成庭审行为，从而降低和减少诉讼所带来的经济负担。第三，在线庭审可以增加小额标的请求案件接近正义的机会。阻碍当事人通过司法途径寻求救济的障碍更普遍的表现形式是诉讼标的金额小，诉讼成本与诉讼标的金额的比例不均衡，通过司法获得的救济可能与支出的诉讼成本持平甚至更低，在利益权衡下，当事人可能放弃诉讼。而在线庭审的价值之一便是降低诉讼成本，这样就会使小额请求案件具有了接近正义的机会。第四，在线庭审可以尽可能满足各方诉讼主体对审理时间的要求，缓解诉讼拖延。诉讼迟延是公民接近正义最直接的障碍，推动诉讼程序快速开展，纠纷得以迅速解决，正是实现接近正义的应有之义。在线庭审在提高庭审效率方面成效显著，据报道，在线庭审平均用时比传统审理模式节约时间约3/5，案件平均审理周期节约时间约1/2。[11]

（三）法院信息化改革背景下庭审模式变迁的最新样本

第一，在线庭审是法院审判运行方式转型升级的全新样态。法院信息化是国家信息化的重要组成部分，其核心内容之一便是依托现代技术的办

〔10〕［意］莫诺·卡佩莱蒂等：《当事人基本程序保障权与未来的民事诉讼》，徐昕译，法律出版社2000年版，第42－46页。

〔11〕乔文心：《在线庭审平均用时45分钟　案件平均审理周期约38天——最高法发布会详解首部互联网司法白皮书》，载《人民法院报》2019年12月5日，第2版。

案和管理平台提升审判工作的质量和效率。[12] “信息化的发展以信息技术、网络技术的运用和推广为特征,深刻地推动传统的庭审方式向全新的样态转型。”[13] 从田间地头的马锡五审判、马背上的庭审、法庭庭审到当下的在线庭审,庭审方式逐渐向多元化、在线化、虚拟化转变,而在线庭审加速了法官的在线审判能力和科技应用能力的提升,为司法审判工作带来了新气象。法院信息化改革正在前所未有地改变庭审环节的运行结构、呈现形态和行为习惯,推动着现代庭审的规则重塑和流程再造。

第二,在线庭审是落实“庭审中心主义”的一种有效载体。庭审中心主义的理论探讨发端于刑事诉讼,但是在民事诉讼、行政诉讼中也逐渐探讨庭审中心主义的理论意义。[14] 在三大诉讼领域强调的庭审中心主义,如果脱离庭审环节讨论就失去了意义,而庭审中心主义蕴含的另一层要旨则是提高庭审出庭率。换言之,庭审中心主义能否发挥应有的功能价值,不仅要看庭审本身的实质性审理,还取决于庭审运行载体的呈现形式。其一,庭审中心主义注重庭审实质化,要求证人、鉴定人等必须出庭并接受当庭询问,这样才能使“以审判为中心”落到实处。[15] 但在司法实践中,证人出庭率普遍偏低,主要受到传统观念、证人保护不力、异地证人不愿奔波、经济补偿难以解决等原因的影响。[16] 而这些隐忧可以通过在线庭审的方式得到改善,比如通过在线出庭作证的方式节约证人作证的时间成本和经济成本;通过技术手段对出庭证人的面貌、声音等生物识别特征进行“脱敏化”处理;通过产品功能设计增强法官的法庭控制,决定证人出庭作证时机等。其二,在线庭审有利于改善“缺席审判”的现象。以民事诉讼为例,根据相关实证研究,诉讼案件的缺席审判率呈逐年上升趋势,而且法律关系较为明晰、纠纷较为简

---

[12] 郑曦:《法院信息化与公民刑事诉讼权利的冲突与协调》,载《暨南学报(哲学社会科学版)》2020 年第 7 期。

[13] 梁坤主编:《信息化时代庭审方式变迁的实证研究》,清华大学出版社 2018 年版,第 2 页。

[14] 龙宗智:《论建立以一审庭审为中心的事实认定机制》,载《中国法学》2010 年第 2 期;张济坤:《民事审判庭审实质化问题研究》,载《法学杂志》2020 年第 7 期;仝蕾、黄斌:《庭审中心主义在行政诉讼中的思辨与应用》,载《法律适用》2015 年第 12 期。

[15] 杨宇冠、刘曹祯:《以审判为中心的诉讼制度改革与质证制度之完善》,载《法律适用》2016 年第 1 期。

[16] 陈琦华:《远程审判与司法创新的路径探讨——兼论民间法的功能和定位》,载《河北法学》2013 年第 5 期。

单的案件的缺席审判率普遍高于较为复杂案件的缺席审判率。[17] 之所以出现缺席审判的情况，其中一个很重要的原因是缺席一方在预知其不出庭将产生的消极法律后果后，宁愿不出庭以减少额外的诉讼成本支出。因此，相对于未知的审判，在不用额外付出诉讼成本时，原本不愿出庭的一方更可能希望通过在线庭审的方式洞悉案件庭审经过，从而降低缺席审判的风险。

二、在线庭审的司法实践考察

（一）在线庭审运行模式的类型化

1. 通讯型在线庭审：追求庭审的便捷性

通讯型在线庭审是指将即时通讯工具引入法院庭审工作中的一种远程视频方式，其中最具代表性的是 QQ 庭审[18]、微信庭审[19]等。通过通讯工具进行远程视频庭审是在线庭审的雏形，之所以能够较早而且持久地与法院庭审工作结合，主要基于三方面因素：其一，通讯工具的普及性，通讯工具作为日常交流载体而拥有广泛的用户，受众基数大；其二，通讯工具的便利性，用户可以通过电脑端或移动端随时在线并进行交流沟通；第三，通讯工具的易用性，通讯工具作为市场化产品，在设计之初便融入易用性的设计思路。通讯型在线庭审在促进庭审便捷方面发挥着重要作用，尤其在疫情防控期间解决了因出入受限而不能按时到庭参加庭审的难题。[20] 但由于通讯工具的功能定位是在线沟通交流，这种强调自由、弱化限制的产品设计理念与在线庭审的程序性、仪式性等内在价值存在矛盾，因此这种在线庭审类

---

〔17〕 孙铭溪：《缺席审判的现实困境与出路》，载《法律适用》2013 年第 10 期。

〔18〕 郭宏鹏、吴春迎、陈莹：《跨省网络视频庭审首现福建》，载《法制日报》2006 年 12 月 15 日，第 5 版；李松、黄洁、王君凤：《北京法院首用 QQ 视频审案——相隔千里当事双方经调解协议离婚》，载《法制日报》2011 年 8 月 20 日，第 5 版；文建钦、莫雷：《都匀远程视频"隔空审案"》，载《人民法院报》2016 年 7 月 3 日，第 4 版等。

〔19〕 杨子健、雷娜：《桂林首次采用微信视频庭审》，载《广西日报》2014 年 5 月 13 日，第 2 版；崔建民、文小梅：《兵团双河市法院首次用微信视频审结案件》，载《人民法院报》2016 年 9 月 7 日，第 4 版；孙也达、甘军：《北戴河法院开通"微信法庭"为民解纠纷》，载《河北日报》2020 年 2 月 7 日，第 3 版等。

〔20〕 甘军、王鹏：《秦皇岛北戴河区法院"微信法庭"解纠纷》，载《人民法院报》2020 年 2 月 7 日，第 4 版。

型颇受争议,比如QQ庭审并不具有正式法庭庄严肃穆的气氛,而且也不能达到教化人心的社会效果[21];微信庭审可能造成对司法权威感的伤害、对直接言辞原则的违背、对庭审中心主义的偏离。[22]

2. 会议型在线庭审:侧重在线办公的通用功能

疫情之下的在线办公逐步实现数据化和在线化,在线办公被提前催熟,法院庭审也成为在线办公的重要场景。从产品设计的角度看,常规会议系统在保留视频通讯功能基础上,还从在线会议的办公需求出发增加了相应的附加功能,比如针对会议私密性而设计的房间号和参会密码功能;针对会议管理需要而设计的禁言功能;针对会议讨论需求而设计的文件共享功能等。法院在通过常规会议系统进行在线办公的同时,也将这种远程视频在线方式引入庭审环节,比如永丰县人民法院通过"腾讯会议"软件调解了一起民间借贷纠纷[23];新昌县人民法院通过"钉钉"会议软件审理了一起开设赌场案件。[24] 会议型在线庭审的优势在于既满足交流便捷性的要求,又满足视频声音控制、证据材料共享等个性化需求,但更侧重于在线办公的通用性,并没有结合在线庭审的特殊使用场景而开发产品功能。由于常规会议系统定位于大众市场,虽然在使用场景上与在线庭审存在相似,但很难针对法院业务的现实需求提供延伸服务。

3. 司法型在线庭审:注重与诉讼活动的契合

从通讯型在线庭审和会议型在线庭审的司法实践来看,法院对于社交公众平台还存在着较大的依赖。由于上述两种在线庭审模式在功能设计、网络安全、诉讼程序等方面的局限性,并不能作为广泛推广的在线庭审模式,法院开始倾向开发和运用法院自建的在线庭审平台,这种通过法院自建平台进行在线庭审的模式可以称为司法型在线庭审。司法型在线庭审是基于法院业务场景而专门研发的在线庭审平台,如北京互联网法院的"电子诉

---

[21] 傅达林:《网络庭审:时尚外表下司法威严的缺失》,载《中国青年报》2007年1月11日,第2版。

[22] 杨柳:《且慢给微信庭审点赞》,载《大连日报》2016年2月4日,第11版。

[23] 戴剑波、潘云:《永丰法院运用"腾讯会议"app成功调解案件》,载《井冈山报》2020年3月26日,第4版。

[24] 杨赟、刘海红:《新昌:县法院首用"钉钉"软件审理开设赌场案》,载浙江在线,http://tsxw66.zjol.com.cn/gxxw/system/2020/05/11/032489469.shtml。

讼平台”[25]、宁波市中级人民法院的“移动微法院”[26]、济南市中级人民法院的“互联网智慧庭审平台”[27]等。虽然司法型在线庭审平台在研发主体上存在着司法机关主导或者法律科技公司主导的区别,但在产品设计时均注重回应诉讼参与者的司法需求,体现为与诉讼活动的高度契合:第一,实现与法院办案系统的数据对接,法官待审案件的基本信息和电子卷宗数据可以实时同步到在线庭审平台;第二,区分参与者角色而进行功能设计,更符合在线庭审的诉讼需求,比如当事人的在线举证质证功能、书记员记录的庭审笔录记录功能、证人的出庭退庭控制功能等;第三,对传统庭审方式的做法进行适当演变和呈现,比如当事人身份在线核验、法庭纪律电子播放、庭审笔录电子签名等。相较于市场通用的远程视频通讯工具,司法型在线庭审最能接近庭审对于程序公正的要求,因此,《人民法院在线诉讼规则》第1条中规定,人民法院、当事人及其他诉讼参与人等可以依托电子诉讼平台进行在线庭审,虽然未采取强制性规定,但可以预见司法型在线庭审已成为法院认可和采用的建设思路。

(二)在线庭审的案件适用范围

从目前阶段的司法实践看,在线庭审案件适用范围有如下特征:

第一,在案件类型上,刑事、民事、行政案件均存在适用的空间。湖南省高级人民法院从2007年就开始尝试运用远程视频通讯系统进行刑事案件远程审讯。[28] 甚至在某些法院,逾半刑事案件都采用在线庭审的方式。[29] 而且在疫情期间发生的涉疫情犯罪案件也通过在线庭审及时得到了从严从

---

[25] 黄洁、朱玥:《北京互联网法院首案开庭》,载《法制日报》2018年10月31日,第3版。

[26] 余宁:《宁波移动微法院:颠覆诉讼体验》,载《人民法院报》2018年2月11日,第5版。

[27] 袁鄰、侯月:《济南中院抗“疫”期间诉讼“不掉线”》,载《人民法院报》2020年2月17日,第4版。

[28] 赵文明、曾妍:《庭审时两被告人身在千里之外——湖南高院首次尝试刑事案件远程审讯》,载《法制日报》2007年3月16日,第3版。

[29] 洪奕宜、赵璐璐:《逾半刑案远程视频庭审》,载《南方日报》2012年10月17日,第A7版;章宁旦、邓新建、赵璐璐:《广州越秀法院远程视频审理六成刑案》,载《法制日报》2012年12月24日,第5版。

快处理。[30] 针对民事案件,在线庭审的案件类型已涵盖离婚纠纷、侵权纠纷、合同纠纷、知识产权纠纷、劳动争议纠纷等各种类型案件。[31] 无独有偶,在行政诉讼中,行政处罚、政府信息公开案件等行政案件同样开展了在线庭审。[32] 从在线庭审的案件数量看,刑事案件与民事案件数量较多,而行政案件数量相对较少,这与刑事诉讼与民事诉讼案件总数量本身就比行政诉讼案件数量多有关。

第二,在诉讼程序上,案件范围并非局限于简易程序案件。根据民事诉讼繁简分流试点改革的规定,试点法院和非试点法院在适用的案件范围上应当予以区分,试点法院的案件范围原则上没有限制,非试点法院的案件范围限于简易程序案件。[33] 但是在疫情的影响下,采取在线庭审的案件不再局限于简易程序案件,普通程序案件也进行了在线审理。[34] 应当看到,虽然在线庭审的案件范围与简易程序的范围存在一定的重合,但并非可以将简易程序与在线庭审的案件范围等同,仍然还要考虑当前技术条件、当事人意愿、当事人在线能力等除案件复杂程度之外的因素。

第三,在审理程序上,一审、二审的审级差别不甚明显。在线庭审的实践探索主要围绕一审案件展开,基于在线庭审的良好运行效果,有的法院开始"试水"二审案件的在线庭审,比如广东省高级人民法院采用在线庭审方式审理刑事二审上诉案件[35]、北京市高级人民法院决定在部分法院试行民商事上诉案件远程视频庭审工作。[36] 由于一审程序侧重于事实审理,二审

---

[30] 戚金城、肖波:《"云庭审"从严打击涉疫情犯罪——深圳法院目前一审判决涉疫情刑事案件9宗11人》,载《深圳特区报》2020年3月11日,第A6版。

[31] 赵建军:《远程探视帮教系统审结离婚案》,载《云南法制报》2018年8月24日,第1版;张国强:《全国首次跨省远程视频审案开庭》,载《法制日报》2009年8月4日,第1版;张维:《三地同步远程视频连线庭审》,载《法制日报》2020年2月4日,第10版;徐隽:《把诉讼搬到"线上"来》,载《人民日报》2015年12月9日,第18版;王军忠、孙健:《长海县当事人坐在"家"中参加诉讼》,载《大连日报》2008年5月9日,第A2版。

[32] 左卫民:《中国在线诉讼:实证研究与发展展望》,载《比较法研究》2020年第4期。

[33] 李承运:《正确把握推进电子诉讼的四个维度》,载《人民法院报》2020年4月20日,第8版。

[34] 郎松涛、张静:《抗疫审判两条线　线上线下有担当》,载《河南法制报》2020年4月14日,第6版。

[35] 林晔晗、何娟:《广东高院首次远程视频开庭》,载《人民法院报》2010年7月9日,第1版。

[36] 鲍雷、刘玉民:《北京:远程视频庭审便利诉讼》,载《人民法院报》2010年9月1日,第4版。

程序更能够获得足够事实材料进行支撑，二审程序较于一审程序适用在线庭审更具有可行性。鉴于再审案件的复杂性，司法实践中尚未普遍开展再审案件的在线庭审，不过法院已经允许证人通过远程视频的方式进行作证。[37]

对于在线庭审的案件适用范围，《人民法院在线诉讼规则》采取的是"正向明确 + 反向排除"的做法，先是明确了哪些类型的案件可以适用在线庭审，然后列举了几种不得适用在线庭审的情形，为各级法院在司法实践中决定哪些案件类型可以适用在线庭审提供了指引，但是对于诉讼程序和审理程序方面并未涉及。

（三）在线庭审的行为方式

1. 诉讼行为和司法行为的"在线化"转变

"诉讼是一个信息传递和交流过程，表示信息的符号和承载符号的物理介质的变化，必然会相应地改变诉讼行为与审判行为的方式。"[38]依托现代互联网技术兴起的在线庭审，颠覆了传统的线下行为交流方式，法官与当事人之间的空间距离借助信息技术得到进一步拉近，但相较于其他诉讼环节的电子诉讼，在线庭审的意义并不在于有多"电子化"，而是透过互联网的在线本能实现了诉讼参与人的在线交互。"在线是连接的属性，连接是在线的结果。"[39]法官或者当事人登录到在线庭审平台，其行为就已经连接了，但真正有意义的是诉讼行为与司法行为借助互联网发生了交互，比如在线示证、在线调查、在线辩论等。伴随着行为方式的改变，在线庭审也对诉讼参与者的心理过程产生了影响，这既可能是行为"在线化"后的质变，也可能是因为在线庭审工具提供了用于交流的功能和环境而产生的影响。从工具与行为的特性来看，"只要当技术作为工具以某种方式被用于中介交流或行为时，该工具就不仅能够支持某些行为，而且排除了对行为的其他方面的需要，或者消除了实施行为的其他方面的机会"[40]。当在线庭审为诉讼参与

---

〔37〕 周斌、王宇：《孙小果再审案件开庭审理》，载《法制日报》2019 年 10 月 15 日，第 1 版。

〔38〕 王福华：《电子法院：由内部到外部的构建》，载《当代法学》2016 年第 5 期。

〔39〕 王坚：《在线》，中信出版社 2018 年版，第 32 页。

〔40〕 ［英］亚当·乔伊森：《网络行为心理学——虚拟世界与真实生活》，任衍具、魏玲译，商务印书馆 2014 年版，第 22 页。

者提供了线上庭审的机会时,也意味着诉讼参与者丧失了线下庭审的机会,由此可能会对在线诉讼参与人产生两方面的心理活动:一方面,相对于面对面的传统诉讼方式,诉讼参与者可能会担心线上交流的效果,内心意思的表达是否会受到在线庭审环境的影响而存在出入;另一方面,当有些诉讼参与人仍然通过线下方式参加庭审时,通过线上方式参加庭审的诉讼参与人可能会担心其失去了与法官深入交流的机会,如果恰巧线上一方又败诉时,这种怀疑可能更会加剧。

2. 诉讼行为和司法行为的异步在线交互

通常情况下,在线庭审的"在线"应该是突破空间限制而未突破时间限制的在线,与信息通讯的随时在线、随处在线有着本质区别。为进一步突破在线庭审的时间要求,杭州互联网法院率先推出异步庭审模式〔41〕,此后广州互联网法院和北京互联网法院也对异步在线的庭审方式进行了规定。〔42〕但在司法实践中,目前只有杭州互联网法院运用了这种庭审模式并在新冠疫情的影响下提高了适用比例(见表5-1)。异步庭审的实质是庭审行为的异步在线交互,体现着"离线"思维在司法领域的适用,这种异步在线交互模式不再要求法官和当事人在同一时间均处于在线状态,而是可以在一定审理期限内不受限制地登陆在线庭审平台并完成各自行为。关于庭审行为的异步在线交互情形,可以区分为两种:一种是不违背行为初衷的异步在线,有单方行为即可完成,比如上传证据文件、录入质证意见、查看庭审笔录等;另一种是作为非常规形式的异步在线,一般需要双方或多方行为共同完成,比如庭审事实调查、庭审举证质证、法庭辩论等。当前对于异步庭审的理论质疑,主要集中于后一种情形,学界普遍认为这种庭审方式会对司法亲历性、直接审理原则等民事诉讼法基本原理造成强烈冲击。〔43〕虽然异步庭

〔41〕 异步审理是将涉网案件各审判环节分布在杭州互联网法院网上诉讼平台,法官与原告、被告等诉讼参与人在规定期限内按照各自选择的时间登录平台,以非同步方式完成诉讼的审理模式。参见余建华:《扩展时空让审理异步进行——杭州互联网法院创新审理模式工作纪实》,载《人民法院报》2018年4月3日,第1版。

〔42〕 广州互联网法院称之为"在线交互式审理",北京互联网法院称之为"非同时庭审",虽然称谓表述不同,但基本具有相同的内涵。

〔43〕 肖建国、丁金钰:《论我国在线"斯图加特模式"的建构——以互联网法院异步审理模式为对象的研究》,载《法律适用》2020年第15期。

审对传统诉讼规则带来了挑战，但事物都有两面性，异步庭审对于提高诉讼效率和缓解办案压力确实起到积极作用，而且根据瓦尔特的“超人际”沟通理论，“异步形式的沟通可能会产生最佳的自我表现”，[44]“可以减少面对面的恐惧感、罪恶感、愤怒和自我意识及其摩擦，从而使人们内心深处的思想感情得以宣泄，更有助于人们之间产生亲近感”[45]。因此，异步在线交互的方式仍然存在发展空间，可以将其作为在线庭审的补充，但有必要对该行为方式做进一步探索，且有选择性地限制运行规则和适用范围，比如优先在非诉讼程序中引入异步审理方式。[46]

表 5－1　杭州互联网法院异步审理案件数量统计

年份	异步审理判决书数量/件	判决书总数量/件	占比/%
2020	680	1745	38.97
2019	175	2335	7.49
2018	369	1956	18.87

注：以关键词“异步审理”在中国裁判文书网进行检索，涉及异步审理的文书性质全部都为判决书，因此只进行了判决书的数量统计，统计时间截止为 2021 年 1 月 18 日。

三、在线庭审存在的主要问题

（一）在线庭审对现有庭审方式的冲击与挑战

1. 在线庭审对直接言词效果的消极影响

现代各国审判阶段普遍适用的直接言词原则，蕴含直接原则和言词原则两方面。直接原则的基本内容包括直接审理和直接采证；而言词原则要求审理和采证都要采取言词陈述的方式进行。[47] 可见，直接言词原则的本质是各方诉讼主体能够直接地将内心观点无差错地表述并被他人知晓。囿于传统庭审模式的思维定式，有学者认为传统定义下的直接言词原则会导

[44] ［英］艾莉森·艾特莉尔、［英］克里斯·富尔伍德：《网络心理学：探寻线上行为的心理动因》，杨海波、刘冰译，人民邮电出版社 2018 年版，第 99 页。

[45] 胡春阳：《超人际传播：人际关系发展的未来形态》，载《人民论坛·学术前沿》2017 年第 23 期。

[46] 高翔：《民事电子诉讼规则构建论》，载《比较法研究》2020 年第 3 期。

[47] 卞建林：《直接言词原则与庭审方式改革》，载《中国法学》1995 年第 6 期。

致在线庭审存在违法嫌疑[48];也有学者认为在线庭审并未解决直接言词原则的要求,只是与书面审理等审判方式相比更向直接言词原则靠拢而已。[49] 但实质上通过在线庭审模式审理案件,庭审活动只是发生了由物理空间到虚拟空间的转移,诉讼主体仍然能够通过信息技术直接进行口头表述,并没有否定、颠覆直接言词原则。其实,在线庭审对于直接言词原则的影响并不在于颠覆直接言词原则的诉讼理念,而是在某些网络效果不佳、庭审环境嘈杂、设备存在障碍、画面清晰度不高等情形下影响了直接言词的效果。但这种影响并非是制度层面的,问题的关键也不是否定在线庭审的合法性,而在于如何通过庭审规则设计和软硬件性能保障直接言词效果。

2. 在线庭审导致司法仪式感和法庭纪律的减损

法院现有庭审方式是经历了较长时间的司法现代化后建立的固定程式,并由"司法广场化"过渡到"司法剧场化",蕴含着根深蒂固的庭审价值。[50] 现代法庭通过庭审流程、法庭布局、环境氛围等方式营造出庄重肃穆的司法仪式感,在某种程度上会给诉讼参与人带来潜移默化的自我暗示和心理锚定,从而影响着人们的行为方式。现代法庭所形成的司法仪式感在内化人们的理性精神和品质、凸显程序和秩序理念、促成法律活动技术化和专门化、增强法律神圣性和权威性等方面发挥着重要作用。[51] 身处法庭的诉讼参与人在这种法庭心理作用下,会愈加尊重法律并更加"真实"地表现自我。但在在线庭审方式下,诉讼参与人无法设身处地地感受这种司法仪式感,从而大大降低了现代法庭所具有的功效和意旨,"在电子诉讼的虚拟环境下,司法仪式感不可避免的丧失或降低"[52]。虽然有的法院尝试通过技术方式将审判人员图像与法庭虚拟背景实时合成而呈现出"逼真"的庭

---

[48] 侯学宾:《我国电子诉讼的实践发展与立法应对》,载《当代法学》2016 年第 5 期。

[49] 李峰:《司法如何回应网络技术进步——兼论视听传输技术作证的运用规则》,载《现代法学》2014 年第 3 期。

[50] 熊秋红:《远程庭审有哪些优势与不足》,载《人民论坛》2016 年第 27 期。

[51] 舒国滢:《从司法的广场化到司法的剧场化——一个符号学的视角》,载《政法论坛》1999 年第 3 期。

[52] 石毅鹏:《电子诉讼的风险与程序构建》,载《湘潭大学学报(哲学社会科学版)》2018 年第 2 期。

审环境,但对提升司法仪式感的作用却相对有限。[53] 此外,由于司法仪式感的丧失,很大程度上会使当事人在心理上降低对法律的尊重和司法的畏惧,在庭审时发生的随意退出视频画面、与无关人员交谈、现场环境嘈杂等现象严重破坏了法庭纪律。[54] 然而,由于当事人不在现场,审判人员通常采取口头方式进行提醒或警告,对于当事人的轻微失范行为是存在较大容忍的。总的来说,在线庭审确实会在一定程度上导致司法仪式感和法庭纪律的减损。

3. 在线庭审引发对庭审真实性的担忧

在线庭审的“非面对面”特征无疑增加了对庭审真实性的担忧,主要体现在以下几个方面:第一,对诉讼参与人真实性的担忧。为确保诉讼参与人的真实性,传统庭审往往会对诉讼参与人信息进行反复验证,但在线庭审作为电子诉讼的一部分,原则上采取的是“初始性”审查,只要在电子诉讼初始的注册环节审核通过后便成为后续诉讼程序真实性的信赖基础,这无疑增加了诉讼参与人真实性风险。[55] 第二,对诉讼行为真实性的担忧。与线下庭审不同,线上的诉讼行为真实性通常无法直观认定,比如在线发表的质证意见难以知道该行为是否由诉讼参与人本人作出,因此法院通常采取“推定原则”认定诉讼行为的真实性,即诉讼参与人专用账号作出的行为被视为其本人行为,除非有相反的证据证明。第三,对证据材料真实性的担忧。在线庭审中的证据形式主要包括电子化材料和电子证据材料两种,前者指线下诉讼材料或者实体证据材料通过电子化处理后形成的电子化材料,其真实性担忧不仅在于电子化材料可能与原件或原物不一致,还在于线上证据调查与线下证据调查之间可能存在情感上的偏差[56];而后者则为法定证据形式之一,其真实性担忧在于电子证据“易失真”或“易篡改”[57]。第四,对电子签名真实性的担忧。由于目前庭审记录方式电子化改革采取的是“准并

---

[53] 段莉琼、刘文添:《开启全场域在线庭审新模式——广州互联网法院抗疫期间推出5G虚拟智能“YUE法庭”》,载《人民法院报》2020年3月1日,第4版。

[54] 谷世波:《在线庭审:庄严性仪式感应予保障》,载《人民法院报》2020年4月20日,第2版。

[55] 张兴美:《电子诉讼中的诉讼参与人真实性问题——基于外观主义的分析》,载《广东社会科学》2016年第4期。

[56] 占善刚、王译:《互联网法院在线审理机制之检讨》,载《江汉论坛》2019年第6期。

[57] 刘品新:《论电子证据的理性真实观》,载《法商研究》2018年第4期。

行式”方案,因此法庭笔录的方式仍然占据主要地位。[58] 庭审结束后的法庭笔录以电子签名的方式进行在线确认,但签署行为通常是在“屏幕”背后施行,这种隐蔽性的操作必然带来真实性的质疑。

(二)在线庭审推行中遇到的难题

1. 在线庭审导致原有司法管理模式失效

在线庭审为司法信息化管理提供了物质基础,信息技术的运用在尊重司法规律的前提下会改变传统法院管理模式,导致原有的司法管理模式不能适用新型庭审方式。这种冲击主要有:第一,在线庭审的非现场性审理改变了司法管理的物理形式。在线庭审使庭审过程脱离了物理交往的束缚,诉讼行为和司法行为的“在线化”转变必然导致管理行为的改变。第二,在线庭审改变了司法管理的管理方式。传统司法管理模式下,由于管理资源和管理能力的制约,部分案件不会纳入管理范围,甚至某些方面的管理会流于形式化和存在滞后性。[59] 在线庭审案件的“在线化”呈现使得庭审过程中产生的部分或者全部信息都以数据的形式存在,为管理对象和管理程度的全面性、实时性、高效性提供了可能。第三,在线庭审改变了卷宗的管理模式。因在线庭审的适用,使纸质材料随着在线方式转变为电子材料,电子卷宗的归档管理和上诉移送管理模式都将发生改变。

2. 实践先行导致在线庭审平台建设不统一

法院开展在线庭审时,只赋予诉讼参与人线上庭审或线下庭审的选择权,而没有赋予其在线庭审平台的选择权,因此诉讼参与人在线庭审时只能被动地接受法院安排。出于审理需求、技术路径、庭审规范等方面因素的考虑,各地法院的在线庭审平台建设具有鲜明的地方特色,平台之间的差异既体现在功能设计和操作方式上,又体现在对运行环境和设备要求上。由此带来的问题是:其一,根据“技术决定论”的媒介交流模型,当作为在线庭审交流载体的媒介存在差异时,可能会导致不同的心理或行为。[60] 其二,在

---

〔58〕 张兴美:《庭审记录方式电子化改革的反思与建构》,载《法学杂志》2019 年第 1 期。

〔59〕 左卫民:《信息化与我国司法——基于四川省各级人民法院审判管理创新的解读》,载《清华法学》2011 年第 4 期。

〔60〕 [英]亚当·乔伊森:《网络行为心理学——虚拟世界与真实生活》,任衍具、魏玲译,商务印书馆 2014 年版,第 27 页。

不同法院进行在线庭审时必须使用不同的平台工具,不可避免地会增加当事人的学习成本和时间成本。其三,因为不具备在线庭审平台强制要求的使用条件,会阻碍部分诉讼参与人进行在线庭审。

3. 不同参与者的接受程度和在线能力存在差异

在线庭审中不同参与者的接受程度和在线能力均存在个体差异和群体差异。就参与者的接受程度而言,法官、当事人、律师和检察官等群体对于在线庭审的态度总体上是较为积极的,而法官作为在线庭审的发起者,出于政治安排、试点要求、便民目的等因素的衡量,也会更加主动地推动在线庭审,但部分个体可能会因为缺乏认识、观念保守、设备欠缺等而不愿意适用在线庭审。参与者的在线能力主要受到"数字鸿沟"的影响。由于成长环境数字化程度不同,年轻人和老年人在技术使用方面存在一定的差异,可以将使用者分为"数字原生代"群体和"数字移民"群体。[61] "数字原生代"和"数字移民"与信息技术建立联系的紧密程度存在差异,"数字原生代"往往比"数字移民"具有更强的在线能力,进行在线庭审时的"数字鸿沟"相对较小。当然,在探讨使用者的"数字鸿沟"时还应结合具体的在线行为类型,比如远程视频通话的"数字鸿沟"就会比在线上传证据和发表质证意见的"数字鸿沟"小。此外,使用者的在线能力还受学习能力、经济条件、地域环境等因素的影响呈现个体差异化。

(三)信息技术应用的固有局限

1. 多端并发下的庭审实质效果难以保障

庭审实质效果受到庭审环境、网络带宽、平台版本等多方面因素的影响,尤其在诉讼参与人数量较多时,普遍存在以下问题:第一,各方诉讼参与人所处庭审环境不可控,从而导致庭审效果不可控。虽然法院适用在线庭审时会对诉讼参与人的庭审环境提出硬性要求,但庭审过程中不可避免地会发生窜音、杂音、啸叫等无法查明的问题。第二,各方诉讼参与人所具备网络的速度与稳定性不同,导致声音断续、画面卡顿、画面延迟等问题频现,不仅会影响庭审笔录的记录效率,而且会影响庭审的顺畅进行。第三,各方

---

[61] 谢康、谢永勤、肖静华:《共享经济情境下的技术信任——数字原生代与数字移民的差异分析》,载《财经问题研究》2018 年第 4 期。

诉讼参与人所使用的平台版本不同,也会对庭审效果造成影响。例如,同一在线庭审平台可能存在电脑端网页版、手机 App 版、微信小程序版等不同版本,各方诉讼参与人在使用不同版本参加庭审时可能会带来视频画面不兼容、文件加载时间不同等现象,从而导致庭审延误。

2. 对诉讼行为进行法律评价时支撑不足

在线庭审中的诚实信用原则不仅包含着传统庭审蕴含的价值追求,而且更加凸显诉讼主体的诚实目的和信用义务。对于当事人恶意阻碍庭审正常进行的行为,法院可以通过建立诉讼失权制度来维护诚实信用原则对在线庭审的效力,让当事人承担因恶意行为导致相关诉讼权利甚至实体权利减损或消灭的法律后果。〔62〕 但在线庭审面临重大挑战是当法院欲对当事人的失信行为进行法律评价时能否通过在线庭审平台获得足够的依据支撑。比如在庭审过程中,一方当事人在庭审过程中丢失声音或单方面退出在线庭审平台,通过信息技术很难判断这种情形是因出现网络故障、设备损坏、电力中断或者其他不可抗力等原因而导致的,还是当事人察觉诉讼结果可能会自己不利的情况下为达到拖延诉讼目的而恶意下线。即使事后可以查明,可能最后付出的成本要远高于采取线下诉讼庭审的成本。

3. 庭审数据安全及当事人隐私保护存在隐患

在线庭审存在的庭审数据安全及当事人隐私保护方面的隐患既可能来源于法院,也可能来源于当事人。〔63〕 法院原因导致的庭审数据安全问题或当事人隐私泄露主要取决于在线庭审平台的安全性。作为互联网上运行的软件系统,在线庭审平台在设计时的一种本能反应是沉淀数据,当通过在线庭审平台进行庭审时,用户行为、诉讼材料、庭审音视频等都会变成数据,这些数据自使用系统的那一刻就处在可能泄露风险之中,而隐患何时爆发则完全取决于在线庭审平台研发公司对于数据安全的保护程度和数据保存的期限,但这都不在法院的直接掌控范围内。当事人原因导致的庭审数据安全问题和当事人隐私泄露主要存在“双重泄露”风险,即庭审中因案外人员不当介入而导致的案件信息泄露和庭审后因诉讼参与人肆意传播而导致的

---

〔62〕 陈锦波:《论信息技术对传统诉讼的结构性重塑——从电子诉讼的理念、价值和原则切入》,载《法制与社会发展》2018 年第 3 期。

〔63〕 张兴美:《电子诉讼制度建设的观念基础与适用路径》,载《政法论坛》2019 年第 5 期。

庭审内容泄露。

四、在线庭审的完善路径与远景前瞻

(一)各级法院应根据司法解释规定进行自我检视

在线庭审的推进策略大体顺从司法体制改革的"试点"方法,也就是"在中央的统一部署和安排下,选择一个或者几个有代表性的地方先行先试,取得符合司法规律、可复制的直接经验,然后再在全国范围内实施司法体制改革的总体方案"。[64] 但在线庭审实践又呈现出特有的实践形态,主要体现在以下几个方面:第一,在线庭审司法实践探索由来已久,司法实践样态多元化。第二,在线庭审既有互联网法院的特殊实践场域,又有普通法院的一般实践场域。第三,在民事诉讼繁简分流试点改革的背景下,改革方案中的试点法院与非试点法院都进行着实践探索。第四,适逢疫情防控常态化的特殊时间阶段,在线庭审获得了空前的生命力。目前阶段的在线庭审改革具有持续时间久、覆盖范围广、效果影响大等特点,呈现出特殊形态。

从现有司法实践看,为了更好地保障在线庭审的良好运行,很多法院都制定了在本院管辖范围内适用的司法文件,典型的司法文件有《北京互联网法院电子诉讼庭审规范》《重庆市高级人民法院关于规范在线庭审活动的工作规则(试行)》《甘孜州中级人民法院在线庭审规范(试行)》等。各地方法院关于在线庭审的规定,在适用主体、适用范围、适用阶段等共性问题上存在趋同现象,但在具体条款设计上却普遍存在内容表述不一、庭审规则分歧、行为约束各异等问题。《人民法院在线诉讼规则》是最高人民法院从全国范围各地法院提供的诸多样本中进行筛选、比对、整合后形成的"经验聚合"产物,对在线庭审范围、庭审纪律与礼仪、线上线下转换规则、证据真实性认定等法律适用问题进行了统一规定。因此各级人民法院开展在线庭审时,应重点关注以下两个问题:第一,在规则检视方面,应由"自我规定"向"统一规定"转变。各级法院应梳理已制定的司法文件,按照最高人民法院的统一规定进行自我检视,及时完成司法文件的修改或废除工作,保障在线

[64] 刘风景:《论司法体制改革的"试点"方法》,载《东方法学》2015 年第 3 期。

庭审的合法开展。第二,在平台建设方面,应由“差异化”建设向“标准化”建设转变。出于对“嘉奖”“政绩”等名誉或物质的追逐,地方法院在理性竞争机制的激励下,必然想方设法打造具有影响力的地方模式。[65] 地方模式要脱颖而出必然需要体现差异化,由此导致各地方在线庭审平台建设在功能和标准上都各具特色,为当事人使用平台进行诉讼人为设置了使用门槛。《人民法院在线诉讼规则》并未规定相应的在线庭审平台建设标准,因此,如何实现在线庭审平台在功能设计和建设标准方面的统一仍然是目前亟待解决的问题。

(二)在线庭审平台:发挥司法工具价值的软件应用

以在线庭审为需求构建的信息化平台要发挥司法工具价值,核心在于尽可能避免对传统庭审方式带来的负面冲击,让在线庭审引发的制度更新、行为改变、价值取向等都处于法院现行体制框架内,从而循序渐进、稳中求变地推进在线庭审改革。

首先,在线庭审平台非远程通讯技术在司法领域的简单复用。信息技术在其他社会场景所展现的优势,并不意味着可以当然地移植到司法场域中,主要原因在于一方面因为司法本身有其固有的价值,另一方面也无法避免信息技术在司法领域可能表现出的不适用性等问题。通讯型在线庭审和会议型在线庭审相比司法型在线庭审更受质疑的原因在于只是将远程通讯技术简单复用到了在线庭审场景中,在线庭审平台应以远程通讯技术为基础框架来进行功能填充。

其次,在线庭审平台应遵循线下审判的业务逻辑和程序法理。在线庭审之所以区别于传统庭审,更大程度上表现为对庭审运行的技术性改造,而非对传统庭审规则的结构性变更。从在线庭审的功能定位层面分析,在线庭审的运行机理须以线下审判的业务逻辑和程序法理为根本,并贯穿到在线庭审平台的研发和应用过程中。在线庭审平台所必须具备的功能价值是保障当事人诉讼权利的线上重现,既是线上行为与线下行为具有同等法律效力的法理所在,也是线上行为与线下行为切换的程序逻辑,否则在线庭审

---

[65] 安晨曦:《电子诉讼形塑的中国策略》,载《湖北社会科学》2017 年第 8 期。

平台的诉讼体验可能就会影响当事人对于案件是否公正处理的判断,从而引发质疑和上诉。

最后,在线庭审平台需对在线行为进行全程记录和数据共享。数据产生价值归功于通过在线的方式实现了数据共享。[66] 电子法庭的录音录像功能只对庭审过程进行了客观记录,但真正的价值是能够记录庭审背后的数据流动。在线庭审平台让一切行为都处于在线状态,为线上数据的收集和共享提供了可能。在线庭审平台想要发挥司法工具价值,还应致力于实现数据共享,比如为实现身份认证而进行身份信息共享、为实现电子证据认定而进行区块链存证数据共享、为实现卷宗归档而进行办案数据共享等。

(三)固定参审场所:兼顾司法效率与司法公正的理性选择

不可否认,当前阶段的在线庭审效率化价值倾向尤为明显,可能导致在线庭审的重心向司法效率过度倾斜而忽视司法公正,比如因"隔空"庭审而减损司法仪式感、因"数字鸿沟"而"剥夺"当事人在线参与庭审的机会等。为了兼顾司法效率与司法公正,有必要在传统法庭庭审与足不出户庭审之间构建一种固定场所庭审的中间状态,作为现阶段在线庭审的主要方式,并以固定场所庭审为原则,以足不出户庭审为补充。[67] 所谓固定场所庭审,是指可以在法院、检察院、律所、监狱等地方专门设立固定参审场所并提供在线庭审服务,诉讼参与人可就近选择合适的参审场所进行在线庭审(见图5-1)。例如,北京互联网法院的"虚拟法庭舱"[68]、成都中院的"5G智慧参审室"[69]、上海高院的"智慧舱"[70]都是这种庭审方式的实践探索。

---

〔66〕 王坚:《在线》,中信出版社2018年版,第66页。

〔67〕 杨维立:《互联网法院在线庭审宜提供"固定场所"》,载《人民法治》2019年第3期。

〔68〕 赵岩、任惠颖:《北京互联网法院"虚拟法庭舱"亮相》,载《人民法院报》2020年5月16日,第1版。

〔69〕 王鑫:《成都中院启用"5G智慧参审室"》,载《人民法院报》2020年5月21日,第4版。

〔70〕 陈凤:《上海高院推进建设"24小时不打烊的法院"》,载《民主与法制时报》2020年12月26日,第4版。

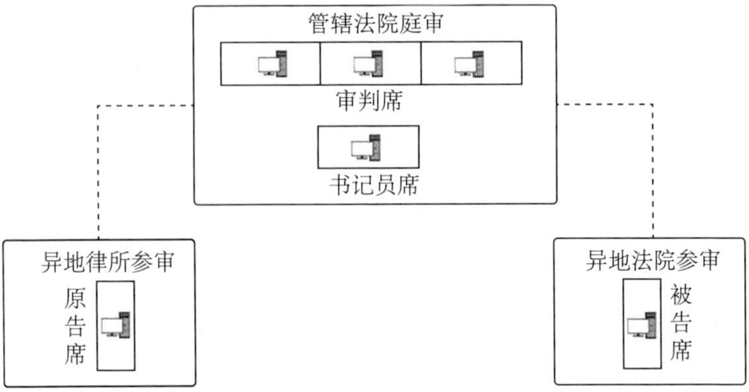

图5-1　民事简单案件“两造”诉讼在线庭审示例

通过固定参审场所在在线庭审中的应用,可以对在线庭审机制的庭审价值和运行效果产生重大影响,主要体现在以下几个方面:第一,可以在一定程度上缓解在线庭审对现有庭审方式带来的冲击。在线庭审对现有庭审方式的冲击主要体现在直接言词效果、司法仪式感、法庭纪律、庭审真实性等方面,如果将固定参审场所按照法庭布局和标准进行建设,可以有效降低这种冲击,比如统一采购软件和硬件设备保障直接言词效果;按照法庭环境要素进行场所装饰提升司法仪式感;设置人脸识别门禁系统实现参审场所的封闭性和真实性等。第二,可以使在线庭审提升司法效率的初衷得以坚守。虽然通过固定参审场所进行在线庭审不像“零距离”解纷或“家门口”诉讼那样提升司法效率,但由于诉讼参与人可以就近选择庭审地点,并不会对司法效率造成很大的影响,相反,由于庭审环境已经准备和庭审效果得以保障,反而可以进一步缩小这种差距。第三,通过在线庭审获得司法公正的目的得到实现。无论是庭审中遇到的难题还是尚未克服的技术瓶颈都会影响司法公正,与其追求极致的物理空间距离,不如暂缓打通“最后一公里”,用“最后一公里”的诉讼成本为司法公正让步。第四,建设固定参审场所的成本能够有效控制。建立在固定参审场所,无疑会增加成本投入,因此可以与本机构的其他信息化建设统筹规划,实现成本分摊。以法院为例,相对可行的方案是在现有的科技法庭基础上进行改建或者与“一站式”诉讼服务体系的在线调解共同建设。

(四)在线庭审的未来发展趋势展望

上述分析观点是在在线庭审现有框架下进行的完善路径,但在线庭审的司法图景仍然存在大量尚未关注的领域,如何建构在线庭审的未来形态是值得关注的话题,至少应包含两方面的内容:一是“在线化”应用场景的扩展,二是“智能化”建设水平的提升。

第一,发挥信息技术红利,有意识地构建“在线化”纠纷解决格局。信息技术更多地体现为一种工具价值,其本身并不具有场景属性,与现实的条件并无多少联系。在线庭审的核心要义是通过信息技术实现纠纷解决过程中庭审环节的场景再现,而这种远程视频通讯技术在法院应用场景中是具有扩容复用性的,可以将这种技术红利扩大到在线调解、庭前会议、法庭调查、现场勘验等领域。[71]

第二,围绕在线庭审构建在线智能庭审,实现基于庭审场景的应用集成。根据庭审实质化的法理,审判的大量工作都应该在庭审环节完成,当前在线庭审的目标定位是实现庭审场景的物理空间转换,对于在线庭审智能辅助的功能预设有待进一步深化。在线庭审在满足必要庭审工作外,还可以进一步向庭审智能辅助转化,将相关的“智慧法院”建设成果集成到在线庭审中,比如针对类型化案件要素审判的需求,可以将要素式智能审判系统内嵌到在线庭审平台,在庭审过程中实时向法官推送与案情基本事实相关的要素和与诉讼请求相关的要素,辅助法官查明事实[72];针对统一法律适用的需求,可以将判例检索系统作为一个功能模块嵌入在线庭审平台,基于庭审的应用场景为法官提供精准辅助和支撑。[73]

第三,借助5G、云计算、大数据、机器学习等方面的技术沉淀,克服在线庭审存在的真实性难题。相对于庭审仪式和庭审效果,在线庭审面临的真实性难题应是首要克服的目标,虽然通过固定参审场所可以有效解决诉讼参与人和电子签名的真实性问题,但对于证据真实性却难以发挥作用。“尽

---

〔71〕 王福华:《电子诉讼制度构建的法律基础》,载《法学研究》2016年第6期。

〔72〕 李鑫、王世坤:《要素式审判的理论分析与智能化系统研发》,载《武汉科技大学学报(社会科学版)》2020年第3期。

〔73〕 李鑫:《从信息化呈现到体系性构建:判例运用视角下判例检索系统的建设与发展》,载《四川大学学报(哲学社会科学版)》2020年第2期。

管可能在法律上有对篡改、伪造证据等行为可以进行制裁的相关规定，但是试图通过法律解决此种不诚信给审判造成的困扰很可能是徒劳的，技术上的突破更为关键。”[74] 例如，通过区块链技术实现电子数据的真实性认定已成为司法实践的通行做法，但对于电子化材料的认定尚处于探索阶段，可以尝试借助 3D 建模方式实现实物证据的在线展示和通过 VCR 可视实现不动产的在线展示。

繁简分流改革试点、公共卫生事件为在线庭审提供了时代机遇和实践空间，但在线庭审能否成为普适庭审机制尚未可知。法官、书记员和其他诉讼参与人都是这场实践运动的直接见证者，并以“消费者”的独特身份参与其中，在线庭审运行良好与否取决于“消费者”的直观体验与感受，“当商品、服务或体验满足或超出消费者最初期望时，积极的不一致信念产生；如果未能满足最初的期望，则会产生消极的不一致信念”[75]。在线庭审作为一种新型庭审方式，想要获得持续普及和长久生命力，就必须让“消费者”在内心深处建立起足够的信任，使用者如果能够通过在线庭审受益便会以更积极的态度接受这种庭审方式，从而为在线庭审的发展提供良好的土壤。因此，当前的紧迫任务是如何抓住这一特殊时代机遇进行理论构建和实践完善，为后疫情时代在线庭审机制的稳定运行奠定基础。

---

[74] 宋朝武：《电子司法的实践运用与制度碰撞》，载《中国政法大学学报》2011 年第 6 期。

[75] [英]艾莉森·艾特莉尔、克里斯·富尔伍德：《网络心理学：探寻线上行为的心理动因》，杨海波、刘冰译，人民邮电出版社 2018 年版，第 151 页。

第六章
智慧审判监督管理一体化的司法实践与建设路径

智慧法院建设是一场改变传统司法的全局性变革,在其建设过程中,智慧管理是与智慧服务、智慧审判、智慧执行并列的有机组成部分,但又有其独特性,因为其他三智建设都是面向业务的,而智慧管理是唯一面向管理的。在司法实践中,运用信息化提升管理手段科技性、处理审判管理和审判业务间关系、构建科学审判管理机制的共识已基本形成,这无疑有助于拓展司法信息化,提高审判管理效率,促进司法公正。[1] 但目前法院的审判监督管理仍停留在重视数据统计阶段,对审判数据资源的收集、处理和利用尚显不足,由此导致审判监督管理不全面、不深入、不彻底,无法发挥审判监督管理制度的预期功效。智慧审判监督管理一体化建设不仅仅是一场司法改革的实践,更是一种涉及司法与新兴技术交叉融合的探索与尝试。"在信息化和大数据时代背景下,推动由粗放型、人工型管理向智能化、精细化管理转型"[2],是实现法院现代化管理转型的必经之路。但从目前来看,有关智慧审判监督管理的理论研究相较于司法实践来说尚处于相对滞后阶段,无法给司法实践提供有效理论支撑。因此,有必要明确审判监督管理一体化的建设动因,就现有司法实践成果进行总结、检视与反思,进一步厘清智慧审判监督管理的完善思路,型塑审判监督管理制度与智能化结合的现代化管理格局。

---

〔1〕 车红蕾:《以信息化促进审判管理科学化》,载《人民司法》2011年第1期。

〔2〕 四川省成都市中级人民法院、最高人民法院司改办:《深化司法责任制改革的实践及其实效问题研究》,载最高人民法院司法改革领导小组办公室编:《新时代深化司法体制综合配套改革前沿问题研究》,人民法院出版社2018年版,第295页。

一、智慧审判监督与智慧审判管理一体化建设的动因

(一)审判监督与审判管理在司法实践中已无明显界线和实质区别

在法院司法业务中,审判监督管理按照工作内容不同,历来存在审判管理与审判监督的两分法。通常认为,审判管理不涉及对实体审理和裁决的介入或干预,主要为审判程序性事项和审判质效测评等辅助性管理活动,而审判监督更侧重于对案件实体裁决的指导监督等管理活动,但这样的两分法并不具有当然的学理价值。[3] 在2013年之前,法院常以“审判管理”代指审判管理和审判监督,其范围包括审判动态监控、审判流程管理、审判质效评估、审判层级管理、个案审判监督等。到2015年,最高人民法院发布的《人民法院第四个五年改革纲要(2014—2018)》中,将院庭长审判管理机制和院庭长审判监督机制进行并列,明确了各自的涵摄范围。但在之后,最高人民法院于2017年发布的最高人民法院《关于落实司法责任制完善审判监督管理机制的意见(试行)》和2019年发布的最高人民法院《关于深化人民法院司法体制综合配套改革的意见》中,都不再区分审判管理与审判监督,而以“审判监督管理”概括地表述院庭长的审判监督行为。这种转变,一方面是因为法院谓之“管理”,行政色彩鲜明,为了弱化这种行政色彩,故不再单独称之为审判管理;另一方面是因为审判监督和审判管理两种制度在实际工作中,通常不再加以区分,已无必要将其进行明确界定。因此,审判监督管理囊括了审判监督工作和审判管理工作,但需要特别指出的是,虽然现在的“审判监督管理”与早期的“审判管理”都是对审判监督行为的统称,但是随着司法责任制的施行和行政管理理念的消减,“审判监督管理”已具有了新的时代涵义。由于审判管理与审判监督之间的工作内容存在交叉与融合,才需要将审判管理与审判监督统筹考虑,实现审判管理与审判监督的“一体化”建设。

---

〔3〕 重庆市高级人民法院课题组、钱锋、高翔:《审判管理制度转型研究》,载《中国法学》2014年第4期。

(二)新型审判监督管理模式促使审判管理向审判监督管理一体化转变

传统的粗放型管理模式更加注重对审判过程及质量的事后管控,这种相对滞后的监督管理方式存在对法官审判执行工作的压制效果,无法伴随案件办理进行实时同步管理。一方面,法官的审判权运行需要避免管理者的行政干预,无序、任意介入的管理可能会对审判权运行带来消极影响。在"案多人少"背景下,法官承担了大量的审判工作,如果在审判工作开展过程中还要应对管理考核,则无疑加重了法官的审判负担。另一方面,管理者想要了解案件办理过程中的情况必须介入案件办理过程中,在如此大规模的监管中是难以实现的,而且还可能产生以行政权干预审判权运行的风险。在传统的管理模式下,审判权运行在前,而审判监督管理权在后,两者存在先后关系,这种管理模式极容易导致管理不全面、不及时,审判权运行缺乏有效的审判监督管理,则可能滋生司法腐败,进而影响司法公正,减损司法公信力。

随着审判监督管理工作内容的丰富及信息技术手段的应用,管理者已经意识到信息技术在管理工作中占据的重要地位,对于借助信息化提升管理质效达成了共识,信息化监管也使得法院的审判监督管理从科层制、行政化的管理方式向司法数据自动统计与报告的管理方式转变。在智慧审判监督管理建设初期,通过技术手段替代监督管理过程中大量的耗时、费力的重复性工作是最直接的期望,但随着现代化管理理念的转变,对智慧审判监督管理的需求已经与传统意义上的信息化监管存在较大差别。其一,从管理范围来看,智慧审判监督管理包括对案件的管理、对人事的管理和对政务的管理,囊括审判监督管理基本职能的"案件信息常态化管理、案件质量评估与评查、审判流程监控与管理、审判运行态势研判及预估、审判绩效考核、司法统计与决策考量、诉讼服务监督管理等等"〔4〕。但随着审判监督管理功能的完善与扩张,已不再局限于传统的流程管理、质量评查和绩效考核三大要素,构建全流程全方位监管体系已成为智慧审判监督管理一体化的首要

〔4〕 李卫国:《大数据与审判管理的科学化》,载《江汉大学学报(社会科学版)》2018 年第 4 期。

目标。其二,智慧审判监督管理一体化可以更好地服务审判执行工作,由“监管”导向演变为“服务”导向,引导信息技术的嵌入和应用。“现代化治理很重要的特征在于:把管理寓于服务之中,让服务包容、吸纳管理;服务过程就是管理过程,二者融为一体;让被管理者不仅没有被监管之感,而且产生接受服务之感。”[5] 这种导向的转变是非常重要的,其决定着在相关算法、功能、平台等设计时的价值取向。其三,智慧审判监督管理一体化能够推进审判执行与审判监管的同步运行,借助信息技术能够以更加主动、静默的方式对审判工作中的案件办理进展进行及时反馈、人力和物力资源配置需求进行实时管理并向管理者给出优化法院资源配置的管理建议,不仅可以为管理者提供管理策略,更可以减少对被管理者带来的不便和不适感。[6] 当法官进行案件办理时,管理者能够通过智慧审判监督管理一体化平台对案件办理异常进行监控,并在需要整改时才向法官推送存在问题及整改意见,这种管理从案件接收时就已经启动并持续至案件办理完结,在法官与管理者之间建立了良好的管理渠道,既保障了审判权的独立运行,又保障了监督管理权的有效行使,从而在审判执行与审判监管之间形成良好互动与融合。

二、智慧审判监督管理一体化的实践现状

智慧审判监督管理一体化建设已成为全国各级法院普遍开展的智慧法院建设内容,形成了符合本院实际需求、具有当地特色的实践成果,从全国范围内筛选具有代表意义的建设实例进行整理和分析,当前司法实践中的智慧审判监督管理一体化建设情况已经形成如下阶段性成果。

(一)以信息化为契机,实现审判监督管理一体化的基础支撑

从 20 世纪 90 年代中期开始,法院信息化就成为法院建设的重点内容并一直持续至今,通过法院信息化建设,尤其是管理领域的信息化建设,为智慧审判监督管理奠定了基础,具体表现为:第一,构建基础设施及信息网

---

[5] 江必新:《国家权力科学管理视阈下的审判管理》,载《法律适用》2017 年第 5 期。

[6] 程金华:《人工、智能与法院大转型》,载《上海交通大学学报(哲学社会科学版)》2019 年第 6 期。

络体系,为审判监督管理的运行提供必要的物质条件。如全国3520个法院、9272个法庭和海事派出法庭已全部接入法院专网,审判执行工作实现在线化运行,线下到线上的转变不但改变了传统工作的形式,也使审判执行信息实现了电子化转变,为审判执行的监督管理创造了条件。[7] 第二,构建法院办公及监督管理应用体系,借助信息化系统实现从人工管理向系统管理的转变。除了基本的办案办公系统外,法院还根据审判监督管理要求建设了若干分支系统,用于对法院审判执行业务的监督管理。如山东省青岛市中级人民法院构建的人民陪审员信息管理系统,系统设计了包括陪审员选任、随机抽取、工作考核、视频监督等在内的30多项功能,实现了陪审员管理的全程信息化与精细化。[8] 江西省高级人民法院打造的"四类案件"事中监管平台,可以对"四类案件"进行智能识别、在线标记、风险提示,合议庭评议、专业法官会议情况和院庭长监管意见都在平台进行管理,实现从立案到结案全过程的在线留痕监管。[9]

(二)以数据化为关键,聚焦审判监督管理一体化的资源积累

随着信息化建设的全面开展,在构建信息化基础设施及应用系统基础上,法院逐渐意识到基于数据进行监督管理的有效性及客观性,并将数据资源的汇聚、存储及利用作为重要的监督管理手段,具体表现为:第一,注重法院内部司法数据资源的整合,尤以审判执行的结构化数据处理为主,辅助法院审判执行工作的宏观决策。如江苏省南京市中级人民法院的大数据可视化管理平台,汇聚了全市法院审判执行数据信息,实现数据集中、实时展示、历史分析、趋势预判、质效分析等功能,并借助可视化技术进行呈现。[10] 第

---

〔7〕 中国社会科学院法学研究所法治指数创新工程项目组:《2016年中国法院信息化发展与2017年展望》,载李林、田禾主编:《中国法院信息化发展报告No.1(2017)》,社会科学文献出版社2017年版,第3页。

〔8〕 中国社会科学院国家法治指数研究中心、中国社会科学院法学研究所法治指数创新工程项目组:《人民法院信息化3.0版建设应用评估报告:以山东法院为视角》,中国社会科学出版社2017年版,第137页。

〔9〕 李阳:《江西法院四大平台促案件提质增效》,载《人民法院报》2020年8月26日,第1版。

〔10〕 江苏省南京市中级人民法院课题组:《南京法院新型审判权运行监督管理平台实践报告》,载陈甦、田禾主编:《中国法院信息化发展报告No.3(2019)》,社会科学文献出版社2019年版,第240页。

二，积极打通法院内外数据壁垒，不断丰富数据资源类型，致力于实现审判监督管理的数据全覆盖。如辽宁省、市、区县三级法院对审判系统进行了全面升级改造，建成了涵盖鉴定、评估、审计等全部业务类型，与审判系统无缝对接的司法辅助系统，实现了院内外业务的协同与数据共享。[11]

（三）以智能化为契机，推动审判监督管理一体化的转型升级

在智能化时代，智慧审判监督管理的一个重要特征是实现应用系统的智能化升级，也是促进司法管理运行方式转型的契机。智能化的本质是通过智能技术的引入，将司法数据进一步转化为司法知识，从而提升审判监督管理的广度和深度，具体表现为：将审判监督管理领域的司法规律及业务逻辑通过技术手段进行表达和呈现，并将经过训练的算法模型嵌入相应的监督管理系统中，更加高效及智能地进行业务处理。如四川省宜宾市中级人民法院探索建立的全院全员全程审判监督管理平台，开发并应用智能识别标注、层进预警监管、全程监管、节点控制、全程留痕、信息回填、自动检索、统计查询、决策参考、案件评查等功能，可以实时掌控全市各法院案件监管情况，让案件把控更加精准、更加及时。[12] 浙江省衢州市衢江区人民法院依托智能化系统，将"四类案件"全部纳入智能化监督的范畴，全流程在线预警、审批和督办，有效降低二审改判发回瑕疵率，提高一审服判息诉率。[13]

综上，从各地法院的司法实践来看，智慧审判监督管理一体化通过信息化建设奠定了物质基础、通过数据化建设积累了数据资源、通过智能化建设提升了应用深度，其建设内容几乎覆盖了审判管理职能与活动的全部内容，各地法院建设内容也存在趋同性。但是，也可以看到，智慧审判监督管理一体化在数据支持、知识挖掘、应用系统、服务对象等方面尚有不足，虽然已经

[11] 中国社会科学院法学研究所法治指数创新工程项目组：《2016 年中国法院信息化发展与 2017 年展望》，载李林、田禾主编：《中国法院信息化发展报告 No. 1（2017）》，社会科学文献出版社 2017 年版，第 14 页。

[12] 宜宾法院"全院全员全程"监督管理课题组：《新型审判监督管理应用创新探索——以宜宾法院"全院全员全程"监督平台为例》，载陈甦、田禾主编：《中国法院信息化发展报告 No. 4（2020）》，社会科学文献出版社 2020 年版，第 126－132 页。

[13] 苏来琪：《衢州衢江："全域数字法院"建设"全面开花"》，载《人民法院报》2021 年 10 月 26 日，第 5 版。

将一些功能进行了集成,但尚未按照审判监督管理内容和逻辑实现体系性整合。

三、智慧审判监督管理一体化建设的现实问题

客观地说,智慧审判监督管理建设契合智慧法院建设的总体趋势,相较于传统信息化建设中的审判流程管理,对审判监督管理效率和水平的提升能够发挥更加突出的作用。当从理论和实践视角对智慧审判监督管理进行审视时,仍然可以看到追求智能化过程中仍存在着一些问题,这些问题既有法院本身的管理机制方面的问题,也有技术自身发展的"瓶颈"问题,更有两者结合后产生的新问题。

(一)审判监督管理机制的标准缺位问题

在法院审判监督管理机制运行过程中,尚存在机制本身导致的管理问题,而且具有相当程度上的普遍性,除需要从自身进行检视回应外,还可以借助信息技术的手段,通过智慧审判监督管理建设予以解决。第一,管理者监督管理权的失灵。新的审判权运行机制施行后,有些院庭长担心进行管理会干涉法官独立行使审判权或者对个案监督管理不到位而承担领导责任,因此出现不敢管、不愿管、不擅管的现象。在这种管理不到位的情况下,又可能出现放权后的漏洞,比如在案件分配中,为避免指定分案带来的人为干预办案嫌疑,法院普遍实行轮流随机分案的方式,但是"在员额法官的实际素质和办案能力参差不齐的现实中,这种轮流随机分案忽略了案件的性质、特点,也忽略了难易程度与法官能力的匹配"[14]。为解决轮流随机分案的弊端,有的法院在智慧审判监督管理中构建繁简智能分流平台,对分案过程进行监管,将案件区分为简单案件、普通案件和复杂案件,并基于存案情况、系列案件、专业领域等因素配置权重系数比例,从而达到自动随机均衡分案的目的。[15] 第二,审判监督管理的案件类型认定标准不统一。以院庭长对"四类案件"的审判监督管理为例,由于"四类案件"规定的较为原则,

---

〔14〕 龙宗智、孙海龙:《加强和改善审判监督管理》,载《现代法学》2019 年第 2 期。

〔15〕 姚辉、翟墨:《民商事案件繁简智能分流的实践探索》,载王利明主编:《判解研究》第 89 辑,人民法院出版社 2019 年版。

司法实践中普遍对认定标准进行细化，主要存在两种模式：一种是在“四类案件”分类标准的基础上进一步细化补充解释；另一种是先扩充“四类案件”的案件范围，然后对扩充的案件类型作细化补充解释。[16] 由于案件类型的认定标准不统一，所以在案件要素提取、案件类型分类等技术处理时就需要区别对待，设计对应的功能逻辑。第三，监督管理内容存在混同。“在目前的法院管理框架下，存在绩效考核、质效评估两种机制之分，二者概念、措施尚有混同，一定程度上导致唯数据论、唯指标论等现象，有悖于法官职业伦理要求。”[17] 监督管理内容存在混同的现象，导致智慧审判监督管理建设时，容易产生需求不明确、定位不清晰、功能多重复等问题，因此在建设智慧审判监督管理时，首先应该将监督管理的内容及界限厘清，其次是在此基础上指导智能化应用建设。

（二）配套应用系统研发的技术限度问题

与传统信息技术相比，司法领域中应用的大数据、人工智能等技术具有数据前置性、算法依赖性、自我适应性和领域限定性特征。[18] 最终呈现给管理者使用的智慧审判监督管理建设成果是嵌入大数据、人工智能等技术的应用系统，正是由于技术所具有的“新时代”特征，技术限度问题需要特别值得关注。第一，技术所依赖的司法数据虽然已经被重视，但仍然不足以支撑精细化管理。从智慧审判监督管理的数据来源看，作为被管理者的审判人员及其辅助人员是数据的生产者，而管理者则是数据的使用者，生产者与使用者存在群体分化，“这使得数据的生产、使用和加工无法形成一个闭环，从某种程度上来说，这种状况一定程度上影响数据质量的提升。司法大数据的完整性也存在着一定的不足，使司法大数据的应用面及应用效果受到了一定的约束”[19]。第二，人工智能技术本身尚存在未突破的技术“瓶颈”，

---

〔16〕 高一飞、赵毅城：《院庭长审判监督管理机制的当前改革》，载《湖南社会科学》2018 年第 6 期。

〔17〕 上海市第一中级人民法院课题组、黄祥青：《审判绩效考核与管理问题研究》，载《中国应用法学》2019 年第 3 期。

〔18〕 王禄生：《司法大数据与人工智能技术应用的风险及伦理规制》，载《法商研究》2019 年第 2 期。

〔19〕 孙晓勇：《司法大数据在中国法院的应用与前景展望》，载《中国法学》2021 年第 4 期。

仍然依赖于数据质量的好坏。当前对司法数据的处理仍然存在较大的局限性,在数据质量参差不齐的情况下,兼容性受到制约,比如对文本的信息提取时,标准的文字容易被识别提取,稍微不标准的文字就可能存在识别错误。第三,人工智能技术的不可解释性客观存在,在司法领域更容易被诟病。不可解释性是算法的重要特征,其可以从一堆看似不相关的数据中找到关联并得到结论,但对于过程却无法进行解释。在审判监督管理中,管理者既要看到最终的结果,更加重视结果得出的过程,在某些运用了算法的环节中,这种追寻过程的需求变成了一种无法满足的奢求。

(三)司法人工智能融入的价值失衡问题

司法的价值判断与人工智能技术的价值缺失之间存在天然隔阂,司法人工智能相关技术具有工具理性的特征,将其融入审判监督管理机制中,如何实现两者的良性互动及价值平衡,是智慧审判监督管理必须要应对的问题。司法人工智能融入审判监督管理,必然带来的是管理精准及控制强化,但也存在以下问题值得重视:第一,司法人工智能融入对公平正义的减损。不可否认,司法大数据帮助解决了许多传统审判监督管理不能做到的任务,但是大数据同样存在着数据不可靠和过于依赖数据的旧威胁,以及侵犯隐私和自由的新威胁。[20] 在数据不完备、算法无法解释、价值取向难以释明等情况下,管理者在对数据反映的客观结果进行取舍时不可避免会陷入困境,这对司法公正的实现难谓裨益。第二,司法人工智能融入对法官审判权的干预。可以想象,司法人工智能融入审判监督管理后,通过一系列的信息技术措施,每个法官都作为单独个体被管理者以"上帝视角"的方式实时监控,由此给法官带来的不仅仅是办案的常态化管理,更可能引起法官的心理历程转变。法官绩效考核是审判监督管理的重要管理工作,虽然可以通过考核指标体现法官的专业能力和职业素养,但也可能带来对法官审判权的不当干预。当运用智能手段对审判数据进行处理和分析后,考核指标以统计报告方式呈现给管理者,管理者由此形成考核依据及主观印象,作为理性经济人的法官为了趋利避害必然会采取应对措施,"可以合理推断的是,法

---

〔20〕［英］迈尔·舍恩伯格、库克耶:《大数据时代:生活、工作与思维的大变革》,盛杨燕、周涛译,浙江人民出版社2013年版,第208页。

官会仔细考量指标体系的权重和意义,优化自己的司法行为,精心管理自己的数据痕迹,以生成一张漂亮的数据报表”〔21〕。

(四)粗放管理导向偏差的数据失真问题

传统的审判监督管理,由于信息化手段应用的制约,在管理方式上仍然以粗放管理为主,这也导致了数据失真问题,主要表现为:一是存在人为主观改变案件数量的现象。在审判监督管理中,案件数量是非常重要的考核指标,其涉及法院编制、经费的衡量,同时用于考核法官个人审判业绩,这就存在统计口径上人为改变案件数量的现象,比如在把共同诉讼案件拆分成多个案件进行单独审理、将年度末期本该立案的案件延后立案等。二是存在数据尚未采集的现象。由于案件最终需要进行归档,因此对于数据的采集仍然存在“重结果数据、轻过程数据”的现象,这不仅仅是在平台设计时忽略了对过程数据的记录、采集及汇总,而且办案人员也存在一定程度录入数据滞后的问题,比如在归档结案时再临时补充录入过程数据。三是存在数据质量瑕疵的现象。虽然截至目前,人民法院已经印发了包括案件信息技术规范、系统应用技术规范、质效型运维服务规范等在内的121项人民法院信息化标准〔22〕,但是仍然没有覆盖全部数据类型和应用系统,由此导致数据缺乏规范标准,各系统通过数据接口进行数据汇聚时,就会出现数据不一致、数据重复、数据缺失等各种问题,给审判监督管理的数据使用带来极大的困扰。

四、智慧审判监督管理一体化建设的完善路径

(一)搭建数据知识服务的底层支撑

1. 围绕电子卷宗构建数据服务

司法数据包括审判人员录入的办案信息等结构化数据;起诉状、裁判文书等半结构化数据和当事人提交证据材料、庭审录音录像等非结构化数据。电子卷宗中的绝大多数数据都属于半结构化数据或非结构化数据,为审判

---

〔21〕 徐骏:《智慧法院的法理审思》,载《法学》2017年第3期。

〔22〕 孙福辉主编:《智慧法院标准体系和评价体系》,人民法院出版社2021年版,第28页。

监督管理的信息化应用增加了难度。从目前智慧审判监督管理的应用系统来看,对于案件信息等结构化数据的利用仍然是主要方式,即以案件信息为基础进行审判态势分析和审判绩效考核,但是对于电子卷宗内容的利用仍然相对比较匮乏。例如,无法统计侵权类案件的损害赔偿金额,由此不能对损害赔偿作趋势分析,即使可以从办案系统的结构化信息中提取标的额,但该数据可能有些案件没有录入或有些案件录入不准确,从而导致分析结果的偏差。从电子卷宗出发,利用人工智能等技术对电子卷宗内容进行深度分析和挖掘,能够更好地增加司法数据利用的全面性、准确性及客观性。围绕电子卷宗构建数据服务,可以从以下几个方面考虑:第一,保障电子卷宗结构的完整度。第二,增加电子卷宗材料的标准度。第三,提高电子卷宗材料录入的及时性。第四,嵌入电子卷宗数据管理机制。

2. 基于案件类型构建知识服务

相较于司法数据,司法知识是更上一层的深度应用司法资源,依托知识服务可以开展智能化应用系统研发并全面支撑审判监督管理的精细化与智能化。将司法数据和司法信息自动转换为司法知识,需要借助知识图谱等知识表示学习方法,"知识表示学习旨在对于知识库中的实体和关系进行表示学习,将知识中蕴含的语义信息表示为稠密低维实体向量,从而在低维空间中实现高效计算实体和关系的语义联系,不但有效解决数据稀疏的问题,而且使知识获取、融合和推理的效果得到显著的提升"[23]。在智慧审判监督管理的知识服务构建中,主要包括以下几个方面:第一,统一的司法知识自动生成机制。司法知识涉及不同来源、规范及类型,各类知识的构建方法及管理范式都存在不同,比如从法律规范抽象的司法推理逻辑、从裁判文书提取的案情知识图谱、从历史判例分析的审判态势规律,这些司法知识的差异化特征都需要在司法知识生成时予以明确,并根据各自获取路径建立一套可以自动进行的生成机制,以便司法知识的更新及不断完善。第二,通用型与专业型知识服务的综合构建。根据司法知识的涵摄范围的差别,存在通用型知识与专业型知识之分。通用型知识适用于全部案件或者大部分案件,比如审判流程知识、审理期限知识等;专业型知识有着明显的专业区分,

---

〔23〕 李涛、王次臣、李华康:《知识图谱的发展与构建》,载《南京理工大学学报》2017 年第 1 期。

比如办案规则知识、实体关系知识等,在构建专业型知识时,有的可能需要在同一框架下填充不同的知识内容,有的即使知识类型一样,但由于专业独树特征,仍然存在不同的构建路径。例如,在机动车交通事故责任纠纷案件中根据司法判决书构建的实体识别模型、关系抽取模型,就并非适用于离婚纠纷案件。[24] 第三,以热点案件为基准拓展知识服务深度。当前的智慧审判监督管理还存在着监督管理不深入的现象,究其原因与尚未构建特定案件的知识服务存在很大关系,无法根据特定案件的特征进行监督管理,因此,在构建知识服务时,应注重特定案件的知识服务。当然,由于案件类型的复杂及构建路径的难度,可以优先拓展热点案件的知识服务。

(二)研发智慧审判监督管理一体化平台

1. 对案件的智慧监督管理

第一,设置流程风险节点,构建审判流程全程监控。通过信息流转、节点设置、事项审查等方式,对案件的整体进度进行实时监控,院领导可以在审判监督管理平台根据审查提醒查看存在办理异常的案件,从而督促案件整改。

第二,通过智慧审判监督管理,进一步明确院庭长的审判监督管理权力清单及权力边界。院庭长的审判监督管理从"批案制"为代表的行政化强势管理到审判监督管理权力清单的逐步完善,虽然在理论研究上曾存在质疑,但是最终肯定论成为主流,即普遍认可院庭长审判监督管理的合理性及必要性。[25] 通过智慧审判监督管理建设,研发相应系统功能以便于院庭长行使管理权,将管理权具体到系统功能上,比如对程序事项审核批准的实时提醒、一键处理等。

第三,通过类案推送和比对进行裁判尺度评查,促进裁判标准的统一。对于系列案件、类似案件等裁判标准的统一,可以将裁判案例数据嵌入智慧审判监督管理中,借助案例比对、信息提取、差异提醒的方式,将可能存在裁

---

〔24〕 洪文兴、胡志强等:《面向司法案件的案情知识图谱自动构建》,载《中文信息学报》2020 年第 1 期。

〔25〕 高一飞、赵毅城:《院庭长审判监督管理机制的当前改革》,载《湖南社会科学》2018 年第 6 期。

判标准不统一的案件筛选出来供院领导进行查看,便于从整体上把握案件裁判尺度。

第四,基于案件数据的审判态势分析。可以通过案件旧存、新收、结案、未结等维度,对审判态势从整体、分案件类型、分地域等方面进行分析,以案件数量统计结果和变化趋势反映法官办案情况。

第五,基于司法文本挖掘的热点案件分析。对于社会广泛关注及法院内部普遍关注的案件类型,从更加精细的维度反映该类案件的审判规律及特点,从而为审判资源配置、专业化审判设置、党政决策等提供数据支撑。比如离婚纠纷案件从离婚诉讼提出主体、影响夫妻感情原因、子女抚养问题占比、财产分割比例等维度进行分析和预测;贪污贿赂案件从被告人画像、犯罪涉及领域、涉案金额、犯罪发生原因等方面进行研判和建议。

第六,实现自定义查询的司法统计报表生成。由于每年的司法统计事项都存在一定程度上的差异,以往的做法通常是由管理者提出司法统计需求,然后再由相关技术人员进行定制化服务,这个过程耗时又耗力,应该在已构建数据服务的基础上,满足管理者的自定义统计需求。

第七,提供形式与实质并重的案件评查。在案件质量评查过程中,不仅仅要注重信息完整、格式规范、审理及时等形式上的质量评查,还需要在法律适用准确、裁判说理充分、裁判结果公正等方面进行实质上的质量评查。

2. 对人员的智慧监督管理

第一,打破"以人考人"的传统模式,通过数据呈现法官业务画像。汇聚办案、办公、辅助系统的审判执行数据,从审判效率、审判质量、司法公开、案件评查、四类案件监管、案件代理、防止干预司法"三个规定"以及信访投诉等维度刻画审判人员画像。

第二,以信息化考核为抓手,保障绩效考核的客观性、公正性、透明性。审判质量是提升司法公信力的根本保障,过去的绩效考核方式费时费力,还可能存在数据不准确的问题。在智慧审判监督管理构建统一数据标准的前提下,根据考核对象的工作性质、特点,结合最高人民法院确定的人员分类管理精神,分别制定审判团队、执行团队和综合部门考评办法,实行分类考核。

第三,通过历史数据测算法官的工作饱和度,优化司法资源配置。集合法官办理案件数量、案件类型、案件复杂程度、法官专业、法官审判效率等维度,对法官工作量及工作饱和度进行对比统计分析,从而对司法资源进行合理配置,获得提升审判执行质效的对策建议。

第四,基础历史案件数据,进行人案匹配契合度分析。由于法官专业的不同,并非符合当前案件类型的办理,从而影响案件办理的效率及质量,对法官已办理的历史案件进行分析,可以从中找出审判规律,进一步挖掘该案件办理的审判规律,从而得出法官与案件是否匹配的建议,以人案匹配的契合度高低衡量法官是否适合办理某类型的案件,辅助管理者做出案件分配调整的科学决策。

3. 对政务的智慧监督管理

第一,对基础设施及信息化辅助系统的智能管理,为审判执行提供基础保障。对智能导诉、科技法庭等硬件设备与线上诉讼、智能辅助等软件系统的实时监控与管理,使管理者能够掌握审判权运行过程中基础保障所发挥的重要作用,从而合理安排基础保障的补足、调整、移除,优化基础保障司法资源。

第二,建立网络舆情动态监测,积极引导网络司法舆情。网络舆情能够直接反映社会公众的民意,对法院的审判执行工作影响重大,是一把"双刃剑",既会形成对法官审判权运行的司法体制外的监督,但也可能会破坏独立行使审判权,影响司法公正。通过智慧审判监督管理一体化平台能够对网络舆情进行采集、分析、预警和跟踪,便于法院管理者及时掌握舆情动态,从而提出处置意见,积极回应和引导网络舆情信息。

第三,统筹审判业务管理和风险防控管理,实现廉政智能识别与预警。智慧审判监督管理一体化平台可以将法官审判执行办案全过程纳入风险监控范围,根据设置的若干司法风险预警节点,当法官办案存在风险时及时做出预警提醒,管理者可以根据风险提示及时进行个案监督,通过风险点的系统化、数据化和集约化处理,强化对司法权运行的动态监控和有效预防。

(三)以对象分级为基础丰富监督管理维度

审判监督管理作为法院的一项重要职能,如果从宏观角度考察审判监督管理在整个司法系统的定位时,至少应该包含以下内容:第一,以特定人员为对象的审判监督管理。特定人员主要包括法官、书记员、法官助理、司法行政人员等,其管理内容侧重于案件微观层面,就案件办理情况从各个维度展开管理。第二,以特定部门为对象的审判监督管理。特定部门以部门及审判团队为管理对象,着眼于部门的整体案件办理情况。司法专业化审判已是司法改革的既定事实,法官集中和案件集中对司法产生统一裁判尺度、提升审判质效、便于集中管理等积极影响,但也会存在长期在特定领域导致的偏见、利益集团的影响、组织使命、专业化带来的不确定影响等消极后果。[26] 因此,随着家事纠纷、劳动争议、知识产权、环境资源等专业化审判领域的增加,智慧审判监督管理应特别重视对专业化审判的监督管理。第三,以法院整体为对象的审判监督管理。法院之间存在的竞争、攀比等现象是普遍存在的,如随着案件质量评估指标体系的出台,各法院为保持靠前排名,会通过设置不同的考核指标督促本院工作,由此导致对特定人员、特定部门考核的不合理现象突出。[27] 如果要促进法院之间的良性发展,也应以法院整体作为监督管理对象。第四,以司法体系为对象的审判监督管理。就整个司法体系的现代化管理而言,除了其组成部分的各个有机体外,还应将整个司法体系作为审判监督管理对象,从整体角度设置管理目标,将司法体系的监督管理置于社会现代化治理的框架下,促进司法体系的现代化管理。由于监管对象的不同,落实到智慧审判监督管理中的监管方式、数据构成、功能设计等都存在明显区别。再者,其又以相关关联的方式不可避免地需要从更加体系的角度加以衡量,从整体上考虑智慧审判监督管理的体系架构。不过,当前的智慧审判监督管理中的审判流程监管、法官绩效考核、审判态势分析等应用更多是以特定人员为对象设计的,欠缺对特定部门、法院整体甚至司法体系为对象的功能设计。

(四)由碎片化管理向一体化监督管理转变

在智慧法院建设工程中,主体需求多样、信息沟通不畅、系统重复建设

---

〔26〕 [美]劳伦斯·鲍姆:《从专业化审判到专门法院:专门法院发展史》,何帆、方斯远译,北京大学出版社2019年版,第41-47页。

〔27〕 张曦:《审判绩效考核的困境、缘由与脱困路径》,载《上海交通大学学报(哲学社会科学版)》2019年第6期。

等原因导致的“碎片化”问题是普遍存在的。比如,在“一站式”诉讼服务体系的构建中,多元司法需求推动下形成的诉讼服务集成,可能因服务对象立场不同而导致利益分化,各种服务会存在不兼容问题,从而对诉讼服务体系的整体推进形成阻力。〔28〕 而“碎片化”问题在智慧审判监督管理中同样存在,由于供给需求和用户需求的差异,传统审判管理模式容易导致新公共管理理念下的碎片化问题,围绕供需双方需求展开的审判监督管理容易发生监督管理不到位、公众关切问题回复不及时等问题。〔29〕

1. 智慧审判监督管理的内在体系整合

智慧审判监督管理本身就是一个涉及审判流程监控、审判态势分析、审判绩效考核、审判质量评查等各方面的复杂体现,首先应该实现的是智慧审判监督管理的内在体系整合。第一,兼顾管理者与被管理者需求,注重信息技术与司法业务的融合。从管理者角度,院庭长与审判管理部门属于“院内显性管理者”,政府、社会公众等属于“院外隐性管理者”,在进行智慧审判监督管理建设中,不仅仅要直接回应“院内显性管理者”的管理需求,也要考虑“院外隐性管理者”的感受。从被管理者角度,基于服务审判执行的目的,需要深入了解办案法官的切身感受,将其被管理者的直观感受体现在智慧审判监督管理中。第二,注重监督管理时效,构建统一的监督管理平台。为便捷管理者进行监督管理操作,应将监督管理功能集成于统一的监督管理平台,通过监督管理权力清单设置不同的功能权限,不仅有利于管理者使用,而且便于管理痕迹留存。

2. 加强与智慧法院建设其他领域的共享与兼容

智慧审判监督管理要实现一体化管理,除了要进行内在体系整合外,还需要打破智慧审判监督管理的边界藩篱,破除与其他领域智慧建设成果之间数据与信息的孤岛现象。总体而言,加强与智慧法院建设其他领域的外在共享兼容,需要从以下几个方面着手:第一,融入智慧法院建设的顶层设计是建设前提。从管理角度,除了本院内的横纵向管理,还存在不同层级法院的级别管理,虽然由高院或中院统建信息化管理系统是建设常态,但是各

---

〔28〕 李鑫、王世坤:《“一站式”诉讼服务体系的构建逻辑及其实践展开》,载《学术论坛》2020年第6期。

〔29〕 高一飞、高建:《智慧法院的审判管理改革》,载《法律适用》2018年第1期。

地法院仍然存在重复建设、数据壁垒等问题,各地开发的管理平台无法进行数据流通,在整体上处于相互割裂、各自为政的状态。要实现外在共享兼容,首先就应该将各地法院的智慧审判监督管理融入法院的整体发展规划,在各项数据、业务、指标等标准的顶层设计下推进信息化建设工作。[30] 第二,加强与办公办案系统的共享兼容是建设根本。"许多省份建立的司法统计信息平台与其审判流程信息管理系统尚无法实现信息对接和数据交换,大部分法院在程序未对接的情况下只能将审判流程管理程序中的信息表手工录入司法统计报表,不仅造成了大量的重复性劳动,而且数据的真实性也难以保障。"[31] 要对法官办案状态和进度进行静默化管理,就需要将办案系统数据实时且无差别地同步到相应的管理平台,通过管理平台内嵌的各种管理规则进行办案动向管控。第三,串联其他智能化应用系统是建设重点。智慧服务、智慧审判、智慧执行、智慧管理是智慧法院建设同等重要的建设领域,当前处于各自建设的阶段,当前的智慧审判监督管理建设应该着眼于统筹其他智能化应用领域,实现与其他智能化应用系统的数据对接及流转,才能更好地实现审判监督管理的目的。

---

〔30〕 胡昌明:《中国智慧法院建设的成就与展望——以审判管理的信息化建设为视角》,载《中国应用法学》2018 年第 2 期。

〔31〕 翟全军、李明睿:《大数据与法院司法统计方式和口径改革》,载《统计与信息论坛》2017 年第 3 期。

第七章

法院数据平台建设的定位与实践

在智慧法院的加速推进中，人民法院信息化已进入4.0版，业务应用系统建设蓬勃发展，数据管理和服务能力大幅提升，"五网三云"一体化信息基础设施建设基本完成，信息安全体系也初具规模，信息化建设正在高速高质量地发展。未来，"智慧法院的全面建成离不开司法大数据的建设，必须以充实完善司法大数据系统为基础，提升数据治理的效能"，[1]以促进法院审判体系和审判能力现代化。当前，法院数据治理呈现出较大的急迫性和必要性，它包含了数据采集、数据加工、数据应用等多个阶段，还要充分考虑数据安全的问题。数据治理的成果直接决定了人工智能等技术应用能否在法院工作中正常运行，决定了法院数字化、网络化和智能化的水平，其本身也成了应用法学的主要研究对象，"支撑着法学研究方法和场域的不断拓宽，服务于法学教育、法学研究、司法科技的创新"[2]。法院的数据平台是数据治理的主要场所，担负着管理数据资产和释放数据价值的重要使命，必须统一标准、系统建设，为智慧法院的建设夯实基础。

一、法院数据治理中的现实问题

(一)数据资源丰富度不足

法院数据治理的基础是数据信息的全量收集。在推进人民法院信息化建设的过程中，最高人民法院建设了跨层级、跨地域、跨部门、跨业务的大数据管理与服务平台、面向社会公众的中国裁判文书网、审判流程信息公开

---

[1] 周蓉蓉：《提升数据治理效能　助力智慧法院建设》，载《人民法院报》2020年4月14日，第2版。

[2] 孙晓勇：《司法大数据在中国法院的应用与前景展望》，载《中国法学》2021年第4期。

网、庭审公开网和执行信息公开网等，各级法院也建设了面向法院内外部数据运用与交换的大数据平台等，法院活动中的数据信息如身份数据、司法行为数据、案件数据等基本上都被纳入了数据采集的范围之内。但是，仍然没有做到数据信息的全量收集。[3] 法院业务中大量的半结构化数据、非结构化数据难以被及时识别并收集到数据平台中，审判业务中的节点数据、场景数据也未充分纳入法院数据采集中，导致数据资源始终存在覆盖范围较窄、丰富度不足的情况。例如，法院办案过程中的会议记录、高清视频监控、电子卷宗等非结构化数据中隐藏着大量的重要案件信息，但由于缺乏信息识别标准、表达方式存在差异、焦点错综复杂等主客观原因，不能及时地予以提炼识别、收录进法院数据平台中。数据资源丰富度不足就无法准确反映法院审判工作和司法活动的现实样貌，难以支撑以司法大数据为基础的智慧法院的全面建设。

（二）数据关联融合度不足

数据的关联融合是法院数据治理的重要环节。通过人民法院大数据管理与服务平台中严格的数据质量管理机制和数据校验办法，各级法院司法审判中的数据资源，正在以案件、人事等多种类别进行关联融合，法院智审系统可以实现电子卷宗的自动生成、相关案件的自动关联、辅助信息的智能推送、文书信息的智能纠错等。但可以发现，目前数据的关联融合主要服务于法院内部的审判和行政工作，法院与外部政法机关、与其他社会治理部门、与不同层级、不同地域法院系统以及法院内部不同业务系统之间的数据关联融合程度较低，这与数据平台的分散化建设直接相关。数据平台建设进度不一，无法支撑跨系统、跨层级、跨地域、跨部门的案件信息检索和业务协同办理，法院数据的多源多态也使关联融合处理较为困难。[4] 例如，各部门基于各自的立场生产、使用和管理数据，其信息系统中的数据缺乏统一的数据标准和管理方法，导致数据的不一致和不规范，同质数据在不同系统中可能呈现出不同的名称、格式和形态，跨系统的数据关联融合难度较高。

---

〔3〕 王禄生：《论法律大数据“领域理论”的构建》，载《中国法学》2020 年第 2 期。

〔4〕 何振、彭海艳：《人工智能背景下政府数据治理新挑战、新特征与新路径》，载《湘潭大学学报（哲学社会科学版）》2021 年第 6 期。

此外,在智慧法院、智慧检务、智慧警务、智慧政务等建设中,在不同部门的数据平台中,广泛存在着因司法活动产生了自然联结的数据信息,需要最大限度地整合关联数据,更好地服务于各个部门和社会公众。

(三)数据交换共享能力不足

数据共享交换是法院数据治理的主要内容。为解决法院系统之间及其与各政府部门之间的“信息孤岛”问题,各级法院积极建设了数据共享传输系统,并接入法院大数据一体化平台,以实现跨系统数据的互联互通与实时共享。在系统运行中采用了共享清单模式,以共享信息资源目录的方法来解决数据传输中的安全和保密问题,但覆盖范围较窄,效率较低。首先,数据共享交换还未覆盖全国法院。在发展较快的地区数据专网可以覆盖全省三级法院,在发展缓慢的西部地区则未能实现,例如在四川省,凉山彝族自治州、甘孜藏族自治州、阿坝藏族羌族自治州等民族自治地区由于法院信息化发展较为缓慢,还不具备良好的数据处理能力,数据碎片化现象严重。[5]其次,共享信息资源目录仍需完善。最高人民法院与民政部签署了《关于开展部门间信息共享的合作备忘录》,通过网络专线实现婚姻登记信息、低保信息、社会组织登记信息、失信被执行人名单信息等的交换共享。[6] 最高人民法院与公安部也建立了快速查询信息共享的工作机制,共享内容主要为被告人、被执行人身份信息,诉讼保全被告的出入境证件信息,被执行人出入境证件及出入境信息,诉讼保全被告、被执行人车辆登记信息,被执行人旅店住宿信息等。[7] 可以看到,法院与外部数据信息资源的交换共享非常有限。最后,数据共享还缺乏有效的管控手段。数据交换系统主要由交换节点子系统、交换监控管理系统、资源目录系统等组成,可以完成身份认证、权限管理、协议转换、日志记录等数据交换过程,基本可以确保交换过程的稳定和高效,但还缺乏安全的管控手段,尽管法院也在积极推进区块链技

---

[5] 李鑫、王世坤:《少数民族地区智慧法院建设的理论基础与实践路径》,载《湖北民族大学学报(哲学社会科学版)》2021 年第 6 期。

[6] 《民政部与最高人民法院建立当事人婚姻信息共享机制》,载中华人民共和国中央人民政府网站,http://www.gov.cn/xinwen/2018-04/04/content_5279804.htm。

[7] 《最高人民法院 公安部关于建立快速查询信息共享及网络执行查控协作工作机制的意见》,载《中华人民共和国公安部公报》2016 年第 3 期。

术在数据治理中的应用,但实践还不够深入和充分。

(四)数据技术运用能力不足

数据技术运用是法院数据治理的重要方面。运用多种信息技术对海量的数据信息进行充分挖掘和价值变现,是法院数据治理的重要目标。智慧法院对数据的技术运用能力有着更高的要求,包括要运用5G通信技术实现超高速的数据传输和云端的广泛互联、运用区块链技术支撑跨部门协同的数据共享与交换、运用云计算技术实现数据价值的深度挖掘和可视化展现,运用物联网技术提供数据信息的个性化服务等。[8] 就目前法院数据的技术运用能力来说,还远远不够。首先,还未能对现有数据进行充分的文本识别和信息挖掘,尤其是针对法院大量的非结构化数据,需要先运用语义分析技术、神经网络技术、回归分析技术、聚类分析技术等进行充分的信息感知和数据清洗。其次,还未能进行动态的数据资源分配与管理,法院数据系统大多只能静态地、滞后地、单一地反映时间节点下的历史情况,动态地、实时地、预见地、融合地从数据中呈现状况、发现问题、预测趋势还需要智能感知和云计算技术等共同发挥作用。最后,还未能开发出多样化的数据信息服务,供给法院的数据服务如审判态势分析、人案关联分析、类案推荐、犯罪类型专项分析、虚假诉讼风险预警等已有较多实践,但供给其他司法部门和社会公众的数据服务还不多,数据推荐能力还比较欠缺,电子材料的上传与流转、证据关联度分析、诉讼请求合理性评估等个性化的数据服务功能还在建设中。

二、法院数据平台建设的需求分析

(一)数据管理需求

1. 数据采集需求

法院具有广泛的数据采集需求。从多元数据来源方面看,法院不仅需要对院内各业务部门的数据信息进行采集,还需要对公安部门、检察部门、

〔8〕 徐家新:《以科技创新为人民法院高质量发展增势赋能》,载《人民法院报》2021年11月4日,第5版。

公证机构等相关部门的案件数据进行采集,中级人民法院、高级人民法院等高级别法院除了需要采集本院内各业务部门数据信息外,还需要对下级人民法院的业务数据进行汇总采集,此外,采集全国公开裁判文书数据来辅助法官办案也是必要的。[9] 从多种数据类型方面看,法院除了要对传统 IT 业务系统中存储的结构化数据进行采集外,更大的需求在于对办案过程中的图片、音视频、图表等非结构化数据进行采集,尤其是在线审判中高清审讯系统中的多样化数据。从不同数据采集方式看,需要针对不同数据来源和不同数据类型采取适应性的数据采集方式,例如,对于已经储存在不同业务系统中的结构化数据可以采用数据接口的方式,对于过程性的识别类信息可以采用传感器采集的方式,对于更广泛的公开数据可以采用网络爬虫的方式等。

2. 数据储存需求

法院在数据储存方面的需求,主要是希望通过科学储存,保障系统中数据生命的可持续、提高数据资源的利用率,从而进行数据共享或再利用,同时也要保障数据安全,并尽可能地节省储存成本。传统的数据管理方式主要采用结构性关系数据库,仅能处理结构化数据,而法院更多的数据储存需求,在于大量的文件、报告、视频、音频、照片、传真、信件等,都是非结构化数据,随着在线审判等创新审判方式的发展,出现了大量的高清监控视频、电子证据等过程性数据,都需要实时进行储存管理。法院数据类型的多样化及其储存的实时性、安全性要求,都给原有的 IT 业务系统带来了挑战,不仅对计算机及其存储性能有着更为严格的要求,也对数据保护系统的建设有着更大的需求,要求在及时储存数据信息的同时,对历史档案、过程化卷宗文件等重要数据信息进行多层保护,并且要支持数据异地备份容灾功能,满足异地备份的需要。

3. 数据清洗需求

法院在数据清洗方面的需求,主要在于处理数据历史遗留问题和提升数据质量两个方面。法院在多年的业务过程中积累了大量的数据,但由于调查、编码、录入等环节存在误差,积累的数据中可能存在一些无效值和缺

〔9〕 李傲、王娅:《智慧法院建设中的"战略合作"问题剖判》,载《安徽大学学报(哲学社会科学版)》2019 年第 4 期。

失值,需要给予适当的处理,否则可能影响数据质量和数据能力,给后续数据运算与数据挖掘造成困扰。具体可能存在的问题包括数据不完整、数据错误、数据重复、数据不一致等,对这些问题进行处理就需要进行数据缺失值填入、数据错误值检测与纠错、数据重复记录监测与消除、数据不一致问题检查与消除等数据清洗活动。[10] 数据清洗的处理方式主要有自动化分析处理和手动处理两种,要根据具体的数据情况进行相应的清洗。目前,由于机器学习能力的制约和算法人员对法院业务的不熟悉,最有效、最准确的数据清洗方式还是人工手动清洗。

4. 数据查询需求

法院在数据查询方面的需求,主要包括办案人员对在办案件及历史案件数据信息的查询、对法院内部业务数据的查询、对其他部门案件相关数据的查询,还包括诉讼参与人对案件数据的查询等。在法院各应用系统的建设中,为了实现各系统对数据查询、分析、可视化等的多样化功能,将产生更大的数据查询计算需求。按照数据查询计算的目的可将数据查询分为OLAP(联机分析处理)查询、全文检索等。OLAP 支持对数据仓库中的大量数据进行复杂的分析操作,并且提供直观易懂的查询结果,适合运用于法院审判态势分析等数据查询场景。全文检索主要是利用查询关键词和查询列内容之间的相关度进行检索,具备较高的数据查询速度,[11] 全文检索将在法院数据查询中发挥基础性作用。根据数据查询计算的即时性和技术的选用,可将大数据计算分为批处理和流式计算等。批处理方式不需要人工参与就能自动高效地处理和分析复杂数据,适合更多规律化、智能化的业务场景,例如定期对大批量数据进行业务处理,或者将内外部获取的数据信息集成到新系统中去。流式计算可以在非常短的时间内进行数据的实时处理,也具备较高的吞吐量,能处理更大容量的数据,还具备较高的容错效率,能快速地更正数据错误,避免数据遗漏或重复计算等,能够在更多数据业务场

---

〔10〕 参见翟军、李晓彤等:《我国开放政府数据“脏数据”问题研究及应对——地方政府数据平台数据质量调查与分析》,载《图书馆》2019 年第 1 期。

〔11〕 张全明、曹开江等:《基于 Lucene 的全文检索技术在电力项目计划审核中的应用》,载《科学技术与工程》2018 年第 18 期。

景中发挥作用。[12]

(二)数据交换需求

法院在数据交换方面的需求,主要包括法院内部各业务系统数据的交换,跨层级、跨地区、跨部门业务数据的交换以及法院与其他对接平台数据的交换等。系统数据库之间由于缺乏统一的建设标准造成了结构各异的状况,导致数据交换时必须考虑到各类数据格式、各类传输频次的数据导入导出、同质数据在不同系统中的不同样态等。数据源接入包括法院的各业务数据系统数据接入、互联网数据采集、合作伙伴系统数据接入、外部临时数据导入支持等,数据格式包括文本文件、XML(可扩展标记语言)、EXCEL数据等,传输频次包括非实时、准实时、实时等形式。数据共享交换还需要集成数据源管理功能,用于实现大数据平台内各存储区之间的数据交换,同时提供可自定义的对外数据服务接口,以满足各种场景下的数据共享交换。例如,河北省沧州市中级人民法院建立的多元解纷数据共享平台就具备了集成数据管理的功能[13],在协调乡镇、行政单位、行业组织、企事业单位、调解协会等不同部门的数据外,构建了诉调对接、平安建设数据共享交换的可视化分析机制,实现了高效的案件流转、分流办理、过程控制与指标统计。

(三)数据挖掘需求

法院在数据挖掘方面的需求,主要在于对数据信息库中的大量数据进行规律发现和价值挖掘,将庞杂的数据转换成有用的信息和知识,揭示出其隐含的、先前未知的潜在价值,帮助办案人员减少审判工作中的风险,做出正确决策。“超出传统统计学抽样样本的局限性,对法院海量的案件数据信息进行挖掘分析,使研究对象更接近于全体”[14],可以有效发现案件现象及其背后特征,客观反映现实的社会问题,辅助科学的重大决策,防范化解社

[12] 姜红玉、汪朋、封雷:《基于流式计算的实时用户画像系统研究》,载《计算机技术与发展》2020年第7期。

[13] 参见《沧州中院在全省首创多元解纷数据共享平台》,载沧州市中级人民法院网2021年4月13日,http://czzy.hebeicourt.gov.cn/article/detail/2021/04/id/5969298.shtml。

[14] 曹磊:《市域社会治理中的司法贡献——以J市法院行政审判大数据应用为例》,载《云南大学学报(社会科学版)》2020年第6期。

会风险。在法院大数据的应用过程中，为了充分挖掘数据价值，需要强大的数据分析挖掘能力，主要在于对数据分析挖掘算法的选择与管理，保证对每个数据源都能用与之匹配的算法进行数据分析挖掘，在数据处理的过程中，数据分析挖掘人员需要能够对数据挖掘的过程进行把握、对数据处理的结果进行预览，业务人员之间也要能够共享数据分析挖掘的脚本和模型，以实现对用户分析挖掘脚本和模型的发布与管理，从而通过作图、制表、方程拟合、计算特征量等手段探索数据结构和规律，并对人物画像、语义分析、人物行为预测等常用场景提供模型支持。

（四）数据展现需求

法院在数据展现方面的需求，是最直接的数据应用需求。在对法院数据进行充分采集、清洗处理、分析挖掘后，最终成果需要通过可视化展现的方式为业务人员及领导层提供决策辅助，因此具有较强的数据展现需求。具体来说，在数据源方面需要支持多个数据源的输入和输出，在数据展现方式上需要为业务人员提供多元化的分析手段，包括表格、图形、地图等展示方式，以便帮助业务人员更快速、更方便地获取数据并理解隐藏在数据背后的信息，同时还要能够完成数据过滤、钻取、关联变换等基本数据处理操作，并且要求数据展现可以在电脑端、移动端、大屏等多种终端上完成。以可视化的方式进行法院数据展现，内容包括但不限于结案特征、当事人分析、实效分析等。例如，根据法院收案/结案的数量和增幅，可以分别用时间、领域、地区等维度分析和展现案件变化趋势，从结构方式、矛盾化解情况、质效指标、败诉案件信息等来分析结案特征，从信访案件变化趋势和分布情况来评估和展现业务人员滥用职权的情况等。

三、法院数据平台的建设路径

《人民法院信息化建设五年发展规划（2019—2023）》将提高数据治理能力、构建信息资源智能服务体系列为重点任务，要求以数据全覆盖为目标建设司法审判信息资源库，以提升数据质量为核心完善大数据管理系统，以大数据管理和服务平台为基础建设完善数据共享交换系统、建立大数据分析系统、开发司法公开和诉讼服务智能服务、开发决策支持和监控预警智能服务、开发司法研究和工作评估智能服务。多省市也基于自身法院信息化的实践发展情况，制定了各自的法院数据平台建设规划与方案。[15] 无论是最高人民法院牵头构建的人民法院大数据管理与服务平台，还是各省市独立的数据平台，其建设都遵循着相似的进路，主要包括以下几个阶段。

(一)持续汇聚多源异构的数据资源

持续汇聚多源异构的海量数据资源，形成多元多态的数据仓库，为数据的开发与运用打好基础。从数据准备上来说，制定并完善数据汇聚标准，包括制定技术标准和数据汇聚目录清单，明确底层支撑技术的种类和规范，根据数据保密性等要求讨论将纳入数据汇聚仓库的目录清单，对算法黑箱、隐私泄露等问题未雨绸缪。从数据源上来说，法院数据由案件结果数据向案件办理过程数据延伸，将审判流程管理系统、案件信息管理系统、执行业务系统、互联网庭审系统等产生的数据资源批量纳入数据汇聚的范围；由结构化案件数据、半结构化文书数据向非结构化数据延伸，将电子卷宗、会议讨论记录、电子档案、庭审音视频以及各类图片、扫描件、文档等大规模纳入数据汇聚的范围；[16] 由法院审判业务部门数据向更多业务部门数据延伸，将法院人事、行政事务、司法研究、监督管理等更多内部数据资源纳入数据汇聚的范围；由法院内部数据向更多司法部门数据扩展，将调解、仲裁、基层法律服务、法律援助、委托、公证等相关司法部门的外部司法活动数据纳入数据汇聚的范围；由政法领域数据向社会治理数据扩展，将产权登记、婚姻登记、出入境办理、海事海商等公众个人信息以及社会经济发展数据纳入数据汇聚的范围，其他国家的法律法规、典型案例等数据资源也要有选择地收录进法院数据平台。从数据特征上来说，该数据仓库中的数据信息将呈现出实时性、标准化、开放化的新特征，[17] 办案业务中产生的大量数据实时地上

---

[15] 例如，四川省高级人民法院规划建设了四川法院大数据平台；浙江省高级人民法院规划建设了基于大数据分析的安全管理技术支撑平台；河北省沧州市中级人民法院首创了多元解纷数据共享平台等。

[16] 贾阵、丁泽华等：《面向司法数据的事件抽取方法研究》，载《计算机工程与应用》2023 年第 6 期。

[17] 骁克：《从耦合到内聚：人工智能司法应用的挑战与出路》，载施伟东主编：《上海法学研究》第 3 卷，上海人民出版社 2020 年版。

传至平台数据仓库，经过标准化的数据筛选、分类和清洗后，进行一体化存储管理，保证数据质量，同时又支持数据的即时取用。

（二）创新驱动数据资源的关联融合

创新应用有效技术手段，破除“数据孤岛”和数据壁垒，驱动数据资源的全面关联融合，挖掘多源异构数据中隐含的知识和价值，为实现数据的综合应用做好准备工作。从融合技术上来说，“目前采用较多的是传统信息检索技术，通过向量空间模型提供面向文档的分析”，[18] 该技术可以快速在海量的数据信息库中提取到需要的文档，但是信息提取和融合的精度较低，无法支撑面向文档内容的分析与运用。针对法院数据的新特征，深度语义学习技术和知识图谱技术将被委以重任，通过深度学习模型，挖掘法院数据文本中的语义信息，识别其中的案件知识要素，进行准确的语义理解；通过数据知识图谱的构建，融合法院数据中的案件要素，并识别要素实体之间的关联关系，进行更深层次的数据融合。从融合方式上来说，一是以法院人事信息为主体的“人—案”关联融合，将法院人事数据和案件数据关联融合，实现对每位法官审理案件数量、审理案件周期、审理案件质量的具体量化，支持人员动态变化过程中的绩效状况、司法责任制的改革成效、司法人员分类管理等的量化评估；二是以自然人数据、企业数据、律师办案数据等为主体的关联融合，将不同诉讼参与主体的身份信息、活动信息、案件信息等进行比对、参照和互联，为构建当事人、律师标签和统一画像应用提供支撑，同时帮助解决关联案件、虚假诉讼等司法实践问题；三是以结构化数据、非结构化数据为主体的关联融合，利用电子卷宗资源，通过自动信息提取、推导与分析核验等，补全、修正并核实人工填录的结构化数据，通过深度语义学习等从多态化的文本中抽取、验证并体系化大量的非结构化数据，尝试将结构化数据与非结构化数据进行关联融合，为数据应用效果和质量提升提供有效支持。

（三）建立司法大数据共享交换机制

在数据仓库稳定建设和数据资源关联融合的基础上，建立安全可靠的

---

〔18〕 秦永彬、冯丽等：《“智慧法院”数据融合分析与集成应用》，载《大数据》2019 年第 3 期。

司法大数据共享交换机制，为实现高效的业务流转和案件协同办理做好准备。从共享交换的准备上来说，形成数据知识交换规范，包括标准化技术规范和数据共享交换资源目录。实现更广泛的数据交换，还需要最高人民法院根据全国各省法院多年数据平台研发和建设的实践经验，形成并发布全国法院数据知识共享交换规范，包括设计理念和系统架构等，[19]为建设覆盖全国范围的法院数据共享交换系统做好准备，同时按需评估并逐步发布核心数据资源目录和共享交换服务目录，使数据交换共享逐步扩大化、开放化。从共享交换的参与上来说，一是法院内部各业务部门之间的数据交换共享，目标是实现审判管理、执行管理、信访管理、立案管理、减刑假释、行政管理等诸多法院内部业务系统中数据信息的交换共享；二是不同级别法院纵向的数据交换共享，目标是实现四级法院公文的贯通流转，高级人民法院与辖区内法院之间业务数据的快速流通；三是省一级跨行政区域法院系统之间的数据交换共享，省级数据信息资源交换共享平台是下级各部门信息交换、共享、协同应用重要的桥梁和背书；四是法院与其他政法部门之间的数据交换共享，目标是实现法院与公安局、检察院、司法局、监狱等其他政法机关案件数据的协同交互；五是法院与其他社会治理部门之间的数据交换共享，目标是打通法院、住建部门、自然资源和规划部门、民政部门、行政审批部门、市场监督管理部门、住房公积金管理部门等各类行政办公数据系统，实现人、案、事多维度的数据共享与业务交互，逐步实现跨层级、跨区域、跨网系、跨部门数据的交换共享。从共享交换的技术上来说，主要依托数据库和云计算技术，通过图形化的配置界面实现分布的、异构的、跨网络各部门数据信息的交换共享，实现统一云平台与各链接节点部门数据资源的交互流转。从共享交换的保障上来说，注重数据的安全与隐私保护十分重要，目前采用较多的数据处理方法是匿名和泛化，[20]通过假名机制和多节点监控的方式防止数据丢失、篡改、泄露等问题。未来，数据分级管理制度和区块链技术的深度参与都备受期待。

---

〔19〕 王佳云：《司法大数据与司法公正的实现》，载《吉首大学学报（社会科学版）》2020年第2期。

〔20〕 刘友华、朱蕾：《大数据时代庭审网络直播的安全风险及其防范》，载《法学杂志》2020年第12期。

(四)开发多样化数据资源服务功能

在法院数据中台稳健运行的基础上,开发多样化的数据资源服务功能,形成数据智能推荐分发能力,为建设更加智能化的智慧法院做好数据服务准备。

从服务对象上来说,一是法院自身的各个业务部门;二是数据平台的各类参加主体,包括多个政法部门以及各社会治理部门;三是数据平台的其他用户,主要是研究人员和社会公众。

从服务功能上来说,一是以数据检索为中心的智能推荐服务,数据平台通过嵌入式接口、组件和页面等数据网络基础设施提供数据的智能推荐与分发,各节点可按需订阅该服务,实现本单位相关业务数据的个性化推荐;二是以数据分析、指标计算为中心的数据应用服务,数据平台提供预设单位内质效数据的快速、准确、实时统计服务,并及时上报给上级单位,支持各类自定义条件下的数据分类汇总,支持法院实时掌握审判运行态势、案件信息管理、执行工作进展、司法人员管理等数据情况,并提供实时化、可视化的数据呈现,[21]支持即时数据查询、列表、筛选、放大拖动、播放暂停等多样化服务功能;三是以数据融合计算为中心的数据创新服务,数据平台提供基于各类业务场景的数据融合服务,并通过内置的机器学习程序,支持点、线、面逐层开展的预研、实施、推广和质效评估等,高效服务于实证法学研究等。

四、法院数据平台的技术实践

鉴于法院数据平台的建设需求和建设路径已经较为明了,搭建数据平台的系统架构、激励其技术实践虽难度较大,但也具备了清晰的底层逻辑和设计思路。具体而言,可以从数据集合层、数据处理层、数据仓储层、数据治理层、数据服务层来逐步搭建法院数据平台。

(一)集合多元业务中异构数据源

在数据集合层,集合多元业务中的异构数据源。得益于全国各级人民

---

[21] 郑磊:《开放不等于公开、共享和交易:政府数据开放与相近概念的界定与辨析》,载《南京社会科学》2018年第9期。

法院多年信息化建设取得的阶段性成果，在法院专网、外部专网、互联网、移动专网和涉密内网等数据信息系统中，涵盖并运行着案件管理数据、审判流程数据、裁判文书数据、执行信息数据、庭审公开数据、减刑假释数据等法院业务全流程数据，海量的结构化和非结构化数据分散在各个业务信息系统中。此外，人民政府、检察院、公安局、监狱等政法部门和其他社会治理部门也都具有各自成熟的信息化业务系统，储存并运转着大量的业务数据，其中不乏与法院业务相关的数据信息。这些不同部门、不同职能的信息化系统建设程度、结构和标准不一，数据集合不易，因此，需要首先对现有信息化系统中的数据标准进行全域梳理与检查，根据实际业务匹配情况，制定数据集合的相关标准，以满足法院数据平台标准化建设的需求。其次通过区块链技术、数据备份技术、传感器技术等，链接各个数据资源库，从多元数据库中抽取异构的数据源，并集合到新的统一数据仓库中。另外要注意的是，对异构数据源的处理要因势利导。对于结构化的数据可以直接存放到分布式数据仓库中，对于非结构化的数据要经过智能语音识别、图像识别、文本识别等数据处理后再放入分布式数据仓库中；[22] 对于完全公开的数据可通过网络爬虫技术等直接进行挖掘和占有，[23] 对于需要权限的数据必须谨慎处理，开通专门的数据通道，并进行接口管理隐藏和多节点监控等操作，数据挖掘和取用也必须严格遵守权限协议，同时通过透明加解密技术、强制访问控制技术等做好元数据在挖掘、流动、存储、使用、感知等活动中的安全保护工作。

（二）模块化技术采集与清洗数据

在数据处理层，进行模块化数据采集与数据清洗，保证数据质量。在集合了多元异构的数据源后，对海量的数据信息进行有秩序、规范化的采集，是科学配置和控制数据任务的前提。根据数据的时效性和结构特征，分别采取实时数据采集和非实时数据采集、关系型数据库采集和非关系型数据

---

〔22〕 王志宇、郭士华：《基于文档型非关系型数据库档案数据存储研究》，载《档案学研究》2021年第5期。

〔23〕 丁晓东：《数据到底属于谁？——从网络爬虫看平台数据权属与数据保护》，载《华东政法大学学报》2019年第5期。

库采集、主流文件类型采集和非主流文件类型采集等不同的采集方式。实时数据采集主要通过监听数据库变化来实现,基于数据库触发器、时间戳阈值、数据快照比对以及日志监听与分析等技术方式,实时监控数据前置库的数据状况,一旦触发机制,便自动开展采集流程。非实时数据采集主要通过爬虫抓取、传感器识别等多种通用信息技术方式来实现,也可采取云端协同的方法,可以避免庞大的非实时数据传输流量所产生的网络拥塞。关系型数据库采集主要是通过 Canal、LogMiner 等工具实时解析主流关系型数据库日志来实现,非关系型数据库采集主要通过 MongoShake 等工具进行实时解析来实现。[24] 对主流文件类型如视频、文档、图片、音频等通过 Flume 工具进行采集,对非主流文件类型通过专门的数据转换算法进行采集。通过不同的技术工具对不同数据进行采集从而形成个性化、模块化的关系数据库和并行数据库。在数据采集过程中,也会进行初一轮的数据清洗,主要利用数据列命名、数据缺失值处理、删除重复值、数据光滑、数据集成、数据转换、数据规约、清洗数据排序等对数据进行转换清洗,光滑噪声并识别离群点,纠正数据中的不一致和不准确,提高数据质量。同时,在数据清洗的过程中进行初步的数据转换,包括数据拆分、数据分组、数据合并、数据排序、字段映射、数据对比等,实现数据的规律性排列对齐。

(三)结构化仓库储存与管理数据

在数据仓储层,结构化储存数据并根据数据资源目录进行科学管理。在模块化采集数据并对数据资源进行初步清洗转换后,对清洗后的数据资源进行科学的运维管理,是提高数据能力和保证数据治理效率的基础。首先,对不同性质、数量级、量纲等指标的数据进行标准化处理。[25] 在尊重现有数据系统标准体系的同时,根据最高人民法院发布的数据标准构建标准化的规范体系,利用数据平台内置的分箱操作、回归处理、离群点分析等算法方式标准化处理异构数据,便于不同指标数据能够进行比较和加权等,建立更多的数据关系。其次,结构化仓库储存数据。数据中台中结构化数据

---

〔24〕 王志宇、郭士华:《基于文档型非关系型数据库档案数据存储研究》,载《档案学研究》2021 年第 5 期。

〔25〕 金一鼎:《论政府数据开放策略》,载《图书馆理论与实践》2018 年第 4 期。

的汇总与存储，有效连接了在线数据和离线数据，该中台不仅具有高吞吐的数据写入能力，而且能够用于在线数据汇总与离线数据分析的对接，及时将离线数据分析的结果储存在数据仓库中，满足大规模多源数据的存储和线性拓展，也能更好地为数据归档和在线查询等数据功能服务。最后，创建资源目录结构，科学管理数据。法院数据管理的需求，包含了元数据管理、主数据管理、数据质量管理、数据生命周期管理、数据血缘管理等不同层次的需求，元数据管理又包含了技术元数据管理、业务元数据管理与管理元数据管理，主要通过赋予意义的数据描述，让数据可以被用户和系统所理解，为其他模块的操作和数据使用提供基础能力；主数据管理包含了对业务规则、数据字典、质量规则等的管理；数据质量管理主要是定义质量校验规则、执行规则并输出报表；数据生命周期管理主要是对数据的在线、归档、活动、销毁等状态进行管理；数据血缘管理则是对数据的产生、输入输出以及关联数据等形成数据血缘关系图，以便进行多维度的数据查询。根据数据管理优先级来确定数据管理方案，能够更加科学高效地管理数据，可以在结构化的数据仓库中根据数据管理优先级来创建数据资源目录，将管理任务放在相应的目录下面，并支持资源目录与管理任务的增删改查，支持智能化调度工具的使用，有效提升数据管理的能力与水平。

（四）智能化中台共享与交换数据

在数据治理层，通过智能化数据中台在平台节点之间共享和交换数据。在结构化仓库中储存并管理数据后，海量的标准化数据便拥有了相互融合与关联的能力，为数据在平台节点之间的共享与交换奠定了基础。对于默认共享交换资源列表中的数据信息进行实时共享与交换时，各节点可基于统一的数据模型、数据质量检验标准以及共享交换接口，自行对相关数据进行提取、转换、发送、校验、审核、同步、迁移等多种透明开放的操作，使数据即时在不同的业务系统、数据库、数据格式之间转换流通，完成数据交换和消息传递。对需要权限的数据资源进行实时共享与交换时，各节点则需要基于数据共享交换协议，在智能化数据中台上进行数据共享申请、审核、服务发布、共享交换等步骤，以实现权限数据在不同应用系统中的安全共享与交换。此外，数据共享交换环节的参与者都在数据中台上拥有一个有效的账户,用于用户身份识别与权限管理。数据交换主要有文件方式交换、数据库方式交换与 Web 服务交换等多条路径,[26] 文件方式交换是最广泛通用的数据交换方式,支持数据文件的轮询交换与通报交换;数据库交换管理相对严格,通过设置数据管理员进行交换操作,管理员的权限也各不相同,但能有效保证数据的安全检索与权限管理,通过添加控制字段的方式进行数据的轮询交换与通报交换;Web 服务交换更多用于对外数据交换,需求方可在请求中指定条件,从而获得更为准确的数据信息,但该路径更适合于数据需求量少的情景。智能化数据中台的设计,能够为法院数据的不同需求方提供个性化、精准化的数据共享与交换服务。

(五)可视化工具分析与展示数据

在数据服务层,通过可视化的工具分析和展示数据,挖掘并实现数据价值。法院数据平台最直接的成果和功能便是直观地反映数据价值,为业务实践提供精准的数据指引和研判服务,这离不开数据可视化的加持。法院数据展现的方式主要包括数据分析与数据研判两个方面,数据分析主要依靠数据平台内置的自动化处理技术和人工智能技术等,识别数据文件中的图像特征值,并与预设特征库中的数值进行比对,实现对数据文件的自动识别和分割,并对非涉密公开的部分通过大数据分析机制进行数据统计与风险分析等,为法院业务部门提供专业的数据分析;数据研判主要依靠数据平台内置的大数据挖掘、分析、研判功能,通过人工智能算法如决策树等对全体数据进行分析挖掘,并形成分析结果报告,发送给相关业务部门及科研院所,为其提供决策支撑与研究材料。[27] 法院数据平台的设计选用成熟稳定、功能齐全的数据分析工具,来实现数据分析与展现的可视化,支持与多种主流数据库之间的配置和连接,让用户专注于业务指标的改进;支持图形化的设计界面,并能够将物理数据模型转换成用户易理解的业务模型,便于提供自助式的定制化查询服务;支持快速的向导式查询;支持统一的报表发布与分发功能,可将报表直接发布到 Web 端浏览界面上以供用户通过浏览

---

[26] 陈郑平、梅峥等:《面向调控业务的多级一体化数据交换系统设计与实现》,载《电力系统自动化》2020 年第 4 期。

[27] 何文斌:《四个维度提升业务数据研判质量》,载《检察日报》2021 年 9 月 18 日,第 3 版。

器访问；支持快速定制仪表盘页面，在传统平面仪表盘的基础上，开发立体化、沉浸式的数据看板，实现数据与场景的有机结合，丰富用户的体验感；支持柱状图、线图、油量图、数据地图等丰富的分析组件，可快速切换为更加直观易理解的展现方式。

五、法院数据平台建设中的难点问题

（一）数据基础问题

法院多年的信息化建设实践积累了海量的数据信息，但要有效运用这些数据来建设集成化、多功能化的数据平台，仍然存在一些数据基础问题：第一，数据来源广泛、种类繁多。法院数据平台需要集合的数据，不仅包括法院自身业务所产生的结构化、半结构化、非结构化数据，还涉及大量的互联网及第三方数据，数据多源、存储分散、数据分割等现实状况导致数据治理的难度较高。第二，数据质量不高、标准不一。数据本身的客观性、准确性、标准性、全面性是评估数据质量的基础指标，当前司法数据的相关业务系统由于建设时缺乏统一的规划和数据标准，导致不同技术架构的数据系统存在不同的业务规范和数据模式，同质数据的名称、格式、内容表述等在不同的系统中也存在差异，数据比对和标准化难度较高。“由非官方机构对数据进行收集和计算的情况下，采样过程和计算公式的输入也可能存在人为偏差，数据的客观性难以得到保障。”〔28〕第三，数据一致性、准确度不高。在业务系统中对数据进行复制迁移时，不同迁移工具的使用可能导致数据变异的情况出现，另外，源数据库与目标数据库的配置差异如编码、区域设置、字节顺序或数据库版本的不同，也可能导致数据在复制迁移的过程中发生变异。由于不同法官具有不同的法律思维和法律习惯，实践中存在着一些同案不同判的现象，也影响着司法数据的一致性与准确性。例如，“中国裁判文书网上的部分文书在释法说理部分并不充分，甚至判决本身存在谬误，在特定劳动争议案件中甚至存在一些相互冲突的生效判决”。〔29〕第四，

〔28〕刘雁鹏：《司法大数据建设的现状、困境与对策》，载《中国社会科学院研究生院学报》2019年第5期。

〔29〕大数据在司法审判中的融合应用研究课题组：《限度与深化：大数据在司法审判中的融合应用研究》，载《中国应用法学》2021年第2期。

数据开放性、安全性不足。随着法院数据融合汇总工作的不断推进，大量的业务数据遍布系统内外，却没有相应的整理工具对广泛的数据进行梳理和管控，导致业务人员常常无法在正确的时间获得需要的数据，各类数据的开放现状和实践需求不相匹配，例如少数民族地区司法数据、重大公共事件时期司法数据、疑难复杂案件司法数据等无法及时安全获取。同时，数据的安全限度也需要着重把握，“要充分考虑当事人隐私、证人安全保证，更要抵御国内外‘黑客’的恶意攻击”。[30]

（二）平台架构问题

法院数据平台的建设路径和系统架构虽然在理论上已经呈现出明确细致的方案，但受制于关涉技术的发展现状，平台架构的搭建仍然存在一些难点。第一，平台分层架构的现实衔接问题。根据“数据集合层—数据处理层—数据仓储层—数据治理层—数据服务层”来搭建法院数据平台时，需要注意到每层数据的流动并不是单向的、割裂的，而是多向的、互动的，甚至各层之间也是相互渗透、相互影响的，数据流的存储节点较多，数据与业务之间还具有较强的关联性，因此要科学设计平台分层之间的衔接方式，以实现层级之间的无缝衔接与科学集成。第二，平台建设标准与规范问题。这对法院数据平台建设的顶层设计与规划提出了较高的要求，要求最高人民法院加强对智慧法院建设的整体把握与微观指导，制定数据采集、调取、存储、管理等技术标准和应用规范，进行专门的体系性管理，破除数据不兼容的现象，指导不同地区不同法院数据平台的实践都能够参照统一的标准，为建设全国统一的法律大数据平台做好准备。第三，平台实际运维问题。基于法院业务的专业性和发展性，法院数据平台的运行与维护需要既精通法律、又熟悉运用信息技术、掌握大数据管理的复合型人才，[31]以保证数据治理与实践需要相匹配、数据平台运行中出现的专业问题能够得到及时修正，避免由于业务人员理解偏差导致的资源浪费与功能虚置。

---

〔30〕 刘艳红：《大数据时代审判体系和审判能力现代化的理论基础与实践展开》，载《安徽大学学报（哲学社会科学版）》2019年第3期。

〔31〕 孙晓勇：《司法大数据在中国法院的应用与前景展望》，载《中国法学》2021年第4期；胡志光、王芳：《智慧法院建设的思维导图——以深圳法院“鹰眼查控网”建设为案例》，载《中国应用法学》2018年第2期。

（三）关联融合问题

法院数据平台要最大限度地激活数据能力、实现数据价值，关键是要解决数据的关联融合问题，包括法院内部业务系统之间的数据关联融合，法院系统与互联网系统、其他政法部门以及社会治理部门业务系统之间的数据关联融合。其中最大的难点在于法院与外部数据的关联融合。目前，各级法院在积极推动与公安、检察院办案数据的互联互通，与政府公开信息、公证部门、民政部门中个人数据信息的互联互通，但可以发现，成功建立关联融合关系的都是在规则明确、边界清晰、应用封闭的限定场景，难以扩展到开放化、规模化的程度。例如，四川省法院系统加大了政法大数据智能辅助办案平台的建设，推进了全省法院与公安、检察等司法系统的网络互连互通、卷宗实时共享、数据共享融合、证据在线校验工作，实现了刑事案件网络一体化的办理，司法数据的关联融合限定在刑事办案的场景中。河北省高级人民法院汇聚人口、婚姻、信用社交、金融等维度的数据信息，形成执行案件画像，为法官执行办案提供多维度的判断依据，数据的关联融合限定在执行办案的场景里。这些数据关联融合的实践往往是通过部门之间签订数据共享协议来实现的，协议中的数据共享列表非常具体和有限，各专网的数据共享方式主要基于文件流的 FTP 服务来实现，难以支持规模化的数据流通。法院数据平台要实现大规模数据信息的科学集成与关联融合，还需要区块链技术的部署，整合法院现有的各种数据信息系统和相关设备，[32] 最好能够实现联盟节点和成员控制、链外数据源访问控制和动态节点加入退出机制等，开发起来具有一定挑战。

（四）深度挖掘问题

法院数据平台最重要的功能是要通过对数据进行深度挖掘，辅助审判业务以及司法研判等工作实现高效化与智能化，要实现这一目标便要解决数据的深度挖掘问题，其中难度较大的是非结构化数据的分析挖掘问题。鉴于法院非结构化数据的存量和增量都逐渐超越结构化数据，成为司法数

---

〔32〕 徐娟、杜家明：《智慧司法实施的风险及其法律规制》，载《河北法学》2020 年第 8 期。

据中潜在价值最大的数据形式,有必要对其进行深度挖掘和研究分析,以发现更多司法实践活动中的规律与问题。但针对这类非结构化数据的处理在技术上难度较大,要求法院数据平台建设团队在语音识别、图像识别等领域具有较强的技术实力和成熟的解决方案,并能够将数据分析挖掘结果应用于法院业务体系中。实践中从非结构化数据中进行实体、关系、属性和事件等信息的提取具备了一定的技术条件,但应用能力还远远不够。在裁判文书的数字化分析中就存在诸多问题,"通过数据手段读取识别文书信息有可能出现偏差,导致对裁判文书和电子卷宗等非结构化内容分析远未达到预期,例如无法统计专利侵权损害赔偿金额,导致不能进行趋势分析等"。〔33〕法院数据平台要根据数据挖掘实现人物画像、案件画像、结果预测、偏离预警等更多的数据应用服务,建构自动、实时、动态、精准的司法工作量与办案质效评估体系等,还有很长的路要走。

---

〔33〕 周蓉蓉:《数据治理:审判体系与审判能力现代转型跃迁之道——以技术类知识产权数据的一体化司法应用为中心视角》,载《中国应用法学》2021 年第 1 期。

第八章

法院知识服务平台建设的定位与实践

与经济社会发展相伴的是司法案件数量持续高位运行，2023 年最高人民法院工作报告显示，2022 年全国各级人民法院受理案件超过 3300 万件，审结、执结案件超过 3000 万件。在数量庞大的司法案件之外，复杂的规范性法律文件体系是司法审判活动面临的又一现实问题，以民事案件为例，调整民事纠纷的规范体系纷繁复杂，《民法典》于 2020 年颁布，作为调整民事纠纷最重要的基本法律，与《民法典》相关的规范性文件清理工作相应启动，需要修改或者废止的规范性文件共 2850 件，其中行政法规 31 件、国务院规范性文件 5 件、部门规章和规范性文件 164 件、地方性法规 543 件、地方政府规章和规范性文件 1874 件、司法解释 233 件。[1] 案件数量多、规范体系复杂，成为制约案件审判质效的重要客观因素，加之各地法院法官在知识结构、社会阅历等方面的差异，在案件审判领域亟须构建以法律规范、裁判案例、学术资源、领域知识为基础，遵循审判逻辑与规律，以服务案件审判为目标的司法审判知识服务平台（以下简称知识服务平台），为法官提供面向司法审判的体系知识服务与面向个案的精准知识服务。构建知识服务平台是一项体系性的工程，需要对几个核心问题予以辨析，确保知识服务平台的建设达到预期目标，发挥其预期作用：厘清司法审判的一般逻辑；界定知识服务平台为司法审判提供服务的方式；明确知识服务平台囊括的知识范围。

一、司法审判呼吁知识服务

司法审判作为人民法院核心的工作内容，其本质在于查清案情事实、适

---

〔1〕 朱宁宁：《涉民法典规范性文件专项清理已完成》，载《法治日报》2021 年 1 月 19 日，第 5 版。

用法律规范,以实现定分止争的目标。司法审判以个案审判为外在形式,法官在个案审判中体现其思维逻辑与对法律的理解,并在个案审判中提炼类型化案件审理的普适性知识、发现事实认定或法律适用上的疑难复杂问题,寻求法律适用的相对统一。由此,知识服务平台的构建,需以服务审判各个环节为目标,梳理所需的知识类型。

司法审判的基本逻辑,是审判人员审理案件应当遵循的思维路线与逻辑结构,只有遵循此结构,才能得出正确的裁判结论,据此形成的裁判文书对当事人才具有说服力。建设以服务司法审判为目标的知识服务平台,首要在于理清司法审判的基本逻辑,唯有如此,方能把握审判人员的主要需求,并将散见于各类载体的信息、数据提炼为知识。每年数以千万计的案件的审判,无不遵循司法审判的基本逻辑。无论是开庭,还是制作裁判文书,都有既定步骤,法官严格遵守这些规范时,可以较为顺利地发现问题、固定问题、分析问题和解决问题。[2]"步骤""规范",即为司法审判的基本逻辑。基于不同的视角,对于司法审判的逻辑认知存在或多或少的差异,[3]但无论基于何种认知,司法审判必然存在的逻辑步骤有:提出诉讼主张、归纳争议焦点、查明案件事实、寻求法律适用、得出裁判结论,知识服务平台应当覆盖前述司法审判的各个逻辑步骤。

(一)提出诉讼主张

诉讼主张是人民法院审理活动的中心,诉方围绕诉讼主张进行举证以论证其诉讼主张的事实依据与法律依据,辩方围绕诉讼主张进行抗辩以反驳诉方的主张,人民法院的庭审推进与裁判文书撰写以诉讼主张为核心,支持与反驳诉讼主张均需有相应的事实论证与法理阐释。司法案件的审判起点在于固定诉讼主张,在固定诉讼主张基础上才能确定涉案纠纷的法律关系。审视当事人的诉讼请求或仲裁请求有无事实根据和法律依据,必须先行确定其请求权处于哪个法律关系中,然后寻觅与之相应的或类似的法律

---

〔2〕 朱兰春:《法官如何裁判》(第2版),中国法制出版社2021年版,第411页。

〔3〕 参见杨立新教授在《民事裁判方法》(法律出版社2008年版)中提出的五步法,已故法官邹碧华在《要件审判九步法》(法律出版社2010年版)中提出的要件审判九步法。

规范,适用法律。[4] 确定法律关系是查明案件事实、寻求法律适用的前置工作。

(二)归纳争议焦点

争议焦点是各方当事人产生分歧的核心问题,妥当归纳争议焦点既是对审判人员业务能力的考验,也决定了案件办理的质量与效率。一般而言,归纳争议焦点后,案件办理的核心即应围绕争议焦点展开,包括当事人举证、质证、法庭辩论以及裁判文书的制作。从既有案例中可以看出,争议焦点在各个案由下呈现出一定的聚集效应,对一般案件而言,当前案件的争议焦点是对历史上大量出现的争议焦点的某种重复,归纳争议焦点既是待决案件需要解决的核心问题,也是知识服务平台提供服务的方向之一。

(三)查明案件事实

案件事实是据以得出裁判结论的基石。查明案件事实的过程是法官综合运用证据规则、生活经验和日常阅历对案涉事实进行认定、论证的过程。具体而言,法官需要对当事人提交的证据进行审查,判断其提交的证据是否达到了相应的证明标准、是否形成了相应的证据链,在未提供相关证据时,应当运用证明责任规则由举证责任人承担不利后果。同时,法官对证据的认定过程离不开法官的生活经验与阅历,充足的社会性知识对于查明案件事实具有重要的辅助作用,在某些情况下甚至能导致认定事实的迥然不同。尽管生活经验在事实认定过程中具有重要的作用,法官却未必对自身的生活经验有着客观、全面的认识。很多法官会把自己的个人体验当做一种普遍现象、一种生活常识,从而对案件事实的认定产生错误。[5]

(四)寻求法律适用

法律依据是人民法院的裁判具有形式合法性的保障。《民法典》第10条规定:"处理民事纠纷,应当依照法律;法律没有规定的,可以适用习惯,但是不得违背公序良俗。"在裁判文书中,形式上的裁判依据体现为法律、司法

---

〔4〕 崔建远:《论法律关系的方法及其意义》,载《甘肃政法学院学报》2019年第3期。

〔5〕 资琳:《案件事实认定中法官前见偏差的修正及控制》,载《法商研究》2018年第4期。

解释等规范性文件,表现为“依照……之规定,判决/裁定如下”的格式。在司法审判寻求法律适用的前提是明确裁判依据引用的范围。最高人民法院《关于裁判文书引用法律、法规等规范性法律文件的规定》第4条规定:“民事裁判文书应当引用法律、法律解释或者司法解释。对于应当适用的行政法规、地方性法规或者自治条例和单行条例,可以直接引用。”第6条规定:“对于本规定第三条、第四条、第五条规定之外的规范性文件,根据审理案件的需要,经审查认定为合法有效的,可以作为裁判说理的依据。”据此,司法审判中作为裁判依据的规范性法律文件包括法律、法律解释、司法解释、行政法规、地方性法规、自治条例和单行条例,除此之外的规范性文件可以在法院说理中适用。在引用规范性法律文件作为裁判依据时需要避免一个误区:援引的法律法规越多,裁判的合理性与正当性越强。如果涉及的法律关系很多,那岂不是要引用大量的条款,这无疑模糊了案件最根本的法律关系。〔6〕 较为典型的是,大量民事案件裁判文书引用《民事诉讼法》第67条关于举证责任的规定,但是,从实质来看,仅在证明问题确实影响案件的结果时,才有必要引用证明责任相关的规范。〔7〕

(五)得出裁判结论

裁判结论是当事人关注的核心部分,是对争议双方权利义务的定论。裁判结论需要同时具有形式合法性与实质正当性。形式合法性是指裁判结论是基于案件审理过程中查明的事实和法律法规的结果,而非法官个人的好恶或任意为之。裁判结论的得出,是法官在查明案件事实基础上,运用三段论等逻辑方法将法律规定与案件事实进行融合、比较、拿捏的过程,这一过程需要法官采用科学严谨的逻辑思维和符合社会公众期待的司法理念、生活经验、价值取向,由此得出的裁判结论即为具有实质正当性的裁判结论,验证裁判结论正当与否的一个重要手段是能否用证据证明并用规则推导出相同的结论。

裁判结论在裁判文书中显性表现为裁判主文,以确定当事人实体权利义务为主要内容的裁判主文内容应当明确、具体、便于执行。裁判说理的核

〔6〕 雷鑫、黄文德:《当前法院裁判文书存在的问题及原因分析》,载《法律适用》2010年第1期。
〔7〕 曹志勋:《论民事诉讼中的法律规范引用》,载《法治现代化研究》2021年第3期。

心内容是针对当事人的诉讼主张，根据认定的案件事实，依照法律规定，明确当事人争议的法律关系，阐述原告请求权是否成立，依法应当如何处理。裁判主文是裁判说理的归纳与总结，当事人基于何种事实与法律规定享有权利、承担义务在裁判说理中得到了充分的论述。

二、建设知识服务平台的数据基石

知识服务平台的知识载体决定了平台建设的手段，规范性法律文件、卷宗材料、裁判文书作为常见的司法数据类型，是建设知识服务平台的基础。在建设知识服务平台之初，需要对数据、信息、知识等概念进行明析，以明确知识服务平台应当囊括的数据范畴。

文本、数字、音频、视频等多源数据，是对事物客观状态的反映，它是对事物面貌的客观记录，未被加工，也不针对特定问题作出解答。[8] 在司法审判领域，法律法规、庭审录音录像、庭审笔录、各类证据材料，均属此列。对数据进行加工，可以得到丰富的各类信息，以裁判文书为例，运用人工标注与机器学习相结合的方式，对裁判文书进行结构化解析，可以得到裁判文书各个组成部分的信息，在结构化解析的基础上，分析各个组成部分的构成元素，运用正则规则、机器学习等方式，可以从裁判文书各组成部分中抽取出包括案由、诉讼请求、证据材料、裁判依据等多类信息。据不完全梳理，在裁判文书中可以抽取的信息种类超过 70 项。从裁判文书中抽取的各项信息，仍然不足以反映审判过程中各项活动的规律、经验。知识的产生，需要融合人类的思维过程，以数据、信息为基础，得出规律性、原则性的反映事物本质的东西，即为知识。通过对相同案由裁判文书裁判依据进行分析，并融合对法律条文关系的认知，可以得出案由下高频法条，通过对相同案由争议焦点进行分析，并融合对案件事实元素与法律元素的认知，可以得出案由下类型化争议焦点，构建"案由—法律适用"知识、"案由—争议焦点"知识。

数据、信息、知识之间的界限并不绝对，知识具有针对性，即在特定场合、面向特定需求时，数据可以转化为知识。一般意义上论，裁判文书属于

---

〔8〕 荆宁宁、程俊瑜：《数据、信息、知识与智慧》，载《情报科学》2005 年第 12 期。

数据范畴,但裁判文书本身是对案件处理过程的复原,法官需要参考历史案件中的裁判思路、裁判尺度时,裁判文书自身即为知识。作为信息、知识的基础,数据是知识服务平台需要解决的首要问题,数据自身可以作为知识本身外,基于数据可以进行二次加工,生产更多类型、更多数量的知识,更好地为案件审判工作服务。

(一)规范性法律文件

作为成文法国家,规范性法律文件既为人民法院审理案件提供了审判逻辑指引,又是最终得出裁判结果必要的依据。规范性法律文件,包括中央及地方有权制定规范性文件的国家机关制定的各类规范性文件。前述关于寻求法律适用的论述中已对民事审判的裁判依据、裁判说理所依托的规范性法律文件进行了列明,裁判依据的范围由司法解释进行了明确规定,裁判说理则覆盖了全量规范性法律文件。在案件审判过程中,法官需要援引部门规章、司法政策文件、地方司法文件等规范性文件,对案件中涉及的名词进行解释、对司法价值取向寻求规范性依据、对具体的裁判尺度寻找政策依据与规范依据等,以论证裁判逻辑、裁判结果的恰当性,这些规范性文件共同构成了裁判依据与裁判说理的基石。实践中,还存在一些并非严格意义上的文件对于案件审判发挥作用,例如民事商事审判工作会议纪要、审委会会议纪要等。在2019年最高人民法院关于印发《全国法院民商事审判工作会议纪要》的通知中,对该类会议纪要的目的定位为“统一裁判思路”“增强民商事审判的可预期性”等,在其使用上要求“纪要不是司法解释,不能作为裁判依据进行援引”“在裁判文书‘本院认为’部分具体分析法律适用的理由时,可以根据《会议纪要》的相关规定进行说理”。在使用方式与目的上,会议纪要均与裁判说理中的规范性法律文件一致,事实上发挥着裁判依据之外的规范性文件的作用。

(二)裁判案例

裁判文书是人民法院通过认定事实、适用法律实现当事人权利义务分配的凭证,载明了证据采信、事实认定、裁判说理的过程与结果。裁判文书凝结了长期的审判智慧,固定了相当长一段时间内法院对于法律问题的一贯见解。[9] 基于裁判文书的实证分析是发现、借鉴法官群体智慧的重要途径。裁判文书网上线及逐年提高的裁判文书公开率为获取裁判案例及基于裁判案例的信息抽取提供了现实可能性。除裁判文书自身作为知识外,从裁判文书抽取的多样化信息能够为知识服务平台建设提供丰富的数据支撑。从我国司法实践来看,案例指导业已成为根植于审判人员内心的工作遵循,在案件审判过程中借助历史案例为待决案件寻求裁判思路指引、提升案件裁判的正当性已成为审判人员的自觉行为。而这一过程中除了中国裁判文书网发布的普通文书外,最高人民法院发布的指导性案例、公报案例等亦构成了知识服务平台建设的重要数据来源。2020 年试行的最高人民法院《关于统一法律适用加强类案检索的指导意见(试行)》对于参照历史案例的顺位作出了规范,该意见中关于案例参照的规定可以归纳为"纵向参照原则",即待决案件应当参照上一级法院直至最高人民法院裁判的案例或经最高人民法院发布的权威案例。相对于规范性法律文件,裁判文书数以千万计,且每年保持千万级的数量增长,在构建知识服务平台过程中应当以"纵向参照原则"为基本原则,防止知识服务平台的过度冗余。

将裁判案例纳入知识服务平台的数据范畴,需要回应实务中存在的正当性问题。基于公开的权威案例与裁判文书进行二次加工,既不构成对案例相关当事人权益的侵犯,同时具备恰当的价值目标。第一,公开的权威案例与裁判文书已进行了匿名处理,当事人私密信息未对外公开,且基于权威案例与裁判文书的二次加工,并未对数据进行篡改,不构成对关于个人信息保护法律规定的违反,不属于违法使用个人信息的行为。[10] 第二,裁判文书公开,作为全面深化改革的重要组成内容,有利于倒逼法官全面提升司法能力和水平,规范法官自由裁量权,促进公正司法,不断提升司法公信力,裁判文书公开对于弘扬社会主义核心价值观,在全社会树立法治信仰也具有重要意义。

(三)学术文献

法学研究与司法实践的良性互动,是学界与实务届长期以来的期盼与

---

[9] 孙海波:《"同案同判":并非虚构的法治神话》,载《法学家》2019 年第 5 期。
[10] 北京市第四中级人民法院民事判决书,(2021)京 04 民终 71 号。

愿望，合理吸收采纳法学界的研究成果，是以加强裁判文书释法说理为要旨的司法体制改革之所需。若缺乏学术研究的滋养，裁判文书释法说理改革则难以行稳致远。按照学术文献的研究对象为划分维度，学术文献资源可以分为两类，一类是以理论研究为核心，致力于立法质量、立法缺陷、立法目标，另一类是以实际问题为中心，致力于解决司法实务中出现的事实认定、法律适用等难题。前者的受众主要是法学研究人员，后者则主要服务于司法实践。以服务案件审判为目标的知识服务平台构建，在学术文献资源上需以研究实际问题为中心的学术文献资源为首要目标。

学术文献资源以期刊、图书为主要载体。在构建知识服务平台过程中，需要关注的期刊类型包括两类：一是从案例中发现问题，据此进行案例分析与理论探讨；二是以解释论为主要方法，对现行法律规范进行研究。需要关注的图书主要是那些由实务机构、实务人员编写的图书，此类图书通常具备如下特征：(1)面向实务问题。司法实务过程是问题的集中爆发点，实务机构、实务人员直面各类问题，具有极强的问题意思、丰富的问题素材，其撰写的图书相应地具有较强的针对性。(2)具备审判思维。对于实务问题的论证逻辑，因不同的教育背景、不同的工作经历而有所差异，于实务机构、实务人员而言，在长期的司法审判中业已形成案件裁判思维，构建起以解决问题为目标的思维逻辑，在撰写实务类图书时以案件裁判思维贯穿始终。此外，报刊、公众号等亦是学术文献资源传播的重要载体。

（四）领域数据（知识）

领域数据，是指在司法审判过程中除法学知识以外的其他具有较强专业性的领域或行业的知识。按照民事案件案由规定，民事案件分为十一大类，每一类又可根据调整法律关系的具体范围分为若干类别。一般而言，民事案件中的建设工程类案件、医疗案件、知识产权案件、环资案件等类型案件具有较强的专业性，于纯粹的法学背景的法官而言，对专业性问题的理解和把握存在知识障碍。司法实践中，涉及建筑工程造价的纠纷，普遍存在“以鉴代审”的现象，与其说是法院审判，不如说是鉴定机构审判。[11] 为此，

---

〔11〕 孟勤国：《司法鉴定规则应重在规范法官行为——最高法院（2011）民一终字第41号判决书研读》，载《法学评论》2013年第1期。

司法实践经过长期摸索与积累，建立了鉴定、技术调查官、专家证人等方式来解决司法审判中的专业问题，但是，不可否认的是，前述机制围绕着问题本身进行解决，忽略了法官在审理、裁判中的重要作用，客观上导致了专业类案件审判过程中法官沦为技术结论下的机械裁判者。为此，为法官提供专业领域的普适性知识，要求法官对于法学知识外的内容做到广而不精，有利于法官熟悉案情、查看专业性文件，降低法官与当事人、代理人的沟通成本。因此，以向法官提供普适性知识为目标的领域数据资源，属于相应领域的入门级资源，包括行业规范、行业标准、基础知识介绍等。

（五）知识服务平台的工具属性

在作为各类知识的载体之外，知识服务平台还应承担知识加工的工具角色，为各类主体生产、维护知识提供工具服务。后文将对知识服务平台建设的时效原则进行阐述，为此，知识服务平台的知识需要形成一套行之有效的知识更新、知识管理机制，让知识服务平台的使用者参与到知识生产中来，一是确保知识的可靠性，二是提高知识服务的精准性。这就要求知识服务平台具备工具属性，使用者除了使用知识服务平台提供的知识服务外，还能够基于使用过程中发现的问题、法律法规的变迁等因素及时地管理自身的知识库内容，同时支持使用者实现知识的共享，将自身认为有使用价值的知识通过平台进行分享。

三、知识服务平台的建设路径

知识服务平台，以服务法官、法官助理的审判工作为目标。根据法官工作场景的不同，知识服务的方式可以分为普适性服务与针对性服务两种。法学是一门处于动态更新的学科，法律法规增改废、司法政策调整无不要求法律从业人员保持持续学习的态度，对法官而言，依据已被修改、废止的旧法对案件作出裁判无疑是重大的错案。知识服务平台需要向法官提供普适性的服务，帮助法官学习法律法规、指导性案例等各类新知识。法官对于法律的理解与运用在个案裁判中得到充分的展现，而个案裁判的质效直接影响法官的绩效考评，直接关系到法律实施的效果。

（一）建设知识服务平台的三个原则

1. 可靠原则

知识服务平台建设的可靠原则，是指知识服务平台收录的知识应在知识来源、知识内容两个维度保持可靠性。可靠是知识服务平台的首要原则，司法审判是对当事人权利义务乃至自由、生命的裁决，对当事人的影响重大且深远，为司法审判提供服务的知识的可靠性，是确保审判程序正当、审判结果公正的重要保障之一。

第一，数据来源可靠。如前所述，知识服务平台建设中包括裁判文书、权威案例、规范性法律文件、学术文献、行业数据等数据类型，这些数据的获取，既包括官方发布渠道，也包括多家商业公司收录、整理的数据。从数据来源可靠的角度来看，数据来源应当坚持如下规则：（1）有官方发布渠道的，以官方发布渠道为准。各类公众号、网站对于官方发布数据的转载不可避免地存在错误、遗漏，初始数据存在错误，进而影响后续数据、知识的可靠性。（2）有多个官方渠道的，以制定机关发布的为准，此前出现过国家部委网站公布的规范性文件文本与国家法律法规数据库文本不一致的情形。（3）有多个商业网站渠道的，以行业认可度高的为准。在可靠性上最应当得到保障的规范性法律文件，在司法实践中亦不时出现不实法律信息的现象。[12]

第二，知识可靠。在数据可靠基础上，基于数据形成的知识是直接服务法官审判的内容。知识的可靠性，主要依赖于知识生产主体的可靠性与知识生产机制的可靠性。知识生产主体的可靠性是指参与知识生产的主体应当具备相关领域的专业知识，能够对数据、知识进行甄别与判断，准确判断其中有价值的元素，并按照既定的知识结构进行抽取，实现从数据到信息再到知识的完整加工。知识生产机制的可靠性即质量控制措施，个体的力量是有限的，在知识生产过程中需要借助质量控制措施实现对个体不足的弥补、对个体失误的补救。具体到知识服务平台的建设，参与知识生产的人员首先应当是接受过法学本科教育的人员，其中又以拥有法律事务从业经验

---

〔12〕 李立峰、熊姿、彭静：《网站惊现虚假司法解释——重庆五分院：检察建议促使网站清理不实法律信息》，载《检察日报》2020 年 11 月 8 日，第 1 版。

为佳。在针对不同领域的案件进行知识生产过程中,需要配备相应领域知识的人员,隔行如隔山,对于各个部门法同样适用。在质量控制方面,需要由一位具备专业知识且具有法官审判思维的资深业务专家担任质量负责人,负责对知识生产的人员进行方法培训。在知识加工过程中,实行中期抽查,对阶段性成果内容进行抽样检查和反馈检验。[13] 对于抽查中发现的问题进行整体培训,避免重复问题重复出现,提高知识生产的效率。根据知识的复杂程度,还可以建立知识生产成果复核、知识生产成果固定比例抽检、知识生产成果交叉校验等具体的质量控制措施。

2. 谦抑原则

知识服务平台建设的谦抑原则,是指知识服务平台收录的数据与知识范围应当保持适度谦抑,避免信息量过多导致的二次筛选、甄别。谦抑原则与知识服务平台的精准性密切相关。能够作为知识服务平台数据供给的各类数据源类型多样、总量庞大。知识服务的目标在于为审判人员提供指向明确、内容可靠、形式规范的知识支撑,无须以数据量作为判断服务质量的标准。事实上,在互联网时代,信息量过多已给使用者带来了巨大的信息甄别负担。在知识服务平台构建过程中,遵循谦抑原则对数据来源、数据数量、知识数量进行控制,能够降低冗余信息给审判人员带来的阅读负担,提高知识服务的精准性。

以裁判案例资源为例,中国裁判文书网公开的裁判文书每年以数千万的量持续增长。知识服务平台的目标并非提供全量的案例查询,在构建知识服务平台过程中,设定科学的评价指标体系,对既有案例进行质量判断,选取其中高质量的裁判文书作为知识服务平台的数据基础进行知识加工,既能够满足知识的精准性要求,又减少了在冗余数据上的时间消耗。

3. 时效原则

司法行业的特性之一是法律法规处于动态变迁过程中。法律法规是司法裁判的依据,法律法规的变迁对于司法裁判、学术研究的影响重大。以《民法典》颁布实施为例,基于相关历史法律法规进行裁判的案例,是否具有

---

〔13〕 龙家庆:《面向内容质量控制的档案知识生产研究——基于 OGC、PGC 和 UGC 机制的比较》,载《档案与建设》2020 年第 7 期。

参考价值？对相关历史法律法规的学术研究，是否能够继续沿用？《民法典》与原有民商事法律、司法解释、指导案例之间的关系，在《民法典》编纂过程中是重要的立法论话题，在《民法典》颁行后是重要且首要的解释论难题。[14] 法律法规的变迁要求知识服务平台收录的数据、生产的知识应当具备时效性，既体现为对基础数据的更新需要及时，又体现为基于新数据的知识生产需要及时，还体现为需要基于新数据对历史数据、历史知识的参考价值进行二次判断，实现数据的及时标记、知识的及时更新，避免向法官推送错误的数据与知识，同时也要避免法律法规变迁导致的知识断层。

（二）建设知识服务平台的经验借鉴

司法行业的知识服务平台，见诸公开报道的以最高人民法院知识产权法律知识大数据平台（以下简称最高法知产平台）、永州市人民检察院知识服务平台、中国知网法院知识服务平台（以下简称中国知网平台）、法信平台为代表。其中，永州市人民检察院知识服务平台的内核仍然是中国知网。由此，司法行业知识服务平台以最高法知产平台、中国知网平台和法信平台为主。通过调研新闻报道、平台运行实际情况，三类平台的主要功能有：第一，以法律法规、权威案例、裁判文书为对象的查询服务。第二，工具书、年鉴查询服务。第三，各类标准查询服务。第四，以主题、专题、作者等维度的期刊、报刊查询服务。第五，以裁判规则为核心的类案推送服务。第六，以案件特征为索引的案例、法规、论文查询服务。

综观前述知识服务平台（见图 8－1），具备如下特征：第一，知识类型丰富。覆盖了案例、法规、学术观点、标准以及由法官提炼的裁判知识。第二，检索逻辑多元。既有基于知识本身结构的检索，又有基于审判需求的检索。在知识服务平台建设过程中，应当借鉴其中的有益经验。

---

〔14〕 王雷：《民法典适用衔接问题研究动态法源观的提出》，载《中外法学》2021 年第 1 期。

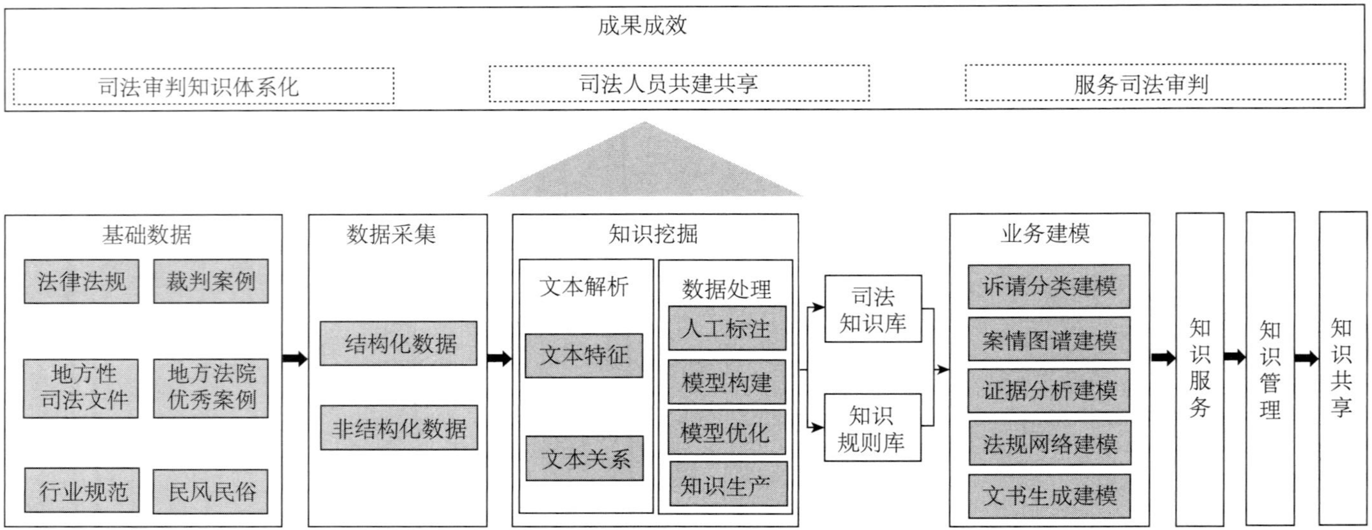

图 8-1　知识服务平台架构

（三）知识服务平台的核心功能

1. 算法与模型服务

正如前文关于司法审判逻辑的阐述中提到的诉讼主张、案件事实、法律适用等内容，与司法审判密切相关的诉讼材料包括起诉状、答辩状、庭审笔录、历史案例文书以及各类证据材料等，对于诉讼材料的分析与利用，大致包括数据获取、文本解析、信息抽取、实体消歧等数据处理步骤。其中的文本解析、信息抽取和实体消歧，属于算法与模型服务的范畴。

文本解析是对各类诉讼材料文本进行结构化解析，需要在知识服务平台内嵌文本解析算法模型。该模型支持对起诉状、裁判文书等各类文本自动推荐段落标签，段落标签标记结果为知识服务平台中指定段落的检索、信息抽取提供支撑。信息抽取需要借助从各类诉讼材料中抽取有效信息的算法模型实现，信息抽取根据对象的不同，可以区分为基于正则的信息抽取和基于机器学习的信息抽取，前者面向规范化程度高、出现位置相对固定的信息类型，后者面向表达方式多元化、出现位置较为灵活的信息类型。实体消歧是指对不同来源、不同载体的同一实体可能存在多种表达方式，需要借助聚类算法实现实体的合并，从而为多源异构数据的融合奠定基础。

内置于知识服务平台的算法模型服务不限于前述文本解析、信息抽取和实体消歧服务，知识服务平台面向的各类具体应用决定了算法模型的服务较为广泛，而这需要结合具体场景进行分析，例如面向诉讼请求的短文本聚类服务。知识服务平台的更新与迭代在算法模型领域同样存在，当在某个具体应用场景下需要扩充算法模型时，知识服务平台需要将构建好的模型内置其中。

2. 知识检索与推荐服务

提供知识的方式包括知识检索与知识推荐。[15] 知识检索是由使用者自定义检索条件后从知识库中寻找匹配的结果，知识推荐是将知识服务平台与具体的应用系统进行融合，通过抓取关键要素实现与知识的映射，将知识推荐到应用系统的相应模块。

---

〔15〕 薛向阳：《多媒体信息检索研究进展：从检索到推荐再到生成》，载《世界科学》2021 年第 6 期。

第一,法律法规检索功能。作为司法审判最终的依据,法律法规检索服务必然是知识服务平台的功能之一。具体到法律法规的收录范围,应当以人民法院审判案件所需法律法规为最小范围,如前所述,既包括在撰写裁判文书时需要援引作为裁判依据的法律法规,也包括为支撑法官说理的其他规范性法律文件。在检索方式上,传统意义上包括从标题中检索和从正文中检索两种方式,在此基础上,知识服务平台还应当提供基于法言法语的法规检索。在法律法规之外,基于学术研究、审判实务已经形成了一套法律人共同沿用的、内涵明确的法言法语,以约定俗成的法律词汇进行法律法规检索,能够极大提升法规检索效率。例如,《民法典》第525条规定了同时履行抗辩权,但整条中并未出现"同时履行抗辩权"字样,但这一表述在司法实务与学术研究中已形成基础性概念。

第二,权威案例检索功能。权威案例在司法审判中的作用逐步凸显,自2010年最高人民法院发布《关于案例指导工作的规定》以来,最高人民法院、最高人民检察院及相关部门单独或共同发布指导性案例、公报案例、典型案例等各类权威案例,作为对全国各级法院审判工作的辅助。在推行类案检索制度的当下,权威案例对于复杂疑难案件的裁判显得尤为重要,快速、精准地检索到与待决案件相似的权威案例,是知识服务平台的重要功能需求。按照权威案例的结构与类案相似性判断的一般认识,权威案例的检索应当支持案由、裁判规则(裁判要旨)、案情事实等多维度检索。

第三,裁判文书检索功能。裁判文书公开,作为司法公开的一项重要举措,为知识服务平台的构建提供了充足的数据。与权威案例一样,裁判文书是类案检索机制得以建立与运行的重要支撑,理所应当地成为知识服务平台应当涵盖的功能。与权威案例不同的是,裁判文书并没有统一的文书结构可供直接使用。裁判文书检索,需以裁判文书结构化解析为基础,按照裁判文书撰写逻辑,结合专家知识与机器学习,实现对不同案件类型、不同审理程序与不同文书类型的裁判文书的结构化解析,从而为裁判文书的精准检索提供支撑。

第四,学术资源检索功能。学术资源,包括图书、期刊、报刊、集刊等。学术研究为法律的正确适用提供了重要支撑,尤其是法解释学的繁荣为法律法规的理解、适用提供了充足的学术资源。在构建知识服务平台之初,需要讨论的问题是,学术资源的边界应当如何划定?是限于与法律适用相关的学术资源,还是包括建设工程、医学等行业领域的学术资源?基于知识服务平台构建的谦抑原则,应当以与法律适用相关的学术资源为限,原因在于,囿于审判人员的知识面与精力,不可苛求其成为精通各个领域的全能型人才,学术研究作为该领域前沿、细致的研究,对于尚未迈入这个领域的门外汉而言,存在较大的阅读与理解障碍。在具体检索方式上,中国知网平台提供了功能全面且符合使用习惯的检索方式,可以作为知识服务平台学术资源检索逻辑的有益参考。

第五,行业知识检索服务。行业知识,在案件审判中发挥着不可取代的重要作用。司法案件从来不是纯粹的法律问题,而是法律与社会生产、生活中一个或数个问题的交织,相应的,案件审判是一个在法律问题和其他问题之间来回寻求妥当解决方案的过程。于审判人员而言,法律之外的问题已超出自身知识范畴,或许通过日常生活、自我学习能够掌握一部分知识,但这对于解决纷繁复杂的案件纠纷显然是不足的,因此,鉴定人、专业技术调查官成为查清案件纠纷中专业问题的重要角色。从司法审判的角度而言,强化法官在审判活动中对司法鉴定的掌控、提高司法鉴定意见的规范性、构建审判与司法鉴定的双向互动机制、建立合理的鉴定责任制度固然是规制“以鉴代审”困局的有效路径,[16]但不排斥对审判人员提出更高的要求,期望他们能够以更加丰富的知识推进案件的办理。为此,行业知识检索服务成为知识服务平台的重要内容。行业知识检索服务,以向法官提供普适性知识为目标。

第六,裁判规则检索服务。裁判规则是对事实类问题、法律类问题、程序类问题作出明确结论的规则表述,具有明确性、普适性、创造性等特征。明确性是指裁判规则的内涵明确,包含了行为方式与法律后果,基于裁判规则的明确性,裁判规则能够用于处理不特定案件中出现的类似问题,即裁判规则的普适性。裁判规则的创造性,是指因法律规范的原则性或滞后性导致缺乏具体的法律规则可供使用时,由法官基于法律原则创造性地提炼出裁判规则。裁判规则的呈现结构,既要符合办案的思路,又要便于审判人员学习和检索,为此,裁判规则的呈现按照“诉讼主张—抗辩意见—争议焦

---

〔16〕 夏万宏:《反思民事诉讼中的“以鉴代审”》,载《中国司法鉴定》2013年第6期。

点—裁判规则—规则来源”的结构展开较为合理，诉与辩是争议双方提出主张、阐明依据的过程，争议的问题在诉与辩的过程中得以明确，法庭调查、法庭辩论、法院说理将围绕此进行展开，因此，通过“诉讼主张—抗辩意见—争议焦点—裁判规则”搭建裁判规则的查询路径，符合审判人员从诉讼主张出发明确争议焦点、寻求裁判思路的审判逻辑，通过“裁判规则—规则来源”搭建裁判规则的验证路径，确保裁判规则的可靠性。与裁判规则的创造性密不可分的是，裁判规则应当确保其来源权威、内容可靠，除权威案例中已载明的裁判规则外，对于裁判规则的提炼需要依托一线审判人员，从本院、上级法院优秀裁判文书中提炼裁判规则。

第七，审判管理知识服务。围绕司法案件和审判人员进行的审判管理活动，实现对审判工作合理安排、对审判过程严格规范、对审判质效科学考评、对司法资源有效整合的预期目标，除依赖传统的工作方式外，审判管理知识服务能够有效提升审判管理活动的效率与效果。审判管理活动贯穿于案件办理全程，从立案到分案、排期、开庭、裁判、执行等各个审判环节。审判管理是对审判活动的监督、管理、服务过程，相应的知识需求不限于服务审判活动的知识类型，审判管理知识具有其特殊性，表现在数据之间、知识之间的相互制约、因果关系等关联性，例如当事人提出管辖权异议要求法院必须作出管辖权异议成立与否的决定、案件适用小额诉讼程序必须符合标的额有关限制性条件、当事人提出的诉讼请求在裁判主文部分不得遗漏等，这决定了审判管理知识不是对某一类型知识的加工，而是对数据、信息、知识之间关联性的构建。

第八，知识推荐服务。前述知识检索服务，立足于服务审判人员学习与主动检索，提供知识服务平台承载的全量数据与知识，属于被动服务的范畴。从提高服务效率的视角看，基于个案信息的知识主动推荐，对提升服务效率与知识服务体验具有极大的帮助。实际上，面向个案的知识服务已成为智慧审判辅助的重要研究问题。针对个案，通常可以从案由/罪名、案情特征、争议焦点等多个角度进行实质画像，相应的，基于前述画像维度的个案知识服务推荐成为知识服务平台的核心功能之一。

3. 知识生成与共建共享

构建知识自动生成与共建共享管理机制，提升知识管理和共建共享水平，是持续迭代提升知识服务能力的必然要求。知识服务平台在提供知识服务外，还应在知识汇集、知识服务、知识管理过程中不断积累知识自动生成的能力，不断扩充知识服务平台的知识范围与数量，支持知识服务平台的使用者管理自身的知识库，参与到知识服务平台的建设过程中，实现个体知识的分享，不断提升知识服务平台的服务能力。

知识的自动生成，有赖于知识生成规则的确定性。业已确定基于特定数据、特定信息在一定的规则的基础上生成知识的逻辑后，数据与信息的更新必然导致知识结果的更新，此时知识的更新不必借助人工的干预，知识服务平台可内置知识自动生成机制，在数据与信息更新时触发机制生效，实现知识的自动生成与发布。知识共建共享是指知识服务平台提供知识管理与知识共享功能，使用者在使用知识服务平台过程中，基于个案的特殊性、案件审判需求和自身的知识积累，需要对既有知识进行管理、新增知识或者对存疑知识进行标注，此时需要借助知识服务平台中的管理功能，实现普适性知识服务与个体差异的结合。知识分享，是指将知识服务平台中的知识，尤其是个体管理、加工的知识分享给特定或不特定人群。根据知识服务平台部署情况的差异，知识分享可以设定不同的机制。以部署在人民法院内部网络环境为例，知识服务平台分享对象的最大范围是知识服务平台服务法院的全体人员，但在实践操作中，限于审理范围的差异、审判管理的需求、统一法律适用的需要、部门间协调等因素，知识分享通常在相对狭小的范围内进行，这提高了知识分享的效用，降低了接收者对于知识的甄别负担。

（四）知识生产的方法

知识服务平台需要囊括的知识业已明确，重要的问题在于知识如何生产。知识生产的效果是知识服务平台能否为审判人员接受的关键因素，也是知识服务平台可靠性得以贯彻的重要环节。对于知识生产，需要从知识生产主体、知识生产方法、知识生产流程进行分析。

第一，关于知识生产主体。知识服务平台承载的知识内容，按照难易程度不同，对生产主体的要求也有不同的要求。对于法律法规、权威案例等基础性数据与知识的生产，具备法学基础知识的法学本科生即可胜任。而对那些以基础数据为素材进行知识生产的知识类型，对于人员的要求较高，可以称之为法律知识工程师,这类人员通常应当具备相关专业研究生学历,对于该领域知识具备体系性认知,且拥有良好的逻辑思维能力。甚至,对于难度更大的裁判规则知识等内容,需要学者、资深审判人员等业务专家负责知识质量的审定。资深审判人员是司法知识生产的理想主体,尤其是需要基于历史生效裁判提取裁判规则这样复杂的知识生产过程,由于资深审判人员具有丰富的审判经验,对于裁判文书的逻辑、结构拥有较之普通人更加深入的认识,能够更加快速、准确地从文献资源中提炼出知识,确保知识的可靠性。

第二,关于知识生产方法。知识生产,应当是人工加工与智能推荐的结合,而非其中一种方式的独立运用,原因在于人工加工无法满足海量知识的现实需求,而智能推荐无法确保知识的可靠性。在知识服务平台建设过程中,可以运用机器学习等方式实现知识的推荐,例如基于法律法规文本相似性算法的条文沿革推荐、法规对比推荐、关联法规推荐,在推荐的基础上进行人工确认,完成知识生产。在现有的技术条件下,并非所有的知识生产都能依赖智能推荐,法学知识的复杂性决定了专家知识的不可替代性。在最高人民法院《统一法律适用工作实施办法》发布后,后续配套工作机制之一即最高人民法院还将适时组织相关审判业务部门对其所作出的生效裁判进行系统梳理,提炼编纂裁判规则。[17] 人工加工与智能推荐是知识生产的总体方式,但不适用于所有类型的知识,应当根据知识的具体形态来选择妥当的生产方式。

第三,关于知识生产流程。知识生产流程,是知识质量得以保障的重要一环。如前所述,知识生产过程是多主体、多类型、多方法的复杂过程,需要在一套规范、科学的流程下运行。按照知识服务平台涵盖的知识类型来看,知识生产流程主要应当遵循“知识初加工—知识审核”的分工流程、“知识加工—知识抽检—知识混检”的抽查流程、“知识生产—知识迭代”的更新流程,确保知识生产的结果科学。

---

〔17〕 刘冠兵、何汀:《〈最高人民法院统一法律适用工作实施办法〉理解与适用》,载《人民法院报》2021 年 12 月 2 日,第 2 版。

四、知识服务平台的业务应用

建设知识服务平台,旨在为案件办理提供服务,按照纠纷解决的时间线划分,案件办理包括诉前调解、庭前辅助、案件审理、案件裁判、法律适用分歧发现与解决、文书制作等环节。相应地,知识服务平台为案件办理提供服务即为前述应用场景提供知识支撑。

(一)服务诉源治理

诉源治理,是指采取各种措施预防可能发生的纠纷,对已产生的纠纷则采用调解等手段减少诉讼案件量,将有限的司法资源应用到案情复杂、争议较大的纠纷中。在法院视角下,诉源治理是从源头上减少诉讼案件量采取的各项具体措施。知识服务平台为诉源治理提供支撑有两种路径:一是通过普法宣传等方式向潜在的纠纷当事人提供法律知识服务,减少纠纷的产生;二是通过知识服务平台为已产生的纠纷提供诉讼评估,引导当事人采用调解等方式化解纠纷。

伴随经济社会的发展,各类社会生活主体的法治意识逐渐增强,但法律知识的储备并未同等提升,对于纠纷未能及早防范,产生纠纷后,大量矛盾纠纷未经调解程序便直接涌入诉讼渠道。[18] 人民群众对于法律知识的需求有了显著的增长,为此,人民法院可以借助知识服务平台,通过诉讼服务大厅、公众号、官方网站等途径向人民群众提供司法知识普及服务,引领大家树立法治意识,减少纠纷的产生。在纠纷产生后,能够便捷地获取到与纠纷化解相关的知识服务,包括纠纷解决的多元化解方式,不同解决方式的优劣对比等,对于分歧不大、对自身利益影响有限的纠纷,选择效率更高、成本更低的方式予以化解,避免大量案件涌入法院。

(二)服务案件审理

案件审理是案件处理的核心环节,通过案件审理明确各方主张、在审理过程中查明案件事实,并据此适用法律进行裁判。知识服务平台对于案件审

〔18〕 吴明军、王梦瑶:《诉源治理机制下法院的功能定位》,载《行政与法》2020 年第 7 期。

理的辅助,既包括对案件审理在程序上的辅助,确保案件审理按照规范的流程得以推进,也包括在查明事实上的辅助,提高法院认定事实的效率与质量。

庭审流程,是案件审理应当遵循的庭审顺序、庭审环节和庭审规范。其内涵包括庭审流程应当完整,不得遗漏庭审环节,减免当事人权益,庭审流程应当按照顺序展开,不得随意变更庭审环节的先后顺序。知识服务平台为案件审理提供庭审流程服务包括常态化的庭审流程知识提示,在庭审辅助系统中,根据庭审的进程,实时提供即将进入的下一庭审环节。更重要的是在特殊情形下提示法官可能的应对措施,在审判人员变更时,提示法官向当事人释明有关申请回避的权利,在因诉讼主张变更导致标的额变化需要对审理程序进行变更时,提示法官向当事人释明有关程序异议的权利等。

知识服务平台为案件审理提供事实查明方面的辅助,则具有极强的专业性。从实体的角度,案件审理围绕着争议焦点、举证质证展开。争议焦点是各方当事人争议的核心问题,争议焦点相关事实问题的查明为案件裁判奠定了基础,而与争议焦点相关的事实要素、证据类型在历史案件中反复出现,并通过知识服务平台得到了提炼与总结。知识服务平台以案件智能审理应用系统为载体,通过获取案由、诉讼主张、争议焦点等相关信息后,为在办案件提供案件要素、证据知识、争议焦点相关的知识服务,辅助审判人员对事实进行认定。

(三)服务裁判文书生成

裁判文书是司法活动的文字载体,审判人员对于纠纷的理解与裁决通过裁判文书固定并对当事人传递。裁判文书的撰写有一定之规,对于事实认定的描述、对于裁判的说理论证,则是裁判文书中体现裁判者对于纠纷的理解的核心部分。在制作裁判文书时,审判人员尤其需要注重这两大部分的准确性、规范性与逻辑性。诚然,实务中不存在完全相同的案件,但应注意到,它们在争议焦点、关键事实乃至行为后果等方面都会表现出高度的相似性,[19]这也正是类案检索制度得以存在的基基础。知识服务平台正是基于

---

〔19〕 高尚:《司法类案的判断标准及其运用》,载《法律科学(西北政法大学学报)》2020 年第 1 期。

这一前提，从历史生效案件中提炼出面向共性问题的事实认定、法院说理的一般性描述，此共性描述具有适用面广的特征，以知识提供给包含相似问题的不同案件，在具体个案的文书制作中还需要借助法官个体的智慧与个案的实际情形进行充实，让裁判文书更加饱满与生动。

（四）服务审判监督管理

审判监督管理是一项系统性工作，具体包括庭审评查、裁判文书评查、审判质效分析、重点案件监督等工作内容，在信息化时代，审判监督管理工作以人工为主，辅以信息化手段，信息化手段为审判监督管理工作提供了便利的同时，呼唤更为丰富的审判监督管理知识应用于这一过程中，以提升审判监督管理的智能化水平，提高审判监督管理的质量和效率。构建庭审评查知识库，实现庭审违规言行的智能识别；构建裁判文书质量检验知识库，实现裁判文书文字书写错误、前后逻辑冲突等质量问题智能识别与提示；构建审判质效指标知识库，实现审判质效指标的智能抽取与质效结果的自动生成；构建重点案件甄别知识库，实现重点案件的智能甄别与提示。审判监督管理的外延具有扩展性，基于社会治理的热点难点问题的人民法院审判数据专题分析，亦属于审判监督管理的应有之义，相关领域数据、信息、知识的关联性梳理，构成审判监督管理知识的建设范畴：行政审判服务法治化营商环境建设的专题研究要求构建行政机关负责人出庭率、行政机关败诉率、原告撤诉率等审判数据与法治化营商环境指标的关联关系知识库。由此，知识服务平台建设应当具有可扩展性，以适应变动、发展中的审判监督管理需求。

（五）服务法律适用分歧解决

法律适用分歧，历来是司法实务中的顽疾，困扰着一线审判人员与管理者。法律适用不统一带来的弊端无须赘述，解决法律适用分歧已成为共识。2021 年年初，“完善统一法律适用机制”列入中央政法委十大重点改革举措任务台账，自最高人民法院起开始探索统一法律适用的机制与办法。

总体而言，法律适用分歧解决，包括法律适用分歧发现、解决及发布。如果没有法律适用分歧的发现机制，案件中潜藏的法律冲突就不可能进入法官会议和审判委员会讨论的范围之内,法律的安定性和可预期性就得不到有效保障。[20] 知识服务平台在服务法律适用分歧解决方面,首先是辅助法律适用分歧的发现。除已经引起广泛关注的法律适用分歧外,审判人员在办理案件时,并不能预知案涉相关问题存在法律适用分歧,而知识服务平台则能够为此提供服务:在案件办理过程中,基于审判人员的检索或自动推荐历史相似案例,经过审判人员判定的类案在法律适用上的明显差异,则可以作为疑似法律适用分歧进行提示,由审判人员进行二次判别。如认定存在法律适用分歧,知识服务平台提供的第二项服务是法律适用分歧解决服务:提供面向指导性案例、公报案例等权威案例的检索服务,判断法律适用分歧是否已有更高级别的案例进行了解答,否则该分歧需进入法律适用分歧解决机制,由专业法官会议、审判委员会乃至上级法院对分歧问题进行解决。

(六)知识供给与知识应用互动

将知识服务平台应用到司法审判活动中,并从司法审判活动中得到"反哺"不断丰富,构建知识供给与知识应用的良性互动机制,是知识服务平台保持旺盛生命力的保障。审判人员在应用知识的过程中,对于知识的准确性、规范性、完整性是一个验证的过程,验证的结果则需要向知识服务平台反馈,知识服务平台的管理者接收到来自广泛的一线审判人员的反馈后,对于知识服务平台有了清晰的认知,经过实践检验的知识服务平台能够清楚地知道改进的方向。

知识供给与知识应用的良性互动,事实上将知识服务平台的应用者转换为了司法知识的生产者。一线审判人员具有丰富的审判经验,且时时面临着鲜活的案例,对于知识服务平台的优劣有着无可争议的发言权。

知识应用与知识服务平台的互动,为个性化推荐知识服务提供了可能。与消费者偏好类似,审判人员在一定期间内办理的案件类型是相对固定的,可以视为审判人员建立了对案件类型的偏好。审判人员通过预先设定案件类型的范畴,减少进入知识服务平台后的知识甄别,能够提高知识查询的效

---

〔20〕 贺小荣:《法律适用分歧的解决方式与制度安排》,载《人民司法》2019 年第 31 期。

率。知识的个性化推荐,则有赖于知识服务平台与知识应用的良性互动,知识服务平台提供的初始知识是普适性的、无差别的,但知识的最终应用成果或多或少地体现出差异,这些差异是审判人员个体之间知识背景、语言风格等差异在司法审判活动中的转化。

(七)知识服务的限度

建设知识服务平台,意在为司法审判提供辅助支撑,但并非取消、弱化审判人员在案件办理过程中的地位与作用。除司法伦理的要求以及审判人员的价值判断需求外,知识服务平台不可回避的局限性也是重要因素之一。

一是复杂的司法实践与规范化的知识之间的隔阂。司法实践的复杂性,体现在当事人之间的自由约定、证据材料不断推陈出新及社会生活中涌现的新事物等。不论知识服务平台如何追赶日益变迁的社会实践,其总会处于相对滞后的状态,只有经过司法实践不断验证、不断发现,新的知识才会被知识服务平台收录,具体到个案角度,知识服务平台无法承诺其能够完全覆盖所有的个案。

二是知识服务平台建设中的数据与知识取舍。与司法审判相关的知识包括直接服务审判的知识、间接服务审判的知识、以数据完整为目标的知识和以数据质量为目标的知识等不同的分类方式。在建设知识服务平台过程中,需要进行知识取舍,概因任何一个平台不可能涵盖审判活动中可能用到的全部数据与知识,这既受限于纠纷的复杂性,又受限于数据的体量与知识的多样性。

第九章
区块链的司法应用

区块链作为新型信任关系的底层技术,逐渐显现出多边共信的革命性价值。由此,能源、物流、工业制造、医疗卫生、慈善公益以及公共事务等各个领域都开始积极探索区块链的应用潜能。法律领域也积极尝试区块链的应用,期望它能帮助解决法律领域正在面临的诸多难题。产权登记、司法存证、交易监管等传统法律事务场景很快便适应了区块链的介入,显示出区块链在法律领域存在巨大的拓展空间。在《"十三五"国家信息化规划》中也将区块链纳入了超前布局的重点工程,以支持智慧法院、智慧检务的建设,进而推动司法信息化建设与社会治理创新。区块链的司法应用正在向纵深发展,司法领域也逐步成为区块链应用的重要领域和场景。

一、区块链走进司法

(一)区块链的内涵及其技术本质

工信部中国区块链和产业发展论坛于 2017 年发布了首个《区块链参考架构》,其中将区块链定义为:"一种在对等网络环境下,通过透明和可信规则,构建不可伪造、不可篡改和可追溯的块链式数据结构,实现和管理数据处理的模式。"具体来说,区块链是一系列技术的合集,包括点对点通信技术、非对称加密技术、智能合约技术等,是利用块链式数据结构来验证与存储数据、利用分布式节点共识算法来生成和更新数据、利用密码学的方式保证数据传输和访问的安全、利用由自动化脚本代码组成的智能合约来编程和操作数据的一种全新的去中心化基础架构与分布式计算范式。通过区块链进行信息管理,能够有效解决信息交互过程中的信任和安全问题。

要实现区块链的高质高效应用,必须先厘清其技术本质,才能精准地适

配在相应的领域。具体而言,区块链的技术本质主要包括以下三个方面:

1. 价值去中心化的工具

从经济学角度来说,区块链是目前价值去中心化的最佳工具。互联网时代的到来使得信息流通变得便捷,但互联网始终无法成为价值去中心化的工具。对于通过互联网来进行数字货币、数字资产等价值的流通,人们仍然存在多种隐忧,互联网金融体系仍然需要可靠的政府作为中心化的第三方背书,隐私泄露、网络诈骗等网络安全事件频发也印证了互联网难以建立数字化信任的判断。区块链的出现给价值去中心化带来了希望。[1] 区块链使用对等网络技术分布式存储信息,具有严谨的加密算法和认证体系,仅依靠用户群便可完成信息交换而不需要中心服务器作中介,储存信息分散在各个节点上,并被每个节点充分验证,即使部分节点或者网络遭到破坏,已确认的信息也不会遭受打击,形成了一个去中心化的信息流通闭环,给数字货币和资产等的价值流通营造了一个安全可信的网络环境,"非对称加密、分布式记账使区块链具备了可信任性,共识机制和智能合约又使其具备了约束力,由此建立了数字信任"[2],从而实现真正的价值去中心化。

2. 赋能万物的事实机器

从社会学角度来讲,区块链是赋能万物的事实机器。[3] 区块链依靠强大的密码学算法和突破性的激励机制,形成了一个比人们所认知的事实更可靠的记录机器;而这个事实机器可以被应用到各个领域,帮助维系社群信任关系。在错综复杂的社会生活里,人们所认知的事实总是具有一定的局限性,需要依靠一个更可靠的中介比如政府、企业等对信息进行判断,以获得更准确和确定的事实。但这个过程总会消耗时间和增加成本,并且还带有一定的风险;尤其在跨国、跨地区的信息交易里,缺乏这样一个可靠的中介,交易风险只能由交易方各自承担。得益于哈希算法和时间戳技术,在区块链数据库中,记录了数据的区块将按照时间顺序链接在一起,每个区块的

---

〔1〕 中国社会科学院工业经济研究所未来产业研究组:《影响未来的新科技新产业》,中信出版集团股份有限公司2017年版,第39页。

〔2〕 张清、郭胜男:《人际信任、法律信任与数字信任:社会信任的谱系及其演进》,载《哈尔滨工业大学学报(社会科学版)》2021年第6期。

〔3〕 [美]保罗·维格纳、迈克尔·凯西:《区块链——赋能万物的事实机器》,凯尔译,中信出版集团股份有限公司2018年版,第21页。

哈希值会如合同骑缝章一样标记前后两个区块，每个区块还会被写入一个时间点，并向链上全部节点广播出去，从而形成一条可靠的不可篡改的数据长链，这条长链便成了承载无数事实数据的时间机器。

3. 可靠的自动化合约机器

从技术本身来讲，区块链还是可靠的自动化合约机器。区块链依靠智能合约技术，不断拓展其应用范围，从简单的货币交易账本变成动态的交易工具，智能合约的嵌入有效支撑了各种数字资产的自动化交易和流通。在金融交易中，资产持有双方可以在区块链上直接履行合同金，而不需要传统金融中介机构的介入，智能合约程序能够自动验证合约履行的条件是否达成，一旦验证成功，便会自动授权处理交易，同时记录下交易的全过程。利用区块链智能合约进行交易，很大程度上减少了交易协议制定和执行的中间环节，也降低了利益相关方干预执行的可能性，提高了合约执行的效率和准确度。在区块链上完成智能合约的执行，也离不开区块链本身优越的可靠性，执行智能合约的重要条件之一是执行前的交易协议不能被篡改，必须是合法有效、安全可靠的协议，区块链去中心化、安全、不可篡改的特性正好符合了这一条件。[4] 由此，区块链也成了可靠的自动化合约机器。

（二）区块链的司法应用与司法区块链

区块链的司法应用，是指区块链在司法中的具体应用方式，是从微观上来实现区块链与司法领域的结合的。在我国，区块链最早介入司法领域是从电子证据存证开始的。2018 年杭州互联网法院在审理一起侵害作品信息网络传播权纠纷的案件中，首次确认了经区块链存证的电子证据的法律效力。[5] 此后，区块链逐渐被应用到司法领域的诸多环节，包括智能立案与执行、司法大数据的共享等。2019 年北京互联网法院率先将区块链智能合约技术应用到执行案件的立案环节中，[6]2020 年广东省广州市中级人民法

---

[4] 赵刚、张健：《数字化信任：区块链的本质与应用》，电子工业出版社 2020 年版，第 53 页。

[5] 余建华、吴巍：《杭州互联网法院首次确认区块链电子存证法律效力》，载《人民法院报》2018 年 6 月 29 日，第 3 版。

[6] 杨维立：《区块链一键立案　让司法与科技紧密融合》，载《人民法院报》2019 年 11 月 4 日，第 2 版。

院正式上线了“区块链律师调查令”线上办理平台。[7] 这些具体的区块链应用实践共同推动了区块链的司法应用进程。

司法区块链，是指由司法机关主导的、在司法领域利用区块链进行数据信息管理而建成的专属区块链平台，可用于从案件事实查明到诉源治理创新的司法全过程，帮助实现从区域到全国的司法一体化，是从宏观上来实现区块链与司法领域的全方位结合的。2019 年杭州互联网法院、上海市第一中级人民法院、苏州市中级人民法院、合肥市中级人民法院与蚂蚁区块链科技（上海）有限公司签署了《长三角司法链合作意向书》，宣布以杭州互联网法院司法区块链平台为依托构建长三角司法链。[8] 该跨区域司法区块链联盟旨在打造高级别的跨区域司法信任机制，帮助推动长三角区域一体化的发展。最高人民法院也搭建了人民法院司法区块链统一平台，将连接中国科学院国家授时中心、多元纠纷调解平台、公证处、司法鉴定中心等多个节点，并联合四级法院进行数据上链存证固证，最大范围做到链上取证与核验，建立全国一体化的司法区块链平台。

二、区块链司法应用的动因分析

（一）司法信息真实性需要民主化验证

司法信息是流通在司法实践全过程的具有实质性法律意义的全部信息：不仅包含案件信息，还包含司法行为、司法过程产生的信息等。司法信息具有强真实性的要求。但司法信息尤其是证据信息又天然地具有隐匿性和不确定性，这是因为司法程序被触发的时间节点往往晚于实体法，当司法程序被启动时，司法裁判所需要的一系列证据信息早已产生，需要当事人和司法机关再进行回溯取证，在较长的时间差里，证据信息很容易被隐藏或篡改，真正的事实得不到有效的信息验证，形成司法取证难、认证难和执行难的困境。例如，“电子证据天然地具有易篡改、易伪造、易受损和易消亡的特

[7] 彭勇：《广州中院“区块链律师调查令”线上办理平台开通》，载《人民法院报》2020 年 8 月 14 日，第 1 版。

[8] 许凯：《以“司法区块链”思维引领长三角区域司法协作》，载《团结报》2020 年 4 月 21 日，第 6 版。

性,需要采取一定措施来保障其证据资格和证据能力”[9]。因此,需要一种更强的信息验证方法,不仅具有先验功能,还能在较长的时间里保证信息不失真,以满足滞后的司法信息需求。区块链能够帮助解决这些问题,当事人、法院等司法实践主体只需随时将真实有效的案件信息进行上链保存,所有数据信息将自动被计算为唯一的哈希值予以固定,区块链的多节点验证便能发挥作用,共同记录并证明信息的真实性;链上信息同时被加盖时间戳,其存证时间也被固定下来,无法篡改,即使经过很长的时间也能保证链上信息的真实性,确保事后取证的有效性。

(二)司法数据安全性需要强信任环境

广义的司法数据是指司法活动所需及产出的全部数据:不仅包括司法统计数据,还包括可能引起司法程序和结果的全部个人和公共数据。法院审判执行过程中产生的各类司法数据,可以为法院提供运行态势分析、质效指标监测、案件关联检索、主题数据分析、报表数据统计和数据共享交换等重要服务,为法院审判工作提供有效的数据指引。但传统计算机信息系统的数据储存环境具有较大的安全风险,“一方面司法数据库的互联互通与共建共享增加了数据失控的风险,另一方面司法信息化的技术性工作外包增加了数据泄露的可能性”[10]。区块链具有去中心化、不可篡改的特征,能够帮助建立强信任的数据保护环境,进行安全的数据管理;经过上链登记的司法数据将不可篡改,数据内容和数据生产信息都将被真实记载,从而保障司法数据安全。

(三)司法活动效率性需要技术化辅助

社会矛盾纠纷的多元化和复杂化、公众法律意识的提升和司法权威的加强,强化了诉讼在多元纠纷解决机制中的主导地位,司法活动正面临越来越大的解纷压力,需要更高的司法效率。这就要求在保证案件处理质量的前提下,单位司法资源的投入要处理尽可能多的案件,以提高司法运作整体

---

〔9〕 聂勇浩、张炘:《基于区块链的电子证据保全模式研究——以广州互联网法院为例》,载《档案学研究》2021 年第 5 期。

〔10〕 郑曦:《刑事司法中的数据安全保护问题研究》,载《东方法学》2021 年第 5 期。

效益。通过区块链的辅助,司法活动的效率性将得到一定程度的提高。一方面,在现有互联网法院、司法服务平台等嵌入司法区块链,辅助进行案件流程信息管理等,使对诉讼参与者十分重要的证据、文书、笔录等诉讼信息能够安全地在相关人员之间共享,简化传统司法信息分享与流动所需的严格烦琐程序;另一方面,建立统一司法区块链平台,在现有电子法院、司法服务平台内部嵌入区块链技术,使无须向公众公开的、对诉讼参与者十分重要的证据、鉴定文书、审判相关文书能够在相关人员之间通过分布式账本技术得到分享。[11] 整合各数据部门单独的司法数据库,实现司法数据的横向与纵向共享与融合,打通各部门之间的数据壁垒,实现整个司法活动过程中数据的高效流通与利用。

(四)司法活动重复性需要可溯源机制

司法活动是法官将反映共性的法律与反映特性的个案反复比较、努力寻找对应关系的活动,这一活动具有重复性的特征:不仅体现在同一案件的审理可能经历一审、二审、再审等多个审理程序;也体现在不同法院对于同类案件的审理可能需要相互借鉴和参照,以确保司法活动的统一和稳定。在重复的司法活动过程中,需要一种可信的溯源机制,以确保先前司法活动的结果能够直接为后来的司法活动提供事实基础,避免多次重复性的事实验证浪费司法资源。区块链具有可追溯的特征,按照时间顺序被记录下来的上链司法数据因为经过了多方参与的真实性验证,可以为多次审理提供可靠的事实依据,提高重复性司法活动的工作效率。

三、区块链司法应用的场景选择

(一)区块链司法应用的场景特征

选择适合应用区块链的司法业务场景是进行区块链司法应用的第一步,也是充分考虑技术手段与特定司法目的之间适配性的重要环节。识别合适的司法场景需要先明晰相关场景的特征。根据区块链在相关领域的长期实践与经验积累,在非中心化、强信任需求、缺乏效率的场景,区块链可以

[11] 郑戈:《司法科技的协调与整合》,载《法律适用》2020年第1期。

弥补传统工作的不足和缺陷,提升工作的成效。

首先,为了有效发挥区块链的去中心化优势,在司法领域落地应用时必须考虑到,非中心化的、多方博弈的司法场景才需要上链。区块链引入了节点竞争记账的方式来保障信息传递与价值转移的正确性,竞争获胜者可以得到区块奖励,这种竞争式的区块运作机制体现了区块链中包含的博弈论思想,即鼓励每个区块节点都积极参与到记账工作中来,并且相互监督,达成一致共识。“通过区块链数据共享、共识算法等机制的场景化设定,可以有效缓和、积极改善科层组织上下内外之间信息不对称、决策回音壁等问题。”[12]其次,为了充分利用区块链建立的新型信任机制,在司法领域落地应用时要优先考虑那些需要以强信任作为基础的司法业务场景。区块链以数字或技术为基础,建立多方共同参与监管的新型信任模式,能够最大限度地保证共享资源的安全性和可追溯性,也不需要为第三方中介信任机构付出昂贵的成本,降低中心化的成本。最后,为了充分发挥区块链的效率优势,在司法领域落地应用时也应优先考虑那些缺乏效率的场景。区块链作为一种由参与各方通过共享共识的方式建立的公共账本,存储在链上的信息本身就已经得到了所有参与方的认可,因此可以作为可靠的信息来源进行使用。[13] 可靠的信息可以帮助节省交易流程中的部分环节,比如在需要授权管理的环节里,可以免去一些人工审核环节;在需要流程化处理的环节里,各方可以自行取用区块链上的信息,而不需要额外的主体资格验证。

(二)区块链司法应用的核心业务场景

通过梳理适合应用区块链的司法场景的特征,可以窥见区块链司法应用的场景主要分布在以下四个场域:

1. 司法协同

司法协同的基础是案件信息、卷宗、音视频记录等数据的共享交换,具有非中心化与强信任需求的特征,可以作为区块链司法应用的典型场景。司法数据由多个政法部门以及诉讼参与人生产,在司法活动中需要进行多次的横向与纵向流通,包括在政法机关内部及其上下级政法机关之间进行

---

[12] 李雯佳:《区块链与国家治理的融合重构》,载《文化纵横》2020 年第 5 期。

[13] 申丹:《区块链 +——智能社会进阶与场景应用》,清华大学出版社 2019 年版,第 18 页。

流转、在政法机关与其他相关部门之间进行共享、在多方诉讼参与人之间进行交换等。例如，在二审案件中，案件信息需要在初审法院与二审法院之间进行流通和交换；在刑事案件中，则涉及公安机关、检察机关与法院之间的案件信息共享与流通。许多未决案件信息都具有高度保密性，因此传统的信息传递需要人工搬运案件材料，以保障司法信息安全。目前，在司法过程高度信息化的要求下，各司法部门都在积极建设自己的数据库，“但各数据系统之间却壁垒重重，‘数据孤岛’现象严重，司法数据难以在各系统之间互联互通和上下内外联动，对我国司法信息化进程造成迟滞性影响”[14]，这一现象主要是由于部门间互信传输机制未建立起来，数据治理理论欠缺，技术应对能力不足。区块链可以帮助解决技术应对能力不足的问题，多节点参与使拥有司法数据的部门都成为数据区块链的主体，可以同时写入和监管司法数据，共同维护和监督司法数据区块链的稳定运行，实现跨部门跨级别司法数据的实时按需取用，帮助打破数据壁垒与“数据孤岛”，节省传统数据传输所需要的人力、物力，推动司法数据的协同治理与高效运用。

2. 信息公开与诉讼服务

信息公开与诉讼服务的场景，具有非中心化和缺乏效率的场景特征，可以作为区块链司法应用的主要场景。现阶段我国的司法公开活动是由人民法院主导、自上而下推进的，已公开的司法信息体量够大，但利用率并不够高，司法信息管理也存在一定难度。区块链可以鼓励众多的诉讼参与主体主动地参与到司法信息公开活动中去，减少司法机关的工作量，也能更加详尽地记录司法活动的全过程，强化司法信息公开的广度和深度，提高司法信息的利用率。

诉讼服务包含了诉讼引导、立案登记、先行调解、受理申请、材料收转、查询咨询、文书送达等多个服务功能，且仍在不断扩展之中。诉讼服务长期以来效率低下导致当事人体验感不佳，直接影响了司法机关的工作质效和群众的满意度；即使各地法院都在不断推行诉讼服务中心的智能化建设，期望通过明确职能部门的分工和加强先进科学技术的应用来提高诉讼服务的

〔14〕 赵龙、刘艳红：《司法大数据一体化共享的实践探微——以破除“数据孤岛”为切入点的逻辑证成》，载《安徽大学学报（哲学社会科学版）》2019 年第 6 期。

能力,但还是无法满足日趋庞大、复杂的现实需求。[15] 区块链可以参与到诉讼服务的全过程,记录诉讼服务全流程:当事人可以通过诉讼服务区块链系统进行查询预约、材料传递、申请保全等服务;法官可以通过同一系统进行相关事项审核、出具裁定、移送执行等诉讼流程,实现对诉讼事务的集约办理,从而提高诉讼服务的效率。

3. 审判执行辅助

审判执行是司法业务的核心环节,其运行效能直接影响着司法公信力与司法权威。该环节长期以来存在缺乏信任和缺乏效率的问题,可以作为区块链司法应用的主要场景。比如在在线庭审中,区块链可以帮助实现在线庭审数据的存证验真,法官和诉讼参与人在手机、电脑等电子设备上就可以即时查看证据、笔录等,并能够实时完成验真活动,避免了线上提交证据丢失、伪造和篡改的风险。执行领域一直存在执行到位率较低的问题,深层的原因是高度金融化的社会财富呈现出高度隐私性、流动性与分散性的特征,财产转移的可能性很大,执行判决和调解常常得不到履行保障。[16] 法院在作出判决或实现调解结案时可以将案件信息上链存储在审执衔接区块链平台上,并签订强制执行的智能合约,当被执行人没有主动履行义务等执行条件达成时,无须被执行人进行确认便可自动链接银行等相关部门强制执行案涉资产,提高法院执行的效率。

4. 司法管理与司法统计

在司法管理与司法统计业务场景中,区块链也具有很大应用空间。司法管理主要指法院的审判监督管理,还包括诉讼服务管理、审判执行监督管理等在内的法院现代化管理。目前,我国司法管理的难点主要在于分散化的部门设置导致的司法效能低下,依托区块链不可篡改、全程留痕和可回溯特性,创新司法管理和监督方式,可以实现司法管理的科学化,还可以有效预防司法腐败。传统的案件卷宗归档环节,需要法官、卷宗评查工作人员、档案室归档人员等多方交接、核查,归档流程烦琐、耗时量大;可以将区块链与电子卷宗归档标准有机结合,嵌入智能合约技术,实现符合归档标准的案

[15] 李鑫、王世坤:《"一站式"诉讼服务体系的构建逻辑及其实践展开》,载《学术论坛》2020 年第 6 期。

[16] 史明洲:《区块链时代的民事司法》,载《东方法学》2019 年第 3 期。

件信息自动归档、不符合标准的及时整改、归档行为可追溯，实现案件卷宗管理的科学化与高效化。

司法统计是对法院审判活动产生和形成的各种司法数据及相关数量进行记录、收集、整理、分析、呈现与保存的活动；科学准确的司法统计结果能够直观地反映审判活动的实际运行状况，并为未来的司法管理与决策提供数据参考。在法院的各类统计报表中，经常发现数据无法对齐的问题：一方面是审判系统中流程化管理不够完善，导致审判数据不准确、不完善、不及时；另一方面是部分人员篡改基于原始数据生成的报表，以获得更好的工作考核评价。区块链帮助监督和管理司法统计活动，通过制定数据标准和共识验证来自动提取相关数据并保障数据的真实性、准确性，融合大数据技术自动生成数据分析报表，并依靠加密技术确保报表不可篡改，为司法统计活动提供更可靠的原始数据，同时避免数据报表遭到人为篡改，实现更科学更准确的司法统计。

四、区块链司法应用的路径规划

（一）区分链型按需建设

区块链在实践中由于开放程度的不同逐渐分化出三种链型，包括公有链、私有链和联盟链。不同的司法业务场景对于区块链的需求不同；在区块链司法应用进程中，必须因事制宜，按需建设，才能合理发挥区块链的作用，避免区块链介入司法实践时造成不必要的技术负担。公有链在诉讼服务场景中具有较大的应用潜力。因为诉讼服务中参与方众多，且具有较强的不确定性，难以实现统一的授权管理；而且诉讼服务涉及的数据具有较强的开放性，上链需求也较高。建立诉讼服务公有链可以提供给全部诉讼参与主体以充分的信息上传与监管权限，实现更高程度的司法公开，保证诉讼当事人充分的参与感与安全感。比如在电子送达中可以建立公有链，通过在立案、审理等各个阶段当事人填写的电子送达地址确认书，形成“一人一案一地址”的地址库，在自动识别当事人地址库中送达地址后优先发起电子送达，书记员可通过智能送达平台一键管理送达任务，并及时获取结果信息反馈，对电子送达的发送过程和送达结果进行存证和验证，使送达更加高效便捷、规范有序。

私有链在审判监督管理这类相对内部化的场景中具有较广泛的应用前景。这类场景涉及的司法数据具有较强的保密性，运用私有链开展工作能够保证司法数据内部的可考查性，帮助进行审判工作的归纳与规划。比如在电子档案的管理中，将案件生效后实时归档生成的电子档案上链存证，案件归档后，如果在发生再审审查、发回重审、当事人申请退费等情况后产生新材料，对变更后的档案继续进行上链存证，可有效保证案件信息的实时更新，高效服务审判活动。

联盟链对于协作式工作场景具有较大的应用意义。在司法领域，不同地区不同级别的法院之间都存在不同程度的协作，国内外司法部门也常常开展合作办案。但司法协作的效率始终不高：一方面是由于司法信息在不同机构之间进行流转时安全性难以保证，另一方面是由于相互割裂的信息系统之间的信息流无法实现有序、可追溯的流动。联盟链可以帮助解决传统协作流程的公信力不足、流程复杂、信息不对称和传递效率低等问题，利用区块链构建司法信息协同监管机制，可实现对司法信息的去中心化、多主体协同参与监管，增强司法信息的透明度与公开度，提高司法协作的效率。[17] 比如建立电子证据联盟链，可大幅度提高电子证据的真实性和可信度，当事人在网上立案提交材料，第一时间上链存证，法院在案件流转全流程都可对证据材料实现追踪、监控、防篡改。

（二）衔接其他信息化技术

区块链的司法应用与其他科学技术的应用都不可分割，区块链应用于司法领域必须与其他科学技术相衔接，融入司法智能化一体化进程。一方面，区块链的应用离不开相关信息技术司法实践的铺垫。尤其是互联网信息系统的建设与完善，为区块链的应用提供了大面积的试验田；司法大数据的整合也为区块链创造了更大的应用空间。另一方面，不同科学技术的算法、功能和技术本质各不相同，在司法领域的应用过程中侧重点与改革方向也不同，易产生价值冲突问题，加强司法科技一体化建设可以有效避免价值冲突。人工智能与区块链存在不同的技术本质：人工智能擅长对现有的数

---

〔17〕 方俊、喻帅：《社会组织信用信息监管如何创新——区块链技术的介入》，载《湖南大学学报（社会科学版）》2021 年第 4 期。

据信息进行预测、经验推理等工作，帮助司法人员进行一些决策性行为，提高司法效率，而不问决策所依赖的数据信息是否真实可靠；区块链擅长利用加密算法来实现数据信息的正确传输，侧重保护数据信息安全。二者技术理念的不同决定了各自不同的司法应用进路，但单独信赖任何一种技术都不能避免其存在价值保护侧重而造成价值不平衡的状态。因此，需要在应用不同科学技术时相互关照：用区块链维护司法数据安全，为人工智能的应用提供可靠的数据支持；用人工智能技术提高司法实践效率，推动司法区块链的快速发展。

（三）跟进配套设施建设

在布局区块链司法应用时，还必须考虑到相关配套设施的及时跟进问题，配套设施的完善程度关系着区块链司法应用的深度和广度。配套设施建设主要得从区块链本身和服务对象司法数据两个方面着手。一方面，不同链型的技术差异可能形成链间“数据孤岛”，因此有必要严格设定司法区块链的技术标准，“将抽象技术标准固定为可视化配套规则，严格技术要求、数据管理、安全标准、存证格式，统一存证接口，打破数据壁垒”〔18〕，以便营造一个更为开放的区块链司法应用生态，助力司法区块链有序、长效发展。其一，统一数据格式和语言，统一司法区块链底层开发平台和应用编程接口，为司法区块链的开发和连接搭建基础。其二，统一跨链协议等重要环节的行业内数据交换的技术标准，建立链间操作的基础。另一方面，区块链的服务对象司法数据的整合程度直接影响着区块链司法应用的实际效果。虽然相关部门已经各自建立了较成熟的互联网司法信息平台，但要嵌入区块链来帮助进一步管理司法信息，还需做出一些努力。比如司法数据提供方公开管理的司法数据总量仍然有待扩大，数据可用率还不够高，司法信息平台的运维与监管有待优化，链上信息数据本身的真实性也需要预先得到保证。“需要在信息上链前期统筹包括司法资源在内的矛盾纠纷解决资源配置，根据实践对存证可信性的要求，启动全链条存证”〔19〕。还要明确区块链证据审查标准，统一建立证据审查采信标尺，让区块链证据真实性审查标准

---

〔18〕 田绘、林北征：《司法区块链的实践与展望》，载《学习时报》2020 年 1 月 22 日，第 2 版。

〔19〕 张纵华：《下好区块链应用的司法先手棋》，载《人民法院报》2020 年 1 月 23 日，第 2 版。

客观化。

(四)探索规范化治理机制

在区块链介入司法领域的过程中,探索其规范化治理机制十分重要:要确保区块链司法应用的进程始终处于可知可控的范围内,保证区块链信息服务的持续健康发展。建设规范化的司法区块链治理机制要从两方面来着手:一是加快跟进区块链应用相关立法。“去中心化、集体维护、全程留痕、共享账本等区块链技术特征可以有效解决传统经济社会信息不对称问题,实现多个主体之间的协作信任与一致行动,对这种颠覆性的网络架构进行行为规制和权利义务分配不宜完全照搬传统互联网信息技术下的有关规范”[20]。需要明确区块链的法律主体定位与信息行为性质,适应性地制定相关规范性文件,以免法律监管缺失造成无法解决的实践难点。二是统一司法领域区块链应用的相关规范和标准。目前不同司法场景中区块链应用进程不一,不同地区、不同场景在建设区块链过程中都发布了相应的白皮书来展示建设思路和技术路线,这些行业内部的区块链技术要求和管理规范亟须整合统一,为下一步大司法联盟链的建设做好基础准备。

(五)关注区块链社会应用

深入推进区块链的司法应用还必须关注其在不同社会领域的广泛应用。区块链在不同领域的实践经验对司法区块链的建设不仅具有一定的借鉴作用,还能帮助司法区块链与相关领域区块链相衔接,打通区块链作为底层技术的关联领域,实现司法信息的自动转化与高效供给,推动司法实践与社会治理高效化。如医疗卫生领域中的病患信息、物流领域中的顾客信息与物品流通信息、诉讼服务过程中的当事人信息和案件信息,在一定期间内都属于隐私性与秘密性较强的信息,一般不能对公众开放。区块链的匿名性特点可以为这类信息提供很好的保护,不用担心用户的病情信息、物流信息、未决案件信息等遭到泄露或篡改,为用户提供多种安全可信的信息服务。另外,司法区块链与金融区块链的对接不仅可以对金融行为进行法律

---

〔20〕 金璐:《规则与技术之间:区块链技术应用风险研判与法律规制》,载《法学杂志》2020 年第 7 期。

监督,帮助防范化解重大金融风险;还可以通过智能合约自动执行案涉金融资产,帮助大量金融纠纷案件以及执行案件获得及时良好的解决。

五、区块链司法应用的方法论

区块链司法应用的方法论是从更高层次对区块链在司法领域的应用进路提供原则性指导,主要内容是在把握区块链运作规律的基础上对其在司法领域应用的立场、观点和方法进行归纳和总结,用来指导具体的应用实践,确保区块链司法应用始终沿着正确的方向健康发展。

(一)正识基础工具属性

区块链的司法应用要始终坚持技术工具属性的立场,理性看待区块链的工具价值,避免陷入技术原旨主义。当科技的力量被无限放大或者新技术的商业化成果遍地开花时,人们便很容易陷入工具理性的圈套:夸大地将解决当前社会问题的全部希望寄托在新技术的身上,导致技术属性从发展手段变成了发展目的。不少行业和部门开始盲目竞争应用进度,甚至不做严格的科学论证便将新技术引入实际业务领域,并将其看作专业领域技术应用取得的重大进展与突破;而不问有些业务场景是否需要和适合该技术的引入,也不问从业人员是否掌握了相应的科学知识和使用方法、技术的实践价值是否能够得到充足的实现。区块链技术创新成果可以通过商业化应用来帮助社会生产力得到快速提高,但不能超出实践现状而盲目推进应用,否则可能带来技术浪费和伦理失范风险。必须遵循规范化的技术治理逻辑,避免技术脱嵌于组织结构甚至反过来支配国家机器运转的情形发生。“技术仅仅是组织运作的工具,技术治理在某种程度上是上级控制下级、国家权力监控社会的手段。一旦技术治理走向极端,技术脱嵌于组织结构,甚或反过来支配着国家机器的运转,则很可能带来权力滥用”[21]。区块链所带来的新型数字信任也不能替代传统道德信任在司法活动中的重要作用:技术信任解决的是司法实践的效率问题,通过降低信任成本以提高司法资源配置效率,但包括法律活动在内的社会活动都离不开人际信任基础。

---

〔21〕 吕德文:《治理技术如何适配国家机器——技术治理的运用场景及其限度》,载《探索与争鸣》2019 年第 6 期。

（二）因地因时融合发展

区块链司法应用要始终坚持因地制宜、因时制宜、融合发展的观点，坚持顶层设计与局部试点并行的举措，在不给当前司法工作造成额外负担的前提下最大限度地优化司法资源配置。一方面，在推进区块链的司法应用时要因地制宜，广泛调研和评估试点过程中显现出的优势和问题，在解决问题和优化技术后，再进行大范围的应用推广。由于各个地区司法实践的特点有异，案件类别分布有差，对区块链的需求不同，实践环境也存在差异，因此各地区块链司法应用的进度并不一致。北京、杭州、广州等地的网络交易与侵权纠纷案件较多，互联网法院发展较快，利用区块链进行辅助办案的实践需求较大。而经济发展较传统的一些地区对网上办案的需求较低，对运用区块链进行司法信息管理的需求则较小。另一方面，区块链本身还处于不断成熟的过程中，其司法应用环境也在不断改善，要注意区分不同发展阶段的实际条件，进行分步骤的应用规划，统筹建设思路，做好区块链司法应用的顶层设计，为应用于实践提供正确的方向指引，最终达到区块链跨部门跨领域的协调应用，建成多方协作的司法区块链。

（三）把握科技发展规律

区块链司法应用要始终坚持把握科技发展规律的方法，在进行应用探索时要致力于满足司法实践的需求，帮助解决司法实践中的现实问题；同时以技术创新促进司法的创新发展，支撑司法体制机制的优化和完善。当区块链嵌入由法院、当事人等多方诉讼参与人共同参加的司法信息系统时，可以起到核验身份、储存文件材料以及节约诉讼流程的作用，极大地提高诉讼服务的质量和效率。区块链的应用还会带来审判监督管理机制的创新：不仅能够形成一种新的组织化的溯源监督机制，还能有效遏制官僚主义与形式主义。[22] 通过业务留痕、信息融通、节点监控等区块链应用，在不干扰正常审判工作、不妨碍法官履行职责的同时实现审判工作的全程监管、全程留痕和全程可查，有效推动审判监督管理由费时费力的层层审批向全院、全

---

〔22〕 李雯佳：《区块链与国家治理的融合重构》，载《文化纵横》2020 年第 5 期。

员、全过程的实时动态监管转变，实现审判监督管理制度内容和方式的全面升级，实现依法独立行使司法职权与审判监督管理相统一。

六、司法区块链未来展望

(一)未来可期:区块链构筑司法新生态

未来区块链在司法领域的应用将不断深入，有望通过在不同司法场景中以私有链、公有链或联盟链的形式建立安全可靠、可追溯的数据系统，搭建完整的技术架构，升级司法领域传统的运作方式，改善司法信息管理体制机制，构筑一个开放安全的司法新生态。区块链所倡导的司法链数字生态，呈现出共识、共建、共治、共享的基本特征，鼓励更广泛的公众参与和各方监督，实现更合理的司法资源配置。在司法区块链中，社会公众以及各司法机关以平等的身份节点共同参与，由区块链作为信任基础，直接进行数据信息传递行为，并达成一致共识。在司法机关内部，区块链提供了一个拥有多层级权限设置的智能法律数据资源管理机制，在保护传统司法机关运作权限的同时，形成一个更加开放的司法监督管理机制，并利用智能合约实现各司法机关之间以及司法机关与其他社会治理机关之间的工作转接，升级社会各部门之间的关系形态，形成健康安全、高效有序的司法新生态。司法区块链还将在更大的国际场域中发挥作用，参与纠纷解决市场的全球竞争，为全球的用户提供纠纷解决方案。[23]

(二)道阻且长:技术制度均存待解难点

虽然已经能够看到区块链在司法领域的实践价值，并且大量的司法实践探索已经证实了这一点，但是仍然不可回避地要面临新技术与旧秩序的衔接问题。目前区块链的司法应用主要面临着两方面的困境。一方面是技术上尚存在一些没有克服的难点，大量的数据节点的加入会导致性能下降，还不足以支持大规模的区块链应用，多编程语言还不能实现跨链协同，不能支持多类型、多组织形式的数据可信存储。此外，技术应用基础也没有充分

---

〔23〕 杨锦帆:《基于区块链的纠纷解决机制研究》,载《陕西师范大学学报(哲学社会科学版)》2021 年第 4 期。

保障,区块链分布式账本所维持的技术信任以及数据验证归根结底取决于数据的来源和系统的设计,要求解决数据取证平台的资质问题,在司法数据上链前期统筹包括司法资源在内的矛盾纠纷解决资源配置,为全链条存证奠定数据基础。另一方面是相关制度和法律法规滞后,区块链本身在法律层面的定性比较模糊,各类相关规章制度也都处于亟待补全的阶段。智能合约技术的合法性有待论证,应用中隐私保护问题也有待解决:对于应用方来说,其账户隐私和交易信息不一定想被公之于众,需要寻找一种既不影响公开交易又能实现匿名保护的解决方法。这两方面困境直接导致区块链在具体司法场景中的应用存在局限性。

(三)行则将至:积极探索破解应用难题

即使现阶段区块链的司法应用仍然面临诸多难题,但不论是深圳第一张区块链电子发票的开具,还是杭州互联网法院对区块链保全证据的认可,都为区块链场景化的积极探索做了良好的示范,揭示了区块链在各社会领域广泛应用的曙光。在司法领域,区块链的可获得性正在不断提高,区块链与法治的共融发展将成为现代化司法的发展方向之一。无论是技术界还是法律界,都在努力探索和论证区块链司法应用的可行性,都在积极解决区块链司法应用的技术和制度难题,为区块链深度变革司法领域扫清障碍。未来,区块链的司法应用还有望与大数据、人工智能等信息技术的司法应用相衔接,建立更加可靠智能的区块链平台,实现自愿签约、自动履行,履行不能智能立案、智能审判、智能执行的全流程闭合诉讼环节,实现全景式数据整合与管理,实现更高效更开放的司法治理。

第十章
少数民族地区的智慧法院建设

根据木桶理论[1],任何法院或地区的智慧法院建设存在短板都可能会对全国智慧法院建设的总体水平产生重要影响。不同地区在规划、观念、技术力量和财政状况等方面存在一定的差异,因此地区间智慧法院建设情况也参差不齐。少数民族地区智慧法院建设处于十分重要与特殊的位置,且由于少数民族地区司法特性的存在,其理应受到必要的关注和重视。在第一届民族法制文化与司法实践研讨会上,最高人民法院时任院长周强就对民族地区智慧法院建设做出重要指示:“我国民族地区法院将进一步运用互联网思维注重信息化建设,努力实现智慧法院建设目标,促进民族地区法院审判体系和审判能力现代化。”[2]相较于我国中部及东部地区法院,少数民族地区法院在审判体系和审判能力等方面均有不足,在智慧法院建设过程中需要借鉴先行地区的实践经验,找准智慧法院建设的切入点,构建具有少数民族地区特色的建设模式。关于少数民族地区的智慧法院建设,多个少数民族地区法院都进行了积极的探索和实践,但在法学学术研究中却少有人关注。少数民族地区智慧法院建设的研究应是智慧法院建设研究的一部分,从已有的关于智慧法院的研究文献来看,关注到该问题的研究较少而且也集中在讨论少数民族地区信息化建设的必要性上,几乎无人关注少数民族地区智慧法院建设的路径问题。本章论题正是对少数民族地区智慧法院建设的本地化和差异化的实践总结和理论思考,并尝试从建设需求、实践现

---

[1] 木桶理论是经济学概念,认为一只木桶盛水的多少,并不取决于桶壁上最高的那块木块,而恰恰取决于桶壁上最短的那块。参见王新清、赵旭光:《我国法治建设的路径选择》,载《中国青年政治学院学报》2008 年第 6 期。

[2] 罗沙:《最高法:建设民族地区“智慧法院”强化双语法官队伍》,载央视网,http://www.cac.gov.cn/2016-08/24/c_1119449080.htm。

状、法理反思和建设路径等方面进行探讨。

一、少数民族地区的司法特性与法院信息化建设需求

(一)提升信息化建设水平,优化司法资源配置

司法资源是一种有限的公共资源,会随着司法活动的开展而不断消耗;各需求主体之间往往难以平等地享有司法资源,并不存在纯粹的帕累托均衡。[3] 由于特定的历史、地理、经济、社会等原因,少数民族地区的司法资源相对有限,立案登记制、司法责任制、法官员额制等司法改革制度的实施,进一步加剧了司法资源的不平衡。在当前可调配的司法资源相对有限的情况下,为保障司法质量和满足司法需求,除了依靠法官的职业化和精英化外,还取决于法院内部如何合理地配置司法资源。理论界和实务界都对这一问题进行着持续的关注,并试图从增加经费投入、降低个案成本、优化分配技术等方面寻求解决之道,但这些方法也都受到种种因素的制约。[4] 在法院工作中推进信息化建设来缓解司法资源不平衡的矛盾,更多是由法院内部所自发形成的变革决定的;与其他实现司法资源优化配置的手段相比,信息化建设自身便具有独特的优势。

法院的信息化建设对于优化司法资源配置至少可以发挥以下几个方面的效能:第一,发挥信息化的科技力量,减少法院物质性司法资源投入比重。物质性司法资源和司法人力资源作为司法资源的两大核心要素,[5]优化司法资源配置时应尽可能地减少物质性司法资源的投入和控制司法人力资源的投入,比如利用信息化技术改变传统的纸质办公模式而进行全流程无纸化办公会进一步提高办案效率和节约人力物力资源。[6] 第二,运用信息化手段进行案件繁简分流,实现科学的人案匹配。例如,基于案件复杂程度识别设计的智能繁简分流系统,可以按照系统内嵌规则智能地将案件区分为繁案、简案等,并自动分配给相应的承办法官,简单的案件交由年轻法官或

---

[3] 周世中:《论司法资源配置与司法公正》,载《法治研究》2007 年第 1 期。

[4] 李杰:《应对司法资源不足的思路与制约因素》,载《法律适用》2011 年第 3 期。

[5] 徐和平:《区域司法资源均等化配置问题研究——以法官资源为主要对象》,载《甘肃社会科学》2014 年第 3 期。

[6] 郝扬、王魁:《温县:推进全流程无纸化办案》,载《人民法院报》2019 年 11 月 5 日,第 7 版。

者经验较少的法官进行审理，而疑难、复杂的案件由专业的审判团队进行审理。[7] 第三，利用信息技术完成法律知识经验的积累和年轻办案人员的自我学习，提升司法人员的法律知识经验和法律技艺水平。通过构建法律知识库的方式，可以将司法实践中已经成熟的诉讼服务经验、审判规则、办案指引、案件流程等知识进行总结和积累，任何司法工作人员都能够随时检索需要的知识并进行自我学习。[8] 第四，通过技术应用解决重复、枯燥的司法工作，提高司法人力资源的产出比。作为司法职能的承担者，法官的司法性作业直接影响个案的审判质量与效率，进而影响着社会公正目标的实现。通过智能化的办案辅助，可以将法官从繁重的非审判性事务中解放出来，减少简单案件办理的时间比重，从而专注于疑难、复杂案件的研判中，提高审判质效。[9]

（二）关注少数民族地区习惯法，统筹多元化纠纷解决方式

"社会中每个发挥作用的从属集团都以其特有的法律制度调整其成员的关系，在不同的从属集团中，各自的法律至少在某些方面是存在着必要的差异的。"[10] 在少数民族地区，民族的多样性决定了习惯法的多样性；在不同民族之间甚至同一民族之间，习惯法也可能因为地区或经济发展的差异而存在不同的呈现形式。此外，纠纷和纠纷涉及的参与者往往受制于特定的地理与空间，使纠纷有着鲜明的地方性特征，"纠纷的地方性在规范自身的同时，规范本身的地方性亦被建构"[11]。习惯法的地方性特征还体现在解纷方式的不同上、由于所处文化背景和主体价值观念的不同，形成了各具特色的解纷机制和解纷文化。

通常来讲，解决法律冲突问题的方式可以概括为两种：一种是发生冲突

---

〔7〕 王禄生：《司法大数据与人工智能技术应用的风险及伦理规制》，载《法商研究》2019 年第 2 期。

〔8〕 罗书臻：《充分运用司法大数据　加快"智慧法院"建设》，载《人民法院报》2016 年 11 月 11 日，第 1 版。

〔9〕 吴艳霞：《河北法院"智审 1.0"上线运行》，载《人民法院报》2016 年 7 月 5 日，第 1 版。

〔10〕 [美]H. W. 埃尔曼：《比较法律文化》，高鸿钧等译，清华大学出版社 2002 年版，第 84 页。

〔11〕 高成军：《当代中国纠纷解决习惯法研究的知识理路及反思》，载《西南民族大学学报（人文社会科学版）》2020 年第 5 期。

的当事人通过协商的方式自行解决，当然这种自行解决的方式也不排除有额外的调解人员参与其中；另一种是将发生的冲突提交仲裁或法院来依照法律规范进行裁判。在少数民族地区，遵循民族之间形成的习惯法进行协商是人们倾向选择的方法，而且法院本身也对通过协商方式解决冲突持鼓励态度，寄希望于在进入法院之前尽可能地通过调解的方式化解纠纷，甚至在进入法院之后也积极建立以调解方式化解纠纷的途径；因为相对诉讼来说，在恢复已被破坏的秩序上，协商解决纠纷是一种既高效又成本低的方式。在少数民族地区，对于纠纷的化解，通常由各村寨有威望的人主持调解，例如彝族地区的“德古”、土家族的“寨老”、羌族的“端公”等，这些调解方式对于纠纷的化解都起着重要的作用。〔12〕 但也要看到，在少数民族地区存在的某些调解方式与国家司法机关的裁判价值取向并非完全符合，有些甚至与国家司法裁判相违背；因此在尊重多元化纠纷解决方式的前提下，还应该对各种纠纷解决方式进行价值权衡。比如在黎族存在的“神判”和“雷判”等天判形式，〔13〕在蒙古族存在的严重犯罪“刑事和解”〔14〕，都与现代公平、正义、平等的法律原则相违背，应该予以摒弃。在建设法院的智慧诉讼服务时，需要对少数民族地区现存的调解方式进行甄别，利用电视、网站、微博、微信等多媒体的信息传递功能宣传优秀的调解经验。

（三）尊重少数民族地区习惯，保障诉讼参与权利

少数民族地区语言的多样性，形成了少数民族地区特有的诉讼文化，即司法双语制。据统计，中国少数民族语种数量已经增加到130种。〔15〕 虽然并非所有的少数民族语言都能作为司法语言使用，但从全国范围来看，双语

---

〔12〕 龙大轩、刘玲：《略论西南少数民族地区的民事纠纷及其解决机制》，载《甘肃政法学院学报》2010年第6期。

〔13〕 李巍：《冲突与融合——黎族习惯法与国家法之审视》，载《云南行政学院学报》2014年第2期。

〔14〕 王丹：《蒙古族刑事习惯法在当代的适用及调适研究》，载《云南民族大学学报（哲学社会科学版）》2019年第3期。

〔15〕 中国社会科学院语言研究所、中国社会科学院民族学与人类学研究所、香港城市大学语言资讯科学研究中心编：《中国语言地图集：少数民族语言卷》（第2版），商务印书馆2012年版，第18页。

司法至少包括蒙汉双语、维汉双语、藏汉双语、朝汉双语、彝汉双语等。[16] 双语司法对于处理多民族之间的语言文字关系和保障各民族使用本民族语言进行诉讼的权利具有重要的理论和现实意义。根据司法实践和诉讼原理，双语司法的核心内容主要包括既分流又混合的双语庭审模式及法律文书制作的特殊规范。[17] 在双语庭审方面，由于双语审判人员的翻译能力和语言组织能力存在个体差异，在审判工作中运用少数民族语言与诉讼参与人交流容易受到限制，在获取查明案件事实所需的信息时也容易受到阻断，从而影响办案判断。针对双语法官储备不足的问题，虽然司法实践中已经注重司法人才培养并通过"订单模式"的方式向法院输送，但双语司法人员仍然存在较大缺口。[18] 在文书制作方面，目前普遍缺乏少数民族语言文字的法律文本，而且在时效性和权威性上都无法得到保证。有些现代法律术语往往缺乏与之对应的少数民族语言，导致法官在适用法律时没有足够法律知识作为支撑，被翻译者翻译出来的表述可能与表达者的本意存在较大出入，影响司法效率和司法公正。[19] 因此，在双语庭审和法律文书制作上，通过研发民族语言自动翻译产品、构建法定化和常态化的多民族语言版本法律知识来改善双语司法的工作环境，已成为少数民族地区法院双语司法的迫切需求。

（四）重视特定类型纠纷，维护少数民族地区特性

少数民族地区的矛盾纠纷具有传统性、区域性、多样性等特点，某些特定类型纠纷更具有鲜明的民族性，从纠纷产生到纠纷化解都体现着民族地区特性。少数民族地区的一些特定类型纠纷需要重视：第一，体现民间传统性的物权纠纷。少数民族地区经济发展相对滞后，仍然保留着浓厚乡土性，

---

〔16〕 刘桂琴：《论中国民族自治地方的双语司法制度》，载《内蒙古社会科学（汉文版）》2013 年第 6 期。

〔17〕 刘桂琴、刘荣军：《论蒙汉双语诉讼的程序性保障——以内蒙古基层司法实践为视角》，载《内蒙古大学学报（哲学社会科学版）》2008 年第 3 期。

〔18〕 李寅、王明月、杨阳：《双语政法人才匮乏，订单式培养求缓解》，载《中国民族报》2010 年 6 月 25 日，第 4 版。

〔19〕 李秀芳：《浅析少数民族语言在法院司法实践中运用存在的困难和解决的问题》，载红河哈尼族彝族自治州中级人民法院网 2015 年 8 月 19 日，http://hhzy.chinacourt.gov.cn/article/detail/2015/08/id/1693015.shtml。

如相邻权纠纷、宅基地纠纷、承包经营纠纷等物权纠纷都经常因熟人间的琐事矛盾而引发,具有争议金额小、案情简单、口气之争等特点。第二,体现民族性的婚姻家庭纠纷。婚姻既是社会现象,也是法律现象,对婚姻探讨时“应兼备两义,不能依意甲乙而定取舍也”[20]。少数民族地区的婚礼和婚律都在很大程度上保持着民族特色,在处理婚姻家庭纠纷时不得不考虑传统的风俗习惯。第三,体现历史性的群体纠纷。村寨与村寨之间可能因为用水、山林等自然资源的争夺而发生冲突,这些冲突大多又是社会深层次原因而形成的历史遗留问题,往往涉及人数众多,稍有不慎可能会激化矛盾而演变成械斗。[21] 第四,刑事案件的“民事化”处理。在少数民族地区,将轻微刑事案件作为民事纠纷处理的现象极为普遍,甚至现代意义上比较严重的刑事案件都可能作为民事案件处理,这就造成了国家法在少数民族地区适用的不确定性。在少数民族地区,有些案件难以完全按照目前采用的案件类型划分方法进行区分,[22]形成了国家法在适用上的艰难局面;尤其在特定类型纠纷中,习惯法规范的作用根深蒂固,更是导致了国家法在适用空间上的限缩。少数民族地区特定类型纠纷处理上的特殊性,决定着在智慧法院设计时应该对此予以重视并进行回应,更要通过制度的设计来保护少数民族地区特性。

二、少数民族地区智慧法院建设的进展及问题

(一)少数民族地区智慧法院建设的现状

基于相关公开资料,对少数民族地区智慧法院建设现状进行类型化整理,并将典型案例梳理形成表 10-1。研究显示,少数民族地区智慧法院建设具有如下特征:第一,智慧法院建设的实践探索已围绕司法工作逐步展开。实践中,智慧法院的建设维度已经覆盖诉讼服务、审判、执行、管理等主要方面,并且已上线相关信息化应用系统。第二,通过智慧法院建设提升司

[20] 陈顾远:《中国婚姻史》,商务印书馆 2014 年版,第 1 页。

[21] 杨方程:《民族地区多元化纠纷化解机制的路径探索——以黔东南州法院的司法实践为视角》,载《贵州民族研究》2017 年第 10 期。

[22] 为了规范法院立案、审判和司法统计等,民事案件、行政案件和国家赔偿案件以“案由”进行案件类型划分,刑事案件则以“罪名”进行案件类型划分。

法效率和司法公正的意识已基本形成。智慧法院建设不仅推动了法院工作模式的革新,也对身处其中的法院工作人员造成了观念冲击,这种冲击存在消极影响与积极影响的两面性。虽然在实践中还存在对智慧法院建设的重要性认识不够、对法官权力形成掣肘、接受程度存在个体差异、新系统的抵触情绪等消极影响,[23]但是越来越多的法官已经开始意识到智慧法院建设的重要性并能够从中受益。第三,智慧法院建设在服务少数民族群众方面的作用已初见成效。以满足人民群众多元化需求为导向的智慧法院建设使人民群众在诉讼过程中可以享受优质的信息化服务,降低当事人诉讼成本,减少当事人诉累,使司法更贴近人民群众。

表 10－1　少数民族地区智慧法院建设典型案例

建设维度	主要实例	技术应用
智慧诉讼服务	新疆高级人民法院的 12368 诉讼服务热线系统①	拨打 12368 便可查询到具体案件信息,提供多种少数民族语言服务
	兴安盟中级人民法院的"TODR"旅游在线解纷平台②	互联网在线调解纠纷
	甘肃省玛曲县人民法院的微信公众号③	汉藏双语信息展示和庭审直播
	湖南省靖州苗族侗族自治县人民法院的案件信息触摸屏④	轻点触摸屏方式查看案件承办人信息、案件办理进度
智慧审判	锡林郭勒盟中级人民法院的信息化巡回审判车⑤	实现即时打印法律文书、远程签章、全程录音录像、数据储存、网络直播等功能
	呼伦贝尔市中级人民法院的语音同步转写系统⑥	庭审语音同步采集与转写
	甘南州中级人民法院的智能化裁判文书生成系统⑦	裁判文书一键生成

[23] 中国社会科学院国家法治指数研究中心、中国社会科学院法学研究所法治指数创新工程项目组:《人民法院信息化 3.0 版建设应用评估报告:以山东法院为视角》,中国社会科学出版社 2017 年版,第 69 页。

续表

建设维度	主要实例	、 技术应用
智慧执行	海北藏族自治州中级人民法院的网络查控系统⑧	为执行员配备单兵设备,使用“点对点”网络查控
	珲春市人民法院的智能审执衔接平台⑨	利用区块链智能合约技术完成执行案件网上立案
智慧管理	陵水黎族自治县人民法院的“云桌面系统”⑩	采用客户端访问云服务器的模式,提供办案办公云服务
	重庆市第四中级人民法院的审判管理系统⑪	实现了大数据提取、数据态势可视化分析和审判数据采集自动化、审限节点由系统自动提示

①雷本利:《让“智慧法院”扎根天山南北——新疆高院加快信息化建设工作纪实》,载《人民法院报》2016年8月8日,第4版。

②张伟刚:《一体化发力 全方位解纷——内蒙古兴安盟中院设立天平调解协会推动解纷机制创新纪实》,载《人民法院报》2019年7月13日,第1版。

③潘静、虎文心:《用民族语言传递法治声音——甘肃玛曲县法院加强双语审判满足民族地区司法需求》,载《人民法院报》2019年7月22日,第1版。

④廖帅文:《靖州 从司法公开变量到司法公信增量》,载《人民法院报》2015年1月11日,第5版。

⑤陈兰:《边疆法院信息化建设要做到“四个结合”》,载《人民法院报》2016年1月6日,第5版。

⑥史万森、郭君怡:《草原上建起“智慧法院”》,载《法制日报》2017年8月17日,第2版。

⑦赵志锋:《甘南藏区“智慧法院”升级为3.0版》,载《法制日报》2017年7月18日,第3版。

⑧于瑞荣:《向“老赖”亮剑向“最难”宣战——我省法院开展“雷霆行动”“夏季执行”等行动解决执行难》,载《青海日报》2018年7月24日,第10版。

⑨王洁瑜、粘青:《区块链+智能合约——珲春法院首次实现审执衔接一键完成》,载《吉林日报》2020年3月5日,第5版。

⑩江城、刘玲玲、唐庆瑞:《蹚出“审判+科技+社会治理”诉调对接新路子》,载《海南日报》2020年1月18日,第15版。

⑪王洋:《重庆:“硬实力”提升“软实力”》,载《人民法院报》2014年3月25日,第7版。

(二)少数民族地区智慧法院建设的短板

随着少数民族地区智慧法院建设的不断深入和开展,智慧法院建设的广度和深度都得到了提升,但是一些深层次问题也逐渐显露出来。第一,少数民族地区信息化水平普遍偏低,现代信息化手段难以充分发挥作用。数据显示,东中西部地区的信息化发展不均衡,中西部地区的信息化平均指数显著落后于东部地区;〔24〕尤其在少数民族地区,虽然经过近年来的发展已有进步,但是总体来看,少数民族地区的信息化水平仍然普遍偏低,信息化基础设施的欠缺制约了信息化手段的应用。例如,在运用信息化手段查控被执行人财产时,社会管理信息化程度不高而导致固定资产登记不全,现代化执行方式难以发挥作用。〔25〕第二,智慧法院建设过程中侧重于满足人民群众司法需求,对提升法官审判质效和审判管理方面支撑不足。少数民族地区的法官资源本身就处于短缺状态,但根据现有的公开资料,信息化为法官进行案件办理和管理提供的技术辅助相对欠缺,除了基本的信息化办案外,少见智能化的辅助方式。第三,应用系统的本地化研发亟待加强。在软件开发上,通常采用"高级人民法院或中级人民法院统一开发,基层法院免费使用"的建设模式。这样的建设模式在少数民族地区可能存在两个问题:一个是产品功能设计上容易忽视少数民族地区特性,不能结合实际需求而研发特色功能;另一个是产品本身可能与民族语言的契合度不高,从而限制少数民族群众的使用,以致达不到预期效果。第四,数据共享和数据利用方面还有待提高。司法数据是智慧法院建设的基础资源,智能的产品功能和先进的模型分析都依赖于司法数据的质量和数量。在少数民族地区司法运作过程中产生的数据存储于不同的数据库中,存在数据碎片化问题;而且与不同部门和不同行业的数据共享也尚未融通,存在"信息孤岛"问题。

(三)少数民族地区智慧法院建设的主要障碍

少数民族地区智慧法院建设主要存在以下障碍:第一,少数民族地区传统思维与生活习惯浓厚,与信息技术的工具理性存在矛盾。工具理性的技术逻辑是可计算性、可预测性、可重复性和可置换性,而"智慧法院是典型的工具理性的代表"〔26〕。在智慧法院建设中应用的大数据、人工智能等技术,其运作逻辑属于逻辑学分类上的归纳法,从数据中运算出的结果往往无法体现出明确的因果关系,甚至可能连为什么会有这样的结果都无从得知。

〔24〕 彭谦、周松:《民族地区信息化建设面临的困境与出路》,载《黑龙江民族丛刊》2015年第4期。

〔25〕 石全忠:《当前少数民族地区人民法院"基本解决执行难"的现状及思考》,载《法制生活报》2018年7月23日,第7版。

〔26〕 徐骏:《智慧法院的法理审思》,载《法学》2017年第3期。

少数民族地区纠纷的化解注重传统风俗与行为习惯,往往不是简单的是非判断,而是多种因素影响下的价值判断,但这些都与人工智能的工具理性格格不入。第二,少数民族地区"数字鸿沟"现象严重,可能进一步加剧接近司法权利的不平等。据2020年《第46次中国互联网络发展状况统计报告》,农村网民规模仅占网民整体的30.4%,而在少数民族地区这个比例可能会更低。智慧法院建设离不开互联网络的基础支撑,诉讼参与人因个体差异可能会形成接入沟、使用沟和知识沟在内的三道"数字鸿沟",[27]部分当事人因此丧失了使用电子诉讼的便利机会,社会公众接近司法的权利反而会因为信息不对等而得不到保障。第三,法院信息化复合型人才匮乏,不能满足智慧法院建设的需要。少数民族地区复合型人才表现为司法与技术、汉语与少数民族语言的双重复合。复合型人才匮乏导致的普遍现象是信息技术人员不懂司法业务,司法人员不懂信息技术,懂信息技术又懂司法业务的又不懂少数民族语言,由此导致需求传递和系统研发之间出现脱节,部署上线的系统不能满足少数民族群众的服务需要和法院工作的业务需要。第四,技术本身的合法性和合伦理性存疑,导致对司法公正的消解。大数据、人工智能等现代技术因为算法黑箱、算法歧视、算法偏见等在智慧法院应用中饱受诟病,少数民族地区遵循的行为模式很多体现在思维习惯和道德理念中,更无法通过信息技术进行表达,这种质疑反而容易因为少数民族地区的特性而扩大。

三、少数民族地区智慧法院建设的理论总结

(一)通过智慧法院建设服务少数民族群众

国家、社会和当事人都可以看作司法这种公共产品的"消费者",在对司法服务进行评估或考核时不得不考虑"消费者"——特别是作为当事人的"消费者"的体验与感受。[28] 虽然少数民族地区存在司法特性,但少数民族群众通过法院获得的司法服务应同样贯穿于诉讼的全流程,不能因为民族地区的差异和司法资源的不足而有所减少,"公民权利的平等性决定了司法

〔27〕 孟醒:《智慧法院建设对接近正义的双刃剑效应与规制路径》,载《中国政法大学学报》2020年第6期。

〔28〕 顾培东:《人民法院改革取向的审视与思考》,载《法学研究》2020年第1期。

救济的平等性”[29]。用智慧法院建设服务少数民族群众主要体现在以下三个方面:其一,通过智慧法院建设为少数民族群众提供便利的诉前服务。智慧法院建设可以充分运用互联网、移动通信、大数据等技术,在诉前阶段为少数民族群众提供法律咨询、诉讼答疑、诉讼指引、诉调衔接、网上立案等服务,提升诉前服务水平。[30] 其二,通过智慧法院建设为少数民族群众提供公正的诉中服务。在庭审辅助方面,利用智能化司法产品的技术优势为法官提供审判辅助服务,帮助法官解决重复、耗时的工作,从而让法官更高效地投入案件审判中,及时做到案了诉息;在庭审方式方面,通过互联网在线的方式,当事人不用亲自到法庭参加诉讼,而是就近通过在线的方式接入庭审活动中,有效降低诉讼成本。[31] 其三,通过智慧法院建设为少数民族群众提供良好的诉后服务。可以通过信息技术构建在线平台,便利少数民族群众进行诉讼保全、判后答疑、文书送达、卷宗查询、涉诉信访、申请执行等。对少数民族群众提供全流程司法服务,不仅可以节约当事人诉讼成本,还可以通过案件的阳光下运行促进司法公正。

(二)通过智慧法院建设回应少数民族地区司法的个性化需求

司法需求主要通过诉讼制度来实现和体现,反映了司法需求主体为实现预期权益或价值主张而希望国家司法活动进行回应的实际要求。[32] 司法需求通常受到司法需求主体的主观愿望和客观能力、司法机关的司法供给能力等多种因素的综合影响,不同民族基于风俗习惯、治理理念、司法条件的不同,反映出来的司法需求也并不完全相同。这既体现为社会公众在司法、民俗、宗教、道德等诸多社会治理手段中对司法的偏好和倚重程度,又体现为司法与其他各种纠纷解决机制相比所能提供的司法供给强度。

在少数民族地区,受多元纠纷解决机制的影响,司法除了要提供不同主体需求的最大公约数——司法的共性需求外,而且还要对少数民族的个性

---

[29] 葛洪义主编:《法理学》,中国政法大学出版社2007年版,第329页。

[30] 庞景玉:《以群众需求为导向　精准推进诉讼服务》,载《人民法院报》2017年4月26日,第5版。

[31] 周孜予、全荃、常柏:《网络法院:互联网时代的审判模式》,载《法律适用》2014年第6期。

[32] 吴良志:《司法需求之中国情境:发现与回应——以最高人民法院历年工作报告为样本》,载《法律适用》2009年第1期。

化需求予以回应。首先,智慧法院建设应构建符合少数民族地区内在需求的司法知识体系。在司法领域,除了法律法规、裁判文书、行业知识等在内的海量知识外,少数民族地区还有着独特的风俗习惯,这些风俗习惯对于处理案件同样发挥着重要的作用;因此在构建少数民族地区司法知识体系时,应将符合民族特色的民族知识纳入其中。其次,智慧法院建设应建立符合少数民族地区纠纷化解的民族调解模式。针对民族风俗习惯的不同,在研发多元化纠纷调解平台时可以设计在线维护调解员名册的功能,并在名册中引入熟悉民族习惯、风土人情的民族人士。此外,还可以在法院的诉讼服务大厅建设符合当地风土人情和群众认可的民族调解室、地域文化调解室等。[33] 最后,智慧法院建设应为少数民族地区使用民族语言参加诉讼创造条件。少数民族群众使用本民族语言参加诉讼,才能够与其他民族顺畅交流,这是少数民族群众诉讼权利的重要保障。传统的方式是提高双语法官的比重,但是在智慧法院建设中则可以更多地运用技术解决双语的问题。

(三)通过智慧法院建设提升少数民族地区法院司法能力

司法能力是一个相对宽泛的概念,蕴含着不同的意旨,与司法需求存在着紧密的逻辑联系,司法需求的多元化增长刺激着司法能力的刚性提升,司法能力的高低又决定着司法需求的满足与否。“司法能力从根本上说,就是通过司法手段保障人权,为人民群众排忧解难、全心全意为人民服务的能力。”[34] 提升司法能力的途径主要有两种:一种是通过增加生产要素的方式提升司法能力,比如增加法院的人财物投入;另一种是通过提高生产力的方式提升司法能力,比如推进法院的司法改革。两种途径相较之下,法院更希望通过后一种途径提升司法能力,这也是司法改革的核心机理所在。

总体来说,司法改革任务和目标的落脚点就是提升司法能力:既可以彰显司法本身的内在要素,又可以提高社会公众的司法认同。其中,智慧法院建设作为司法改革的重要组成部分,体现着法院寄望通过科技与司法的融合提升司法能力的愿景。随着智慧法院建设的不断深化和领域拓展,智慧法院建设对于司法能力提升的成效逐渐显露出来,主要体现在五个方面:第

〔33〕 刘娜、杨帆:《司法为民的云岭实践》,载《云南政协报》2019年9月11日,第5版。

〔34〕 最高人民法院《关于增强司法能力、提高司法水平的若干意见》(法发〔2005〕4号)。

一,智慧法院建设可以提升少数民族地区司法的诉讼服务能力。利用法律大数据、司法人工智能等技术可以实现碎片化诉讼服务的整合,解决“案多人少”背景下的诉讼服务人力资源不足的问题促进诉讼服务的规范化发展,提升诉讼服务的社会公众接受度。[35] 第二,智慧法院建设可以提升少数民族地区司法的审判能力。虽然将人工智能技术应用到具体的审判工作中在法理上仍然受到质疑,但采取信息技术与审判工作融合的方式仍然能够提升审判质效。[36] 第三,智慧法院建设可以提升少数民族地区司法的管理能力。大数据技术的应用,可以为法院进行现代化管理提供数据支撑,实现流程管理、质量监督、绩效考核三个方面的精准化管理,实时掌握法院工作态势。第四,智慧法院建设可以提升少数民族地区司法的执行能力。借助信息化手段,通过对接外部第三方数据的方式获取被执行人轨迹信息和被执行人财产信息,解决执行工作中“人员难找、财产难查”的执行难问题。第五,智慧法院建设可以提升少数民族地区司法的公开能力。利用信息化推动审判流程公开、裁判文书公开、执行信息公开、在线庭审直播、公布双语法律文书,保障少数民族群众知情权、参与权、表达权、监督权,实现看得见的正义。

(四)通过智慧法院建设助力少数民族地区法文化的融合

法文化既体现在显性的法律制度结构层面,又体现在隐性的法律意识形态层面。[37] 在少数民族地区,基于不同民族间历史传统、风俗习惯、道德规范等因素的差异而形成的民族法文化各具特色,目前仍然存在冲突实质

---

[35] 李鑫:《诉讼服务中心的功能定位与运作逻辑研究》,载《兰州大学学报(社会科学版)》2019年第3期。

[36] 利用信息化系统提升审判能力包括提高审判效率、降低诉讼成本、促进法律适用统一等方面。参见李鑫、王世坤:《要素式审判的理论分析与智能化系统研发》,载《武汉科技大学学报(社会科学版)》2020年第3期;葛翔:《司法实践中人工智能运用的现实与前瞻——以上海法院行政案件智能辅助办案系统为参照》,载《华东政法大学学报》2018年第5期;周翠:《互联网法院建设及前景展望》,载《法律适用》2018年第3期;李鑫:《从信息化呈现到体系性构建:判例运用视角下判例检索系统的建设与发展》,载《四川大学学报(哲学社会科学版)》2020年第2期等。

[37] 潘志成、吴大华:《传承与维系:现代化语境下少数民族传统法文化的发展》,载《贵州社会科学》2013年第12期。

上是由于隐性层面上的法文化仍然在发挥作用。但在经济发展、跨民族交往和人为推动等多重动因下,[38] 民族间法文化也呈现出趋于接近甚至趋于一致的动态现象。民族间法文化的融合,对于促进民族法文化的发展、国家法制的统一、社会发展的和谐等都具有重要的意义,为跨民族纠纷的解决提供了统一的价值、理念和准则;因此应该紧跟现代化发展进程,借助智慧法院信息化建设的契机,进一步促进少数民族地区民族间法文化的融合。

智慧法院信息化语境下的少数民族地区民族间法文化的融合,一方面,要发挥少数民族主体能动性,积极推动民族间法文化融合的进程。智慧法院建设使得法院在空间和时间双层维度上化解纠纷的司法能力都得到了扩张,更多的案件能够通过法院裁判而更尽可能地接近正义。在处理纠纷的过程中,分散于各民族的法文化因交往而潜移默化地进行相互渗透、相互吸收,为民族间法文化的融合提供了必要的基础和前提。另一方面,要重视先进民族法文化的示范作用,引导建立良好的行为指引模式。特定时空下的民族间法文化融合离不开特定群体在法观念和法心理等法律意识作用下的自主选择;如果一种法律制度或者纠纷处理方式能够带来更多的益处,则会引起其他群体对该行为模式的纷纷效仿。智慧法院建设可以结合民族地区特点进行司法公开,充分运用互联网技术进行庭审流程便捷查询、庭审直播双语解说、裁判文书脱隐处理等,让少数民族群众通过亲身见证的方式参与到民族法文化融合中。

四、少数民族地区智慧法院建设的构想与路径

(一)强基固本:合理配置现有资源加强基础建设

法院信息化建设由内外网络、硬件终端、软件产品等设施设备组成;这些设施设备共同构成了信息化工程的基础架构,也为法院智能化迈进奠定了基础。[39] 首先,在网络建设方面,鉴于目前法院已完成专网覆盖,下一步工作重点应结合目前电子诉讼的发展趋势,实现法院专网与外部专网、互联网之间的跨网数据交换,为线上线下并行的诉讼行为提供基础网络环境。

---

〔38〕 包运成:《论民族法文化的趋同化》,载《贵州社会科学》2018 年第 11 期。

〔39〕 中国社会科学院法学研究所、国家法治指数研究中心、法治指数创新工程项目组等:《中国法院信息化第三方评估报告》,中国社会科学出版社 2016 年版,第 2 页。

其次，在硬件建设方面，应由传统的办公电脑、数据库、服务器等常规设备向庭审设备、视频设备、虚拟示证设备等科技法庭设备转变。硬件建设过程中需要注意两个问题：一是增添新型设备，应与法院的实际需求相匹配，按照统一的业务和技术标准采购，使新旧设置之间能够进行兼容和联动；二是升级已有设备，法院的办公和审判工作都需要处理大量的信息数据，硬件设备性能将直接影响软件产品的运行和司法数据的处理能力。再次，在软件建设方面，要加大在案件管理、统计分析、司法决策、案例检索等业务软件方面的投入。在产品研发中，由于少数民族地区法院经费的限制，应尽量采取“少开发，多应用”的方式节约研发成本，对于符合本地区民族特色的产品可以直接引入，当然也可以根据实际情况适当改造，比如对诉讼服务在线平台、移动终端 App 等重要的应用系统进行升级，符合少数民族语言习惯，支持多民族语言使用切换，方便当事人参与诉讼。[40] 最后，在数据建设方面，一方面要在法院内部构建包括法规数据、案例数据、民族知识等在内的司法数据库，另一方面要通过与第三方的数据对接和数据共享扩充外部数据，集成司法智库，实现对结构化、半结构化和非结构化数据的处理与存储，为大数据分析、可视化展示、司法建议、风险预警、工作评估等应用提供数据支撑，提高“数据治理”能力，解决审判业务碎片化的弊端。

（二）统一规划：融入国家智慧法院顶层设计

为实现智慧法院建设的顶层设计，近年来先后发布的《国家信息化发展战略纲要》《新一代人工智能发展规划》《人民法院信息化建设五年发展规划》等统领性文件都将智慧法院列入重要建设项目之一，致力于发挥国家智慧法院建设规划的引领作用。在顶层设计文件的指导下，各地法院展开实践探索，结合各地不同的实际情况，探索出符合本地法院的特色建设模式。当然，结合国家智慧法院建设规划来进行少数民族地区的智慧法院建设并不意味着要照搬建设经验，而是应该对法院的信息化储备和公众的接受程度进行综合评估，从而在国家智慧法院建设统一布局下因地制宜。第一，发挥国家智慧法院建设规划的指导和引领作用，有序开展少数民族地区智慧

---

〔40〕 王宥力：《全省法院将加快推进信息化建设转型升级》，载《青海日报》2016 年 1 月 10 日，第 2 版。

法院建设。国家智慧法院建设规划是在充分调查研究并综合实际情况下的顶层设计,具有原则性的指引作用;少数民族地区法院可以结合人民法院信息化建设发展规划编制本地区的发展规划,有效支撑全区的智慧法院建设。[41] 第二,融入国家智慧法院建设规划,能够避免重复建设,资源浪费。目前,“重建设,轻应用”的现象仍然存在,少数民族地区智慧法院建设可以融入全省的智慧法院建设中,按照“统一规划、统一标准、统一建设、统一运维、统一培训”的原则推进智慧法院建设,避免采用过时的技术路线和低效的建设模式,切实解决系统功能不符、性能低下、共享困难、重复建设等问题。第三,遵循基础、技术、管理三大类标准,有针对性地扩充少数民族地区标准规范。因少数民族地区的司法特性,不可避免地需要建设符合当地特色的应用,融入国家智慧法院建设规划。新应用产品开发时存在统一业务标准和技术标准的可以直接参照执行,避免在进行数据对接和数据共享时存在数据壁垒;不存在统一业务标准和技术标准的可以建立少数民族地区的标准规范。

(三)民族关照:建立民族知识库凸显民族特色

少数民族地区因族群互动现象引起的同质化程度相对不高,各民族之间相对独立而完整地保存和积累着一定量的风俗、惯例、规则等民族知识,对于化解当地纠纷发挥着重要作用。单就知识本身而言,以何种形式存在并不重要,但从传承和运用的角度看,通过现代信息技术进行记录、整理、加工、存储并以知识库呈现的知识表示形式更能增强民族知识的适用性。第一,民族知识的收集与入库。少数民族习惯法通常为成文与不成文的结合体,表现内容十分丰富与多样:成文的习惯法包括史诗、典籍、碑文等,不成文的习惯法包括格言、谚语、俗语等。将民族地区习惯进行汇编并以现代

---

〔41〕 比如,辽宁省、重庆市等地法院便根据《人民法院信息化建设五年发展规划》出台了当地的五年发展规划。参见张之库、严怡娜:《辽宁绘就信息化建设五年发展“蓝图”》,载《人民法院报》2016 年 7 月 31 日,第 1 版;刘洋:《重庆法院信息化建设五年规划出炉》,载《人民法院报》2016 年 5 月 3 日,第 1 版。

“法”的形式表现是一项非常重要的工作。[42] 当然,汇编整理后的民族知识还需要进行下一步的电子化处理,并以数据的形式保存于数据库中,作为后续工作开展的基础。第二,民族知识的梳理与比照。少数民族习惯法涉及社会生活的各个层面,包括民事习惯法、刑事习惯法、行政习惯法和程序习惯法等。这些民族习惯法与国家法之间既有联系又有区别,既有趋同又有冲突;因此在构建民族习惯法知识库的基础之上,应借助算法进行数据标注,将民族习惯法进行“良法”与“恶法”的识别与分析。[43] 第三,民族知识的关联与呈现。除了法律规范的民族知识外,历史判例对于纠纷的处理也十分重要,如果诉讼到法院的案例并非“全新”,而是与法院已经裁判的案例存在相同或相似的表达,那么法官通过对比前后存在关联的一系列案件作出的判决存在差异时就必须赋予该裁判活动一定的合理性。因此,在构建民族知识时,应将法律规范、历史判例、道德规范等各类民族知识进行关联,最终以知识图谱的形式进行呈现,从而为法官的司法裁判提供知识支撑。

(四)协同治理:促进民族法和国家法良性互动

作为调整社会关系的行为规范,民族法与国家法在保障社会和谐稳定、促进经济健康发展等方面具有一定的共性。通常来讲,国家法的法律条文一般不会及时反映经济结构、社会习俗、传统观念甚至正义观念的变化,只有在施加足够强大并且明确具体的社会及政治压力时才会发生变化,存在一定的滞后性。[44] 正是因为国家法在纠纷化解方面仍然存在局限性,在少数民族地区才会长期保留具有民族特色的纠纷解决机制;但两者之间在价值取向上并非完全一致,故而会产生相互侵蚀和相互冲突的现象。在纠纷处理过程中,可能会造成“合理的结果”与“合法的规则”之间的冲突,在法

---

〔42〕 相关从事民族习惯整理的研究工作参见陈金全、杜万华主编:《贵州文斗寨苗族契约法律文书汇编——姜元泽家藏契约文书》,人民出版社 2008 年版;孙兆霞等编:《吉昌契约文书汇编》,社会科学文献出版社 2010 年版;陈金全、巴且日伙主编:《凉山彝族习惯法田野调查报告》,人民出版社 2008 年版,等等。

〔43〕 比如江苏省姜堰市人民法院从 2004 年至 2007 年对本地风俗进行了规范化整理,并最终由审委会以指导意见的方式将善良风俗引入法院的审判工作中去,一定程度上推动了民事习惯的司法化。参见巫洪才:《少数民族习惯法类型化研究》,载《黑龙江民族丛刊》2012 年第 6 期。

〔44〕 [美]H. W. 埃尔曼:《比较法律文化》,高鸿钧等译,清华大学出版社 2002 年版,第 5 页。

律评价上是合法的，但并不能够被当事人信服和接受，这种冲突会进而损害司法权威和司法公信力。

在少数民族纠纷的化解过程中，国家法及民族法对纠纷解决所共同施加的影响，正是民族法与国家法的良性互动在个案处理中的缩影。在少数民族地区智慧法院建设中，应以促进民族法与国家法的良性互动为目标。一方面，重视民族法在纠纷解决中的功能，摒弃完全取代民族法的理念。国家法即使由于国家强制力在少数民族地区施行，其真正进入少数民族地区也需要向本土内生的民族法靠拢，并逐渐趋于同质。〔45〕“在少数民族地区，作为国家法，如果其过度对于地方事务的习惯解决途径加以取代，由此造成的一些传统秩序的缺失，便可以说是这种并非良性的失衡互动的一个必然结果。”〔46〕另一方面，正确甄别民族法中精华与糟粕，解决民族法“去”和“留”的问题。对于民族法中的精华，既可以进行立法层面的吸收，也可以进行司法层面的引导。在对民族法进行甄别时，可以借助法律大数据分析的方法，通过对已有的纠纷处理案例进行分析，验证民族法在纠纷解决中发挥的“促进作用”或“抑制作用”，从而决定民族法的去留问题。〔47〕

（五）法治建设：助力民族地区司法提质增效

人民法院信息化有助于推进少数民族地区法治建设，信息科技的不断创新为智慧法院建设提供了扎实丰厚的技术基础，应顺应局势、抓住机遇，加大信息化建设和应用力度，推进司法工作的信息化和智能化升级，用技术提升司法效率，推动审判执行工作全面提质增效。第一，围绕“一站式”诉讼服务建设要求，丰富和整合司法便民信息化应用，满足少数民族地区群众多元司法需求。“一站式”诉讼服务是现代化诉讼服务的新体系，以“集约高效、多元解纷、便民利民、智慧精准、开放互动、交融共享”为目标，是智能技术最为重要的应用场景，也是智慧法院建设的关键所在。〔48〕第二，发挥互

〔45〕尤陈俊：《法治的困惑：从两个社会文本开始的解读》，载《法学》2002年第5期。

〔46〕赵旭东：《族群互动中的法律多元与纠纷解决》，载《社会科学》2011年第4期。

〔47〕已有学者利用法律大数据分析方法研究立法条文的“去”和“留”问题。参见王竹：《〈民法总则（草案）〉若干法律规范去留问题大数据分析——以〈民法通则〉相应条文的司法适用大数据报告为基础》，载《四川大学学报（哲学社会科学版）》2017年第1期。

〔48〕周佑勇：《智能技术驱动下的诉讼服务问题及其应对之策》，载《东方法学》2019年第5期。

联网、人工智能等在内的技术效能，打造线上线下融合的审判业务系统，提高审判质效。相对于传统诉讼模式，电子诉讼是一种新型诉讼方式。最终理想的电子诉讼应当是起诉、立案、举证、质证、开庭、调解、判决、送达和执行等各个诉讼环节的全程网络化。[49] 虽然电子诉讼已成为审判业务的潮流趋势，但并不意味着也不可能取代传统诉讼模式。少数民族地区的电子诉讼应该在评估法院基础信息建设、少数民族群众网民水平等因素后，采用"阶段性模式"[50]推进电子诉讼，线上线下的融合与交互仍是目前阶段的主要任务。第三，借助信息技术与审判管理的融合，以内部融合和外部协同为重点升级审判管理模式，构建统一审判管理新样本。传统的审判管理结构具有以司法人员为中心、强调亲历性等权威特征，在保证司法质量的同时牺牲了司法效率。[51] 审判管理领域的信息化建设有助于审判管理的全面性、准确性、客观性和科学性，在提升审判管理智能化水平、提高审判质量和效率、促进审判的科学化管理等方面发挥着重要作用。少数民族地区法院的审判管理信息化建设，一方面要进行内部融合，加强审判管理系统与法院内部其他信息化系统的整合力度，全面把握审判案件的状态和动向；另一方面要进行纵向协同，促进法院间审判管理信息的共享兼容，构建统一审判管理新样本。第四，以五大网系、审判业务和司法数据为基础，构建上下一体、内外联动、规范高效的少数民族地区智慧法院建设格局。少数民族地区智慧法院建设作为整个法院系统智慧法院建设的有机组成部分，既存在全国统一部署应用系统，也存在地方专门建设应用系统。为实现全国法院一盘棋的整体建设目标，应解决上下级法院之间、法院与其他单位之间的"应用孤岛"与"数据孤岛"的问题，构建全国法院上下一体、内外联动的新格局。

---

〔49〕 陈锦波：《论信息技术对传统诉讼的结构化重塑——从电子诉讼的理念、价值和原则切入》，载《法制与社会发展（双月刊）》2018 年第 3 期。

〔50〕 侯学宾：《我国电子诉讼的实践发展与立法应对》，载《当代法学》2016 年第 5 期。

〔51〕 高一飞、高建：《智慧法院的审判管理改革》，载《法律适用》2018 年第 1 期。

第十一章 人工智能时代司法人员的机遇与挑战

近年来,随着发展人工智能上升为国家发展战略,人工智能技术发展迅速,并广泛应用到众多领域。法律人也迅速地将目光聚焦于人工智能的发展,试图将人工智能应用于法律实施的各个环节,用来破解法律实践中存在的一系列难题。人工智能技术在法律领域的应用已经涉及司法实践和法学研究等各个方面,并开始对法官、检察官、公安等司法人员的工作方式产生影响。那么,法律人工智能时代真的到来了吗?虽然诉讼服务机器人、智能研判系统、智能庭审系统等法律人工智能的实践已经开始,但人工智能目前在法律领域的应用还处于基础探索阶段。由于法律专业的特殊性与严肃性,人工智能在法律领域的应用存在许多技术与伦理难题,这决定了人工智能进入法律行业的谨慎性与缓慢性。目前只能说,法律人工智能时代正在到来。由于人工智能已经或可能带给法律行业机遇与挑战,司法人员需未雨绸缪做好一些准备。

一、人工智能驱动司法人员职业变革的动力机制

人工智能驱动司法人员职业变革的动力机制包括了外力驱动和内生需求两个方面。从外部来说,国家治理体系和治理能力现代化的战略要求、司法改革宏观规划和智慧司法建设的改革要求以及产业化发展的影响都促使人工智能技术不断应用于法律领域,从而变革法律实践和司法人员职业。从内部来说,法律的科学化发展以及司法人员职业本身的变化也需要人工智能技术的支持与运用。

(一)战略驱动:国家治理体系和治理能力现代化

国家治理体系和治理能力现代化的要求之一便是治理手段和工具的现

代化,应该积极运用物联网、大数据、人工智能等新型技术来进行国家治理,提高国家和社会治理的质效和科学性,促进全社会治理水平的提升。2017年国务院发布了《新一代人工智能发展规划》,将人工智能上升为国家发展战略。规划明确提出要建设智慧法庭,促进人工智能在法院业务领域的广泛应用等。人工智能国家发展战略推动了其在法律行业的创新应用,各地法院、检察院纷纷探索智慧法庭、智慧检务的建设,开始将人工智能应用到诉讼服务、审判、审管、执行、公诉、侦查等司法活动中。最高人民法院、最高人民检察院也分别出台了滚动更新的信息化规划;各级法院、检察院在近两年内设机构改革中,也都给予信息化部门更加独立的地位和明确的权力范围。政法委、监察委、司法行政等其他部门在切实践行国家治理体系与治理能力现代化的部署要求时,都不断提升人工智能技术在法律领域应用的战略地位,不断推动其与法律工作的深度融合。人工智能在推动整个法律行业提高工作质效的同时,势必给当前的法律工作和司法人员带来重要影响:升级法律工作内容,优化司法人员结构。人工智能变革司法人员职业是现代化国家治理的题中应有之义。

(二)改革驱动:司法改革宏观规划和智慧司法建设

人工智能是一门模拟、延伸和拓展人的科学;目前的人工智能是一种发展追求尽可能类似于人的功能的计算机器,从而帮助人类完成一些低级的、繁重的、高危的工作。在法律领域,首先,人民法院要独立行使审判权,不受其他行政机关、社会团体和个人的干涉,集中要求法官独立裁判,合法合理地使用其自由裁判权。人工智能可以在学习大量案例的基础上,帮助法官分析案情并进行案件审判预测,从而规范法官的自由裁量权,帮助其依法独立行使审判权。其次,司法公开要求全过程司法信息公开,包括文书公开、立案公开、庭审公开、执行公开等。人工智能可以帮助进行法律信息整理与融合,智能化地向需求者提供其所需要的法律信息,帮助文书上网公开;同时可以通过人工智能进行庭审直播等司法公开活动,帮助全面实现司法公开。再次,司法公正要求司法活动的过程和结果均体现公平、平等、正当、正义。以人为中心的司法活动,过程中免不了受到各种人情、情绪、偏见的影响,做到理想的公正具有一定难度,现实中总是存在少量的冤假错案;人工智能则可以通过设置预警装置帮助司法人员做出正确度更高的决策，更高程度地实现司法公正。最后，在司法改革过程中，法官职位的削减、法官助理的劳务化、法律信息的大数据整理、办案系统的智能化等，在助力提高司法质效的同时，也给人工智能介入办案腾出了制度和资源空间，便于人工智能深度介入办案。

智慧司法建设也驱动了人工智能变革司法人员职业的进程。智慧司法建设是我国新一轮司法改革中的重要一环，明确要求依托人工智能、大数据、区块链等新信息技术，围绕司法为民、公正司法，坚持司法规律与技术变革相融合，建成高度智慧化的司法系统来服务司法审判、诉讼服务和司法管理等。要求人工智能在司法活动中起到更大的作用，不仅在于利用人工智能帮助进行诉讼服务，还要助力司法审判和司法管理；这就要求人工智能在法律领域的应用不应仅限于基础的信息查询、呈现、指引等功能，而且应当越来越多地辅助审判，帮助进行语音识别、图像识别、数据追踪、文件生成等。

（三）利益驱使：机器替代经济成本低

人工智能变革司法人员职业还受市场规律的影响：基于以价格为主导的市场规律，机器生产能够促进工作效率的不断提高和生产成本的不断降低，在不断追求工作效率和降低成本的过程中，经济成本更低的机器代替人力就成为必然趋势。因此，受经济利益的驱使，人工智能也必将变革司法人员职业。实际上，任何技术革命归根结底都是资本家们角逐的结果，就连美国白宫负责科学技术政策的高官都曾表示，“唯一能让制造业留在国内的方法，是实现比其他各国家更高的生产率，新一代机器人这类技术型劳动力是美国维持竞争优势的历史性机遇”[1]。人工智能技术相较人类劳动性价比更高，成本更低，很容易产生就业替代效应。在法律领域，人工智能的应用能够降低部分司法人员的劳动强度，提高法律行业的劳动生产率。人工智能可以帮助律师处理法律文件、收集法律资料、查询法律法规与案件信息，使其可以节省大量的时间进行案件的分析活动；还可以帮助律师设计科学

---

〔1〕［日］小林雅一：《人工智能的冲击：失去工作，还是不用工作？》，支鹏浩译，人民邮电出版社2018年版，第167页。

的辩护技巧,形成合理的辩护意见。同时,人工智能的应用降低了诉讼成本,增加了诉讼服务的可获取性。例如,律师职业是按照工作量收费的,甚至有些高级律师是按照服务时长收费的,昂贵的代理咨询费在经济上阻断了部分人选择律师服务的可能性,人工智能则能在很大程度上克服这一现象,以便宜的价格给更广泛的人群提供精准的服务,降低了诉讼成本,提高了诉讼服务的可得性。

(四)理性驱动:法律的科学化发展

法律具有不断科学化的需求,主要体现在追求理性化发展、效力的稳定性、体系上的贯通性和权利义务上的精准对等。随着司法改革的不断推进、法律市场的不断冲击,法律人的专业素养不断提升;法律作为一门社会科学的性质越来越得到重视,而不仅仅作为社会治理的工具。法律科学化发展的趋势要求法律人要以科学理性的态度从事法律工作,作出尽可能科学理性的决策,减少裁量的偏差。法律人对科学理性的追求促进了人工智能在法律领域的深入应用。一方面,人工智能以其不偏袒任何一方的中立性、排除偏见的客观性等技术特性在很大程度上能够克服人类的一些局限,帮助立法以及法律实施各环节的科学化,维护社会公平正义。另一方面,越来越多的法律人认识到,人工智能作为人体功能的延伸,在力量、承受能力、学习能力等方面将比人类拥有更大的能量,将比以往几次技术革命更大限度地颠覆这个世界,给法律领域带来深刻的变革,人工智能变革司法人员职业已是大势所趋。这些都迫使法律人作出科学的决策,积极在法律领域应用人工智能,尽管其可能带来部分司法人员前途的不确定性。

(五)职业内需:司法人员职业的内生需求

司法人员相较其他社会职业具有两方面突出的特性:一是其复杂性和综合性强,二是其实践性和经验性强。基于这两方面的特性,司法人员在职业发展中越来越需要人工智能技术的帮助。一方面,随着我国经济生活、政治生活和社会生活中法治建设的不断深入,社会中的纠纷、矛盾也越来越多地表现为法律关系和归结为法律问题。同时伴随大众法治意识的觉醒,越来越多的人开始寻求法律的帮助。“司法人员广泛接触各种因政治、经济、科技、思想、伦理、文化等而产生的复杂问题”[2],解决复杂的法律问题需要更加专业的司法人员;而有限的司法人员无法应对巨量的法律案件,就需要人工智能辅助办案进行一些基础性工作,为司法人员的专业性工作提供支持。另一方面,司法人员是知识型和经验型复合化的工作者,无论是法官、检察官,还是律师、公安,都需要持续地学习和提升,同时在不断的学习和实践中吸取经验,再交由实践来检验成果。而在经验积累的能力上,没有人能够比人工智能做得更好,人工智能可以基于不断输入的数据资料进行系统学习,并且数据越多,识别精准度越高,不存在天花板也不会遗忘,可以帮助司法人员进行案件学习,从而进行更准确的法律研究和案件处理。司法人员的职业内需在呼唤人工智能的同时,也必将引起人工智能对司法人员职业的深刻变革。

二、人工智能对司法人员的深刻影响

21 世纪初互联网对法律领域的变革,依托于协同化的办公系统,将有形的案件材料、法律知识、司法人员信息等进行网络化、虚拟化,在这个过程中完成了法律知识的标准化、系统化和产品化;从本质来说,互联网对法律领域的变革是法律生产力层面的变革。而面对正在进行的新一轮技术革命,人工智能时代的到来将给法律行业带来更深刻的变革:人工智能依托强大的语言与图像识别能力、海量的数据挖掘能力、深度的学习能力等,能够在很大程度上模仿并代替部分司法人员的工作,代替书记员进行庭审记录、代替律师进行案例检索、代替法官进行案件归类等。总体而言,人工智能对法律领域的变革,超越了对法律生产力的变革,实现了对法律生产关系的变革。

(一)识文断字:对多源异构法律信息的理解与融合

人工智能以大数据、云计算、信息安全等技术为支撑,以图像识别、语音识别、文字识别、自然语言处理等技术为依托,可以实现“识文断字”,帮助对多源异构的法律信息进行理解与融合。人工智能的“识文断字”功能是指人

---

[2] 郭哲:《“德法兼修”下法律职业伦理之构建》,载《南京社会科学》2019 年第 6 期。

工智能能够在信息识别的基础上通过关键词撷取、数据结构转换等方法对所识别的信息进行文本语义分析与理解，利用类人的信息识别与理解能力，对文本信息进行挖掘与分析。目前，我国法律信息来源多种、类型多元、结构多样，人工智能强大的信息感知能力可以帮助法律文件自动生成、法律信息智能上传和存储，语言处理能力可以帮助案件归档、信息整理。同时，人工智能可以在识别海量法律信息的同时，建立其自身的法律信息数据库，将各种法律信息智能分类存储，在需求者寻求相关法律信息时能够第一时间迅速锁定目标并进行输出活动，这在很大程度上节省了信息检索者的时间和精力。过去，法律信息的存储、分类、整理、查询等必须依靠人工进行，不仅工作量极大，而且工作效率低，查阅法律资料必须在图书馆、资料库等自行查找。人工智能可以将登记入网的全部法律信息包括案例信息、法律法规、文献资料等全部收录其中，方便进行快速自然语言检索，甚至一秒钟就可以完成原本一个律师一天信息收集的工作量。人工智能的“识文断字”功能，可以有效地帮助司法人员对法律信息进行理解与融合。

（二）算力补充脑力：基于海量数据的科学决策

人工智能拥有强大的计算能力，主要表现在其可以在收集与整理海量数据的基础上，进行科学的数据分析，从而以算力补充人类脑力的不足，帮助司法人员进行科学决策，并使从人到人工智能的决策让渡逐渐向纵深发展。“人工智能有两个重要的功用，其一是把相关的机会送到我们眼前，其二是激励我们作出惠及他人的行动，而设计这些激励，同时也管理着我们集体行为的相关机构，正在逐渐从人转移到机器”[3]。在如今信息爆炸的时代，传统的数据分析方法以及基于人工经验的决策已经难以满足大数据时代的决策需求。对于司法人员来讲，决策不仅受到信息压力的影响，往往还受到决策者自身有限理性、思维惯性、刻板成见等主观因素的影响，难以作出绝对公正中立的决策。立法者追求社会价值的平衡，但其在注意力、理解力等方面仍可能受到有限理性的制约，不可能预想到方方面面可能出现的问题；因此立法往往是滞后和不够的，需要司法解释、法规条例的不断补充。

---

〔3〕［美］杰瑞·卡普兰：《人工智能时代：人机共生下财富、工作与思维的大未来》，李盼译，浙江人民出版社2016年版，第101页。

法官审判案件往往也会受到个人观念的影响;同样的案情由不同的法官审判,也可能出现不同的结果,出现同案不同判的现象。人工智能作为信息爆炸时代的产物,依赖大数据处理技术,其对于海量的信息资源的吸收和学习正好方便了人工智能进行算法训练,从而促使其不断保持科学性。不同于人类决策,人工智能作出决策的唯一依据便是数量庞大的有效数据信息,同时拥有比人类庞大数倍的信息承载能力,可以克服人类固有的有限理性的钳制和其他主观性的限制。在法律领域,人工智能可以帮助司法人员作出更加科学的决策。

(三)深度学习:辅助诉讼管理与案件审判

人工智能更具魅力的功能便是深度学习功能,其可以模拟人脑机制,对大量的数据进行统计分析。可以通过深度学习建立起系统的知识图谱,从而辅助诉讼管理与案件审判。对于法官职业,人工智能可以辅助司法审判,其更强的客观性和中立性属性可以帮助法官克服在案件判决时可能受到的固有偏见和个人情感因素等带来的影响。同时,人工智能基于海量的数据基础和强大的计算能力,可以快速分析案件做出决定,比如迅速计算损害赔偿、预估刑期等;尤其对于复杂疑难案件的审理,人工智能可以快速提取关键信息并与类案进行比对,从而得出较为科学的结论,人工智能辅助审判将大大节省司法资源,提高司法效率。对于书记员等司法人员,人工智能可以帮助进行诉讼管理,运用人工智能可以进行案件的自动分流、智能安排开庭时间、文书的自动生成、电子办案以及电子存取证等,实现诉讼全流程的智能化与高效化。

(四)机器代替人力:重新定位法律工作

人工智能对于司法人员的深刻变革,不仅在于其大大解放了部分司法人员,提高了法律工作的效率和质量,更重要的在于其对于法律生产关系的变革。人工智能对于法律生产关系的变革,首先便在于其通过机器工作代替人力劳动,重新定位了法律工作。这一进程主要包含了以下三个层次:第一,人工智能通过代替书记员进行案件信息的录入活动,代替诉讼服务者进行导诉活动,代替律师完成诉前资料的搜集等,迫使这部分司法人员从原本机械化、重复性的事务性工作中脱离出来,从事更加具有创造性和专业性的工作,从而变革司法人员的工作内容和工作范畴。以法官职业为例,我国法官除审判案件的工作外,往往还要负责大量的行政性工作,而法院“案多人少”的诉讼现状要求法官必须从繁重的行政性事务中抽离出来,更专注于案件的审判。人工智能可以代替书记员从事更多的审判辅助性事务,如宣布法庭纪律、整理、装订、归档案卷材料、进行庭审记录等,书记员便可以更多辅助法官助理完成部分工作,从而减轻法官的工作压力,优化工作结构。第二,人工智能也将原本有序的法律工作变得更加灵活。以往法官适用法律通常要根据规范性法律文件的体例来进行查找,如同查阅字典一样进行逐步定位以确定所需要的大前提,而人工智能则打破了该既有的工作秩序,按照实践中法条适用的相关程度对大前提重新进行组合排列,然后主动推荐给法官可能需要的关联法条,在改变法官工作习惯和工作方式的同时打乱既有的工作秩序,形成符合人工智能工作习惯的新秩序。第三,人工智能改变法律工作的另一种发展方向是,把法律要求更好地应用到我们的生活和工作中去主动地创造价值,通过嵌入知识来解决问题而不需要人类的介入,“比如把自动遵守健康与安全法规的模块整合到建筑设计中去,一旦温度超过某些法定水平,建筑能够自动识别应对”〔4〕。把交通安全法规嵌入汽车中,依靠自动识别功能避免超速超载等违法情况。在这些情形下,人们不需要知道这方面的法律,也不需要律师的介入,人工智能便可以推动法律的强制实施,减少纠纷。总体来说,人工智能辅助办案使司法人员的工作内容向更高更专业的部分升级,并且改革司法人员的工作方式,重新定位法律工作。

(五)工作专门化:衍生出新司法职业岗位

互联网的应用“引爆”了计算机行业,网络数据分析师、软件测试员、程序员等新职业如雨后春笋般出现,一度成为热门职业。事实上,任何新技术的应用都必将带来相关职业的变革,甚至衍生出许多新兴职业。人工智能在法律领域的充分实践,也必然会衍生出一些新的司法职业岗位。在人工

〔4〕[英]理查德·萨斯坎德、[英]丹尼尔·萨斯坎德:《人工智能会抢哪些工作》,李莉译,浙江大学出版社2018年版,第77页。

智能不断渗透律师行业的同时,许多大型律师事务所已经设置了知识工程师、技术官等岗位。人机协作的工作模式需要一些新的工作岗位,“这些工作岗位补充了人工智能机器的缺陷,挖掘了独特的人类技能,与人工智能是共生关系,包括人工智能系统的训练师、人工智能系统的解释员、确保人工智能得到正确利用的维系者等”[5]。人工智能在法律领域的应用,也要求司法人员更多地了解和学习人工智能知识,以防止人工智能的嵌入可能带来的消极后果。当人工智能介入法律数据信息管理、帮助立法时,要求司法人员与算法工程师、人工智能专家共同合作,帮助人工智能适应当前的法律伦理要求,这需要更多人工智能与法律交叉领域的人才和职业出现。当人工智能干预法律活动时,司法人员的工作将越来越专门化,工作内容将越来越单纯集中,越来越要求司法人员具备更高的专业素养,使法律行业真正成为强专业性的领域。同时,人工智能技术的应用也需要专门的技术人员进行技术管理,以及与法律交叉领域人才的共同管控,多种现实需要必将衍生出更多新的司法职业岗位。

(六)业务标准化:推动构建司法职业共同体

人工智能的发展必然会给法律领域带来一场深刻的变革,甚至可能颠覆现有的业务模式和协作方式,使司法人员群体的思维模式和职业利益发生改变,首先便在于人工智能的工具性可以帮助推动司法职业共同体的构建。司法职业共同体要求法官、检察官、律师等司法人员各自明确职责,紧密联系,运用法律知识体系、职业语境与职业思维,共同为人民和国家服务,共同维护全社会的公平公正。目前,我国司法职业共同体建设存在较大难度:一方面在于各司法人员之间存在分歧,缺乏共通理解,如法官检察官在做出案件裁决时是站在国家社会的角度,而律师接触案件则是以当事人的利益为出发点,这必然会产生司法人员之间的分歧;另一方面在于司法人员之间存在社会地位、薪资水平的“鸿沟”。人工智能作为中立的科学技术手段,被设定为最贴近法律、最远离人情的技术,能够帮助推动司法职业共同体的建设。其一,人工智能变革专业工作的方式之一是把工作变得常规化,

---

〔5〕[美]保罗·多尔蒂、[美]詹姆斯·威尔逊:《机器与人:埃森哲论新人工智能》,赵亚男译,中信出版集团2018年版,第97页。

即减少那些高度专业性的任务,用标准化的、事先设计制定好的操作流程取而代之,其中既包括工作的实质内容,也包括提供服务的流程本身,“实现的手段包括核查清单、协议约定、标准文本、计算机算法和在线服务等”[6]。通过人工智能标准化常规化法律业务,提高法律信息流通的效率,保持法律服务质量的稳定性,减少了不同司法人员因缺乏文本共通理解而产生的技术性分歧,甚至使其产生的不同法律文本可以相互转换利用。其二,人工智能可以提供给各司法人员统一化的考评标准,形成科学的司法人员间互相监督、互相评价的机制,帮助进行绩效考评等,帮助提升法官、检察官的职业尊荣感和律师职业的社会地位;同时更好地保障法官、检察官、律师之间平等交流对话的途径,该机制甚至可以作为不同司法人员身份间相互转换的依据,推动司法人员间的共通理解与互相尊重。

三、人工智能时代司法人员面临的机遇与挑战

(一)提升工作质效却引发伦理黑洞和算法歧视

人工智能介入司法人员工作,是解决司法实践现存问题的突破口,能够提升司法质效,有效缓解司法人员与现实需求的矛盾。首先,人工智能可以帮助提高工作效率,通过人工智能辅助司法活动,能够实现案件自动繁简分流、法律信息智能检索、智能法律咨询、法律文件自动审阅与生成、诉讼流程自动化等,帮助提高司法人员的工作效率,同时满足社会对于司法的需求。其次,人工智能可以帮助提高司法活动的质量,通过人工智能实现司法人员与当事人之间快速有效的沟通,智能发送诉讼安排,引导参与诉讼,提供给当事人更优质的诉讼服务。再次,通过分析大量同类案件的判决意见从而对相关案件进行判决预测,规范法官自由裁量权的使用,更大限度地保障裁判的公平公正,促进司法公正。最后,人工智能可以通过证据标准指引功能,提高证据审查的科学性,防止出现冤假错案和“同案不同判”的现象,从而有效提高司法质效,减轻司法人员的工作压力。

但是,人工智能没有伦理观,可能带来严重后果,引发伦理黑洞与算法

[6] [英]理查德·萨斯坎德、[英]丹尼尔·萨斯坎德:《人工智能会抢哪些工作》,李莉译,浙江大学出版社2018年版,第134页。

歧视。人工智能因其技术属性,对人类社会已经形成的社会关系观念准则缺乏理解和认同,从而缺乏符合人类社会运行体系的伦理观念,可能带来隐私保护和人际关系难题。司法实践中存在的更多法律难题并不是单纯应用人工智能的线性计算就能解决的,还要考虑社会伦理和人文规则。另外,人工智能本质上是基于经验的算法,通过技术人员预置的算法程序对法律案件进行编码,总结和发现历史案例中的隐含规律从而自动生成判决参考。如此一来,原本隐含在历史案例中的人类思维和规则将变相地出现在算法程序中,人工智能将无法实现真正的中立和客观。事实上,"算法的优劣与其使用数据的优劣有着密切的关系,而很多数据往往是不完美的,这就使得算法可能继承了人类的某些偏见"〔7〕,形成算法歧视。目前大部分智能搜索引擎进行算法推荐实际上带来了"信息茧房",甚至是"大数据杀熟"现象,人们接触到的是越来越同质化的信息,越来越不自觉地置于算法的控制之下。然而,人工智能本身并不具备意识和伦理观,"因此我们需要尽量避免设计者的恶意、瑕疵和考虑不周所导致的超出社会道德容忍限度的错误"〔8〕。

(二)优化司法人员结构却导致就业替代效应

人工智能带给司法人员发展的重要机遇,便是其能够帮助对现有的司法资源进行再次的合理分配,优化司法人员结构。人工智能协助进行业务流程的重构,使人类员工有更多的时间去做人类擅长并愿意做的事。人工智能代替书记员、助理等部分司法人员从事简单的、重复性的、机械化的工作,使其从目前繁重的工作中解放出来,更多地帮助法官、检察官等进行专业业务上的辅助工作,从而促使法官、检察官、律师等更加专注于审判、检察、诉讼活动,从事更加专业化、创新性的工作。比如人工智能代替律师进行诉前材料的搜集,便可节省律师大量的时间用于诉讼技巧的设计、案件情况的分析等更多需要专业性知识的环节。事实上,人工智能应用于法律领

〔7〕 高奇琦、张鹏:《论人工智能对未来法律的多方位挑战》,载《华中科技大学学报(社会科学版)》2018年第1期。

〔8〕 [日]野村直之:《人工智能改变未来:工作方式、产业和社会的变革》,付天祺译,东方出版社2018年版,第257页。

域将倒逼司法人员的阶梯式进化和司法人员结构的不断优化。但是,人工智能同历史上任何一次机器发明一样,将在提高劳动生产率的同时节约生产要素需求,引发失业率的提高,人工智能将会带来明显的就业替代效应。人工智能在法律行业的不断实践,将会使得重复性、机械化的法律事务性工作被取代,客观性、模式化的法律工作被大大压缩,在不断提高司法质效的同时,将可能代替更多的司法人员,导致部分法律工作者失业。

(三)法律科学化发展却可能冲击现行法律制度

人工智能在变革司法人员职业的同时能够提供科学的技术性规范从而使得法律更加科学化,包括法律本身和法律活动的科学化。其一,人工智能强大的信息处理功能可以用来辅助立法,避免可预见性的漏洞和缺陷,可以快速搜集、处理立法前评估和立法后反馈的大量信息,有效预防法律颁布实施后可能出现的大部分问题,并且及时根据反馈的信息进行决策的调整,使立法更大限度地跟紧社会现实的快速变化,从而促进当前法律制度的不断科学化和完善。其二,人工智能可以在大数据基础上进行案件的全盘梳理与分析,为证据收集提供指引,补足证据收集上的不充分和不规范,以技术优势促进法律活动的科学化。人工智能还可以在大量类案学习基础上进行案件预判,从而帮助法官进行科学决策。

但是,人工智能作为新型技术手段在法律领域的应用将会冲击现行的法律制度。人工智能的应用对现行法律制度的冲击不仅体现在人工智能本身相关法律制度的缺失,还体现在人工智能对当前知识产权保护、侵权责任承担等现有相关法律制度带来的新问题。立法者无法预测到人工智能可能带来的法律风险,比如人工智能侵犯人类人身或财产权的情况、人工智能法律地位问题、人工智能技术标准问题等。当人工智能开始应用到法律领域,将会带来更多现实的法律问题,人工智能相关法律问题目前还缺乏相关法律制度的规范,存在立法空白,立法的滞后性导致现行法律无法给人工智能侵权或违法情形提供相应的法律规制,需要尽快完善相关立法。另外,人工智能给现有法律制度也提出了新的挑战:人工智能发明创造的权属问题、审查标准问题,人工智能能否简化司法程序问题,人工智能对传统劳动关系、交通安全等领域法律社会调整功能的消解问题,等等。这些需要立法者综合考虑人工智能发展技术因素与法律规则、政策规范等因素，尽快进行完善与合理规制。

(四)重塑法律环境却带来人机关系难题

人工智能能够重塑法律环境，尤其司法人员工作环境，从而更深刻地变革司法人员职业。人工智能致力于更加人性化的用户体验，其强大的功能之一便是通过收集数据来解释和预测人类行为。正如人工智能被用来预测用户的消费习惯与喜好、预测经济数据资料发展变化规律、预测股票交易数据等，人工智能也可以通过大数据算法分析司法人员的发展规律，结合现今司法人员发展环境以及与司法人员相关的方方面面的关系，对司法人员的未来发展方向进行预测，提供给司法人员科学的职业发展判断，从而变革司法人员的发展模式和司法人员的工作环境。

但是，人工智能在法律领域的应用同时带来了人机关系难题。人工智能不同于以往的技术革命所带来的机器发明，它带给了人类前所未有的危机感。工业革命早期的机器革命，以代替人类进行体力劳动为目标，机器由人类自己制造并且完全可控。人工智能的出现代表着机器开始拥有了学习的能力，开始拥有了人的部分能力，成为人器官的延伸，并且还有不断强化其“人”性的趋势，最终可能代替人力进行智力性劳动，拥有工具理性和超越人类自身的能力，从而使人类自身的活动越来越边缘化。人类与人工智能之间的关系问题成为需要郑重审视的问题。一方面，选择倾向于机器而牺牲工作岗位的行为存在破坏社会稳定的可能性。人工智能的应用加剧了机器对人的劳动替代，造成的技术性失业可能加剧犯罪和社会动荡，挑战社会稳定与运转秩序。另一方面，“给人工智能委以决策重任将使人类越来越依赖于人工智能，从而逐渐弱化人类的思考能力、创新能力和行动能力，最终的结果可能是人工智能‘圈养’人类，或者把人类放进保护区，让人类生活得惬意且方便，并失去探索边界以外的世界的动力”〔9〕。人类该如何自处以及如何与人工智能共存都成为紧迫的现实问题；司法人员作为与人工智能紧密协作的一个职业，其从业者则面临更为紧迫的人机关系难题。

---

〔9〕 [美]杰瑞·卡普兰：《人工智能时代：人机共生下财富、工作与思维的大未来》，李盼译，浙江人民出版社2016年版，第199页。

四、人工智能时代司法人员的发展之道

人机共生,人依然必须作为最重要的主体参与社会发展;传统司法人员首先要认识到这一点,才能不被人工智能的强大能力所威慑。正如全球变暖本身并不是问题,真正的问题在于它的变化速度,如果没有足够的时间让生物适应,全球变暖将会成为毁灭式的灾难,人工智能的飞速发展亦是如此。司法人员面临人工智能技术的不断突破与应用,要不断学习,提高自身利用人工智能的能力,积极认识和了解人工智能,让其成为自身创新发展的好帮手,从而与之和谐相处,更好地参与到社会发展中去,巩固人在人工智能时代的社会主体地位。

(一)积极认识人工智能避免陷入“技术决定论”

提起人工智能,不仅司法人员,很多社会工作者都闻之色变。人们对人工智能等新兴技术带来的社会变革感到深深的惶恐,害怕自身的价值最终被完全消解,甚至陷入“技术决定论”(认为技术是社会发展的决定因素,忽视人的主观能动性,低估社会对于科学技术的制约因素,从而陷入自我否定的认知中,丧失自身发展的积极性)。实际上,人工智能等新技术的发明,一方面成为驱动行业创新发展的引擎,另一方面倒逼当前部分职业的升级发展,司法人员只有充分认识到人工智能的积极效用,才能抓住人工智能时代职业发展的机遇,实现进步与发展。

面对人工智能技术的来势汹汹,司法人员要积极认识人工智能,避免陷入“技术决定论”中去。目前,大部分国家已经认识到人工智能对于社会发展的重要意义,不断发布相应政策措施来鼓励人工智能的发展。我国小米智能家居、阿里巴巴智能物流等,均使人们更加认识到人工智能带来的生活上的便利。法律行业也在不断更新观念,积极拥抱人工智能在各个领域的应用实践。司法人员应该越来越认识到人工智能的强大工作能力,积极利用人工智能进行辅助性工作,了解并学习其工作模式和运行原理,使人工智能的基础操作系统更加符合人类伦理与法律,从而促进人工智能与法律工作的深度结合,实现智能司法、高效司法。

(二)主动从事创造性法律工作提高自身价值

司法人员运用人工智能技术的初衷是希望其帮助自身的工作变得容易,但是没有想到也会给自身带来威胁。为了不被人工智能淘汰需要不断地学习掌握更多更高难度的技能,其工作难度变得更高了,法律人也需要正视这一事实。司法人员要维系其核心竞争力,就要适应科学技术的发展,主动从事创造性的法律工作来不断提高自身价值。未来,法律知识与服务在人工智能的操作下将越来越商品化,法律服务将被肢解为标准的生产流程与环节,法律服务工作者的生存空间也将越发被压缩;法律工作者必须明确自身定位,创新发展,才能应对人工智能对司法人员的挑战。目前,法律应用开发者、法律数据分析师、法律数据库管理者等新兴司法职业正在涌现,众多法律科技公司也纷纷建立,诸多法律部门都需要更多法律技术复合型人才的加入。传统司法人员应该不断补充自身技能,使自己成为时代所需要的创新型人才,不断提高自身价值,才能不被时代发展淘汰。

"法律市场越来越要求法律人才具备更高的数据素养和科技素养、批判性思维和系统性思维、创造力和文化敏捷性"[10]。作为法律人才培养主要阵地的高等法科院校,其法学教育也应该适应现实发展进行调整与变革。当前国内高校的复合型法律人才的培养主要以"法律+经济""法律+医学""法律+英语"等跨学科培养模式为主,用来培养学生的司法职业技能,锻炼学生的实践能力,帮助学生更好地适应司法实践。而现实情况已经发生了转变,以人工智能为主的新兴领域开始更多地介入法律实践,法律人才的培养也应该适应实践的变化。法科院校应培养法科学生认识和运用人工智能等技术的能力,更多地培养既熟练掌握法律基本知识又会操作人工智能等新技术的全能型法律人才。美国开设了"法律+科技"的相关课程,如哈佛大学法学院设有"数据时代的法律咨询与战略""比较数据隐私"等课程,丹麦哥本哈根大学设置了"机器人法:人工智能、机器人技术与法律"课程,[11]国

---

〔10〕 [美]约瑟夫·E.奥恩:《教育的未来:人工智能时代的教育变革》,李海燕、王秦辉译,机械工业出版社2018年版,第89页。

〔11〕 贾引狮:《人工智能对法律职业的影响与法学教育面临的挑战》,载《法学教育研究》2018年第3期。

内法学教育也应做出改变。此外,校企联合从事教育和研究、建立多所大学联合网络体系等措施都是教育在应对人工智能时代的重要尝试。

(三)坚守法律理念信仰走向有限人机融合模式

虽然人工智能能够带来法律工作质效的提高,能够代替部分司法人员,但是人工智能缺乏人类社会已经形成并且广泛认同的伦理规范意识。司法人员作为法律服务的把关人,必须肩负起守卫法律公平正义的责任,避免因算法歧视、算法独裁等技术因素导致的破坏公平正义的情况,这有赖于司法人员坚守法律信仰与法律理性。“法律人缺乏法律信仰,便会亵渎法律、滥用法定权力,法律信仰可以促使不同的法律人放弃分歧彼此认同,维护司法人员的共同理性,形成司法人员共同体,共同维护法律权威”[12]。司法人员在拥抱法律人工智能时代的同时必须坚守法律理想信念,走向有限的人机融合模式。有限的人机融合模式要求既不能完全以人类的有限理性作为法律评价的标准,又不能完全以人工智能的计算程序作为法律审判的必然结果,司法人员必须与人工智能相互监督、相互制约,既避免因人的有限理性而带来的相对公平公正,又避免因人工智能的算法独裁而带来的正义灾难。法律人工智能时代仍然必须以人为司法工作的主体,人工智能作为法律工作的补充,为加强司法人员的工作技能与质效服务,形成司法人员与法律人工智能的协作关系,各司其职,共同为维护全社会的公平正义服务。

五、人工智能时代司法人员的未来

当前,法律人工智能应用成果不断涌现,人工智能正在越来越多地渗入到法律领域;不仅改变着司法人员的工作状态和工作内容,也变革着司法人员本身。人工智能以其大数据技术、深度学习能力等在证据收集、案例分析、辅助量刑、案件预测、智能审判等多方面将发挥出强大的独特优势,司法人员发展面临着前所未有的机遇和挑战。人工智能提高了法律工作质效却引发了伦理黑洞与算法歧视,优化了司法人员结构却带给法律行业就业替代效应,使法律科学化发展却冲击着现行法律制度,重塑着法律环境却带来

---

〔12〕 卓泽渊:《法律人的价值精神、法律信仰和法律理性——法律职业共同体的观念基础》,载《中国法律评论》2014 年第 3 期。

了人机关系难题;这些需要传统法律人重新明确自身定位,不断通过学习来提升自身价值,寻求职业发展的光明前景。在未来,司法人员将朝着人工智能技术所引领的方向发展,司法人员应该认识到法律知识工程师、法律技术专家、在线纠纷解决师等新司法人员的发展潜力。面对人工智能技术带来的巨大颠覆,司法人员要理性思考,提升自身价值,正确发挥主观能动性,从事更加具有创造性的法律工作,积极利用人工智能等新技术,始终掌握自身职业发展的主动权。

第十二章 智慧法院建设中科技创新的方法与路径

一、智慧法院建设中的科技创新与科技焦虑

(一)智慧法院是法院科技创新成果的系统集成

近年来,智慧法院建设成绩斐然,智慧法院已被界定为一种具有中国特色的、现代化的法院运作形态。“智慧法院是依托现代人工智能,围绕司法为民、公正司法,坚持司法规律、体制改革与技术变革相融合,以高度信息化方式支持司法审判、诉讼服务和司法管理,实现全业务网上办、全流程依法公开、全方位智能服务的人民法院组织、建设、运行和管理形态。”[1]智慧法院的特征主要有四个方面:第一,网络化,即法院的业务处理和数据流转大部分可以在网络上实现。第二,智能化,即通过信息技术的应用,实现部分简单、重复和枯燥的事务性工作的自动化处理,并探索一些服务于审判执行业务和审判监督管理工作的智能化应用。第三,公开化,即用高效、便捷的方式实现文书和审判执行流程等信息的全面、充分和及时公开,使诉讼参与人和社会公众的知情权得到充分保障。第四,规范化,即通过数字化的方式使法院的诉讼服务、审判执行、审判监督管理等业务都能够全程留痕、可溯源、可定责,并实现对违规违法行为的自动化、静默化地识别、规制和矫正。

智慧法院建设是在多层次科技创新措施的共同推动下展开的。在组织层面,最高人民法院于2013年10月15日成立了人民法院信息技术服务中心,全面负责智慧法院建设中科技创新的顶层设计。[2] 在规划层面,从

〔1〕 许建峰、孙福辉、陈奇伟:《智慧法院体系工程概论》,人民法院出版社2021年版,第2页。

〔2〕 张先明:《最高人民法院成立信息技术服务中心》,载《人民法院报》2013年10月16日,第1版。

2013 年开始,最高人民法院发布《人民法院信息化建设五年发展规划》,并实现每年的动态更新,明确了智慧法院建设中科技创新的主要方向;地方省级高级人民法院也开始发布信息化建设的规划,提出符合地方特点的建设思路。〔3〕在技术层面,科技部发布国家重点研发计划公共安全风险防控与技术装备重点专项(司法专题任务),并在国家社科基金和地方各类科研项目中对智慧法院相关项目进行了大力支持,由此引领了对智慧法院建设中关键技术和核心问题进行攻关的浪潮。〔4〕“新技术的突破,将有效解决智慧法院发展到一定阶段带来的瓶颈问题,并通过在全国多地开展的试点工作,以点带面、辐射全国,带动全国智慧法院建设实现二次腾飞。”〔5〕通过组织保障、顶层设计和技术攻关,智慧法院建设中的科技创新工作取得了前所未有的突破,在政法领域协同办案、电子诉讼推广、电子卷宗深度利用、司法数据汇集与共享等方面均取得了值得称道的建设成效。

智慧法院是法院科技创新成果的系统集成,其从顶层设计到具体落地,既是一个司法与技术协调、融合的过程,又是一个法律人工智能相关技术自身发展、探索的过程,更是一个法院系统谋求科技创新和发展的过程。无论司法人员,还是诉讼参与人,都对智慧法院建设有着众多期许。“人民法院在诉讼案件飞涨的新时代做好审判工作、解决‘案多人少’的现实矛盾,必须借助现代科技的力量。信息技术不但能够有效提升工作效率,促进公正实现,而且能提升人民群众对司法工作的现实感知和认同理解,提高司法公信力,从精神层面增加老百姓的获得感。”〔6〕智慧法院建设的本质是在顺应技术发展趋势的前提下,对传统法院运作模式进行改革和重塑,但需要明确的是这其中的逻辑并不是技术的发展重塑司法,而是技术的发展在重塑和改变社会关系和社会公众的行为模式,司法必须回应这种变化和趋势,将法院工作也推进到新的形态。

〔3〕 吴玉萍:《天津高院出台信息化建设五年发展规划》,载《人民法院报》2021 年 8 月 19 日,第 1 版。

〔4〕 《人民法院科技创新重大项目研究指导意见》(法〔2019〕80 号)。

〔5〕 孙福辉主编:《智慧法院标准体系和评价体系》,人民法院出版社 2021 年版,第 276 页。

〔6〕 赵耀彤:《法治的追问:基层司法观察笔记》,中国法制出版社 2020 年版,第 90 页。

(二)智慧法院建设中科技焦虑的存在及其成因

智慧法院建设一方面促进了人工智能、大数据、云计算和区块链等信息技术在法院业务中的落地以及这些技术在法院业务中的适配和创新,但另一方面越来越浓厚的科技焦虑感在智慧法院建设中愈加明显。科技焦虑的存在有着较为复杂的影响,其产生原因也是复杂和多元的。

首先,智慧法院建设中科技焦虑最根本的成因是法院系统对科技创新的紧迫性是有共识的,无论是顺应国家人工智能发展战略,还是回应公众的根本关切,抑或法院自身变革与发展的需要,法院系统都已经意识到科技创新的重要性。其次,科技焦虑正在不断蔓延,不仅存在法院系统之中,还延伸到法律人工智能企业和相关教育、研究机构之中。不仅影响着高校相关交叉学科的教学和科研,还将焦虑传递到了整个法律人工智能领域的产业链。再次,科技焦虑还源自人们对信息技术本身有限性的认识,以及对信息技术应用成效谨慎的态度。对于司法人员而言,科技创新的实践中"人与机器的配合就是一个难题"[7],技术赋能司法后,技术介入司法的范围和深度都需要进行明确界定。[8] 对于诉讼参与人而言,原本建立起来的对司法机关和司法人员的认同和信任,一时难以转移到系统或平台上来,尤其是面对操作复杂、有一定使用门槛的系统时,还会因为易用性差等而产生科技焦虑。最后,科技焦虑还正在催生政法机关之间的新一轮科技竞争。无论是在公安、检察和法院三个不同类型的政法机关之间,还是在不同法院之间,都存在科技竞赛的现象。法院系统对于科技创新有着很高的期待:一方面法院系统寄希望于通过科技创新来解决法院改革中的一些难题;另一方面法院系统希望科技成果成为新的司法生产力,不仅是通过科技赋能提升司法人员的司法能力,还希望科技创新能够成为新的司法资源,解决"改革与司法资源的有限性可能发生冲突"[9]的问题,即法院不仅希望通过科技创新来解决已有的问题,还希望科技创新能够给法院带来新的发展契机,形成

---

[7] 汤潇:《数字经济:影响未来的新技术、新模式、新产业》,人民邮电出版社 2019 年版,第 210 页。

[8] 涂永前、于涵:《司法审判中人工智能的介入式演进》,载《西南政法大学学报》2018 年第 3 期。

[9] 龙宗智:《如何看待和应对司法改革中遇到的矛盾和问题》,载《人民检察》2016 年第 14 期。

法院新的建设成果等。

智慧法院建设中科技焦虑的存在既是整个法律人工智能领域发展、成长的促进性因素,也可能成为行业畸形、不良发展的诱因。科技创新与科技焦虑如影随形,应通过厘清科技创新的动力机制、设定创新的限度,明确创新的逻辑和方法,来实现有序创新、良性创新和持续性创新,并将科技焦虑转化为科技创新的动力来源,顺应科技浪潮,减少科技风险,将科技创新成果真正为司法所用。

二、智慧法院建设中科技创新的多重驱动力

(一)社会需求的基本驱动

在国家治理体系中,虽然有多种纠纷解决方式的存在,但出于权威性和解纷成本两个方面的考虑,近年来社会公众越来越多地倾向于选择司法作为保障自身权利、定分止争的解纷方式;这既是司法公信力大幅度提升的重要表现,也对法院系统的司法产品提出了更高的要求。社会公众对于司法的需求是呈多元化发展的,对于司法公正和效率的需求都是正当的,都应该得到充分回应,现代司法的回应性也要求法院在与诉讼参与人的接触中和在判决结果中能够回应不同案件中社会公众对司法的多元需求。社会公众对司法的需求大致上可以分成两大类:一类是对诉讼服务的需求,追求的是亲民、为民和便民等价值的实现;另一类是对司法产品的需求,追求的是统一、公正和效率等价值的实现。在诉讼纠纷激增的背景下,对这两类需求的回应依靠传统司法模式是很难全面有效实现的,需要科技带来新的生产力以满足社会公众对司法日益增长的需求。诉讼服务网站、中国移动微法院等满足的是社会公众对诉讼服务的需求,类案精准检索、刑事量刑辅助和要素式审判等系统满足的是社会公众对司法产品的需求。以上智能化应用最原始的需求都来自社会公众、诉讼参与人在纠纷解决中对司法功能、价值目标、交互方式的期许,其是智慧法院规划、设计和建设的最基本的驱动力。

此外,无论是国家层面和社会公众,还是法院内部,都希望用智能化、信息化的手段塑造一种稳定、良好的司法与外部的关系。司法不能与政治体系、社会体系相脱离,但又必须保持一定的距离。这种司法与外部社会良好、理性关系的塑造一方面使司法可以与政治顶层规划、社会主流价值观保

持一致,并通过司法独有的方式体现国家政策和社会公共意愿;另一方面则为其他国家机关和社会公众提供了解司法的有效渠道,并能够对司法形成有效的监督和制约。法院的信息化系统与外部机构系统的对接和数据共享,构建了司法与外部社会沟通的常态化渠道,不仅可以提高各类数据传输和利用的效率,实现数据利用边际效应的提升,还可以提高司法权力运作的透明度和权威性。

(二)政策调控的根本驱动

司法作为国家治理体系中一个不可或缺的组成部分,对于其他治理手段而言,司法既要提供法律专业的指导,也要进行底线正义的维护。国家政策方面,在《国家信息化发展战略纲要》《新一代人工智能发展规划》等国家顶层设计中,均将智慧法院的建设放置于国家信息化战略的总体框架内,并逐步在大数据、人工智能等信息技术的具体发展规划中实在化,将法院业务作为信息技术应用的重要场景之一。这些国家政策既是智慧法院建设的合法性和合理性来源,也是智慧法院建设最重要的政策驱动力。以上政策都要求智慧法院的建设实现三个同步:其一,智慧法院建设要与国家信息化发展同步。司法是国家治理体系的重要一环,应该与其他国家治理方式的信息化、智能化建设同步,并且能够与其他国家治理方式实现互联互通、协同发展。其二,智慧法院建设要与智慧社会发展同步。随着信息技术的应用和数字经济的发展,社会公众的交往方式有了翻天覆地的变化,也滋生出了许多新类型的法律关系,社会治理方式也在随之转型。对于这些变化趋势,司法都必须予以关注并迅速适应,尤其是要对智慧社会背景下诉讼参与人行为的电子化与在线化发展给予回应,以便能够适应社会公众在新的社会阶段中新的行为模式。其三,智慧法院建设要与其他政法机关的信息化、智能化建设同步。在政法领域,不同政法机关进行信息化建设的思路和模式是存在较大差异的,但不同政法机关在业务上却有着千丝万缕的联系。在数字化时代,法院与其他政法机关的协同中需实现两个目标:一个是智慧法院建设必须要与智慧监察、智慧检察、智慧公安、智慧监狱等实现互联互通,法院的应用系统应与其他政法机关的系统保持类似的响应方式和速度;另一个是智慧法院建设应尽可能与其他政法机关的信息化建设使用相同的业务标准和数据标准,以便为业务协同和数据共享打下基础。

(三)技术涌现的关键驱动

互联网、云平台、大数据、人工智能、区块链等技术的高速发展及其在多领域的全面、深度应用是智慧法院建设的关键技术驱动力,"信息技术的蓬勃发展,为法院带来了前所未有的科学发展机遇"[10]。智慧法院建设的目的是实现技术赋能司法,通过信息技术应用支撑司法实现价值追求,用技术手段助力司法生产力的提升。

第一,互联网技术应用于法院审判执行、监督管理中各类信息的实时传输和交换,基于互联网技术发展出的电子签名、网络安全等技术则应用于法院工作的全过程之中。"互联网技术革新应用于司法是多头并进的过程"[11],在不同法院工作的场景中,互联网技术的应用目的主要在于提升案件信息的流转效率,并通过在线操作实现全程信息留痕,互联网技术的应用场景主要包括但不限于在线立案、电子送达、电子卷宗、互联网审判等。

第二,云平台技术主要用于构建法院的涉密云(涉密内网)、开放云(互联网)、专有云(法院专网、外部专网、移动专网),云平台构建了法院各类信息化系统运行的基本环境。

第三,大数据技术主要应用于法院的数据存储、数据交换、数据治理等领域,例如,法院内外网数据交换、法院内网审判执行、审判监督管理等各类智能化应用中的数据采集、清洗、交换等。

第四,人工智能在法院业务中的应用目前主要是用人工智能替代法院工作中规律清楚、重复枯燥、数量较大的部分,同时也用人工智能的方式改变法院和诉讼参与人的交互方式。人工智能可以全面应用在诉讼服务、审判执行辅助、监督管理等领域,应用的主要目的在于:为诉讼参与人提供覆盖全流程的、实时响应的诉讼服务,为管理者提供科学司法决策与司法管理支撑,为司法人员提供审判执行辅助。

第五,区块链技术在司法领域应用主要有两种:一个是在司法数据领域

---

[10] 王建敏:《信息时代下的司法公开:"危"与"机"博弈——基层法院信息化建设亟待进一步加强》,载《人民法治》2015 年第 5 期。

[11] 洪冬英:《司法如何面向"互联网 +"与人工智能等技术革新》,载《法学》2018 年第 11 期。

的应用，主要是用一种被信任的方式对司法领域多源、异构、复杂的信息进行关联和融合，并使这些信息成为机器学习的基础。另一个是在法院业务场景中的应用，即司法区块链的应用，如电子证据在线存证、取证等。

智慧法院建设既需要互联网、云平台、大数据、人工智能等通用技术的支撑，更需要这些技术按照法院业务场景的特点和需求，进行纵深化的发展和适应。这些技术在垂直领域应用和迭代都需要大量的前期投入，法院系统本身承担不了这样的高成本和长周期，也没有必要在推动技术进步方面期待过多，只能依赖通用技术自身的发展和进化，并将其进行改良后应用于司法领域，使其成为推动智慧法院建设的技术驱动力。

三、智慧法院建设中科技创新的限度设定

（一）司法伦理之限：保持司法价值的主导地位

“值得注意的是，智慧法院建设不仅是技术运用问题，更是诉讼文化、理念、程序的演进问题。”〔12〕信息技术应用于法院业务时，技术与伦理的关系是复杂且紧张的。智能司法与司法伦理的紧张关系表现在：算法歧视对司法伦理的冲击、人工智能改变司法公正的性质和法官主体性地位、大数据和机器人出错所带来的伦理价值效应、人工智能本身不具备价值判断，这些都可能损害司法公正。〔13〕信息技术应用已经从对司法行为、诉讼行为的影响转向对于司法文化、人员观念的影响，并逐步导致了司法伦理、司法责任层面的系统性变革。这种影响大部分是正向和积极的，但司法中固有的伦理难题和技术中不可预测和解释的伦理问题的存在，要求必须以审慎的态度面对智慧法院建设中的伦理和责任问题，并在建设过程中保持司法固有价值追求的主导性地位，将司法固有价值追求设定为智慧法院建设中伦理和责任问题终极答案的唯一来源。

在司法伦理和司法责任层面，要充分考虑到技术介入对于实体正义和程序正义两方面的影响。人工智能辅助审判执行的过程中，可能出现“技术

〔12〕 姚龙华：《为“智慧法院”建设提供“深圳方案”》，载《深圳特区报》2018 年 7 月 25 日，第 A02 版。

〔13〕 罗洪洋、李相龙：《智能司法中的伦理问题及其应对》，载《政法论丛》2021 年第 1 期。

介入致使责任分配不明”[14]等问题,冲击原有司法的责任分担机制。“智慧法院的深度实现将深刻地改变法院的组织结构和管理能力,冲击现有的诉讼架构和流程,重塑法律人及社会公众的法律理念、司法情感、行为决策及结果预判模式,甚至会影响法院在国家权力结构中的地位和功能。”[15]在线诉讼、互联网司法等新型审判方式极有可能冲击现有诉讼制度,而现有诉讼制度是基于对程序正义、法律武装均衡和权力制约等原则充分考量的基础上形成的。通过信息技术应用形成的新的审判方式对司法行为和诉讼行为的改变和重塑,在引发规则变更的基础上,还存在冲击传统司法价值体系的风险。

司法伦理主要解决的是司法的价值追求问题,司法责任解决的则是司法人员职业使命问题,智慧法院建设中凡是涉及司法伦理、司法责任的应用,法院都应该按照最高人民法院《关于规范和加强人工智能司法应用的意见》对其进行全面、系统的审查。伦理审查主要工作是对拟开发的系统、拟部署在法院的各类应用进行评估,对系统和应用所涉及的数据、算法和可能造成的负面影响进行风险预测,避免应用出现数据安全漏洞、算法歧视等问题。具体来说,司法伦理审查主要解决三方面问题:其一,信息技术可以应用的法院业务场景及其作用边界的划定,应保证包含伦理难题和复杂价值判断的业务场景中司法人员的主导性;其二,应用开发和使用逻辑对司法规律的遵循和实现情况,司法人工智能是否已经达到可解释、可信赖和可控制的要求;其三,智能化应用中数据、算法和可视化等方面是否存在隐含的偏见、黑箱式运作等技术伦理问题。通过对以上伦理问题的关注和评估,保证所有部署在法院的系统和应用,都不会扰乱法院已有司法责任分配制度,且符合司法固有价值追求。

(二)司法安全之限:保障司法运行的稳定秩序

在信息技术的司法应用中,要通过着力保证司法人员的主体性地位,维系司法传统和司法文化的延续,保障技术更迭的冲击中司法的安全。具体

〔14〕 安晨曦、刘思瑞:《我国远程审判制度的反思与构建》,载《福建农林大学学报(哲学社会科学版)》2018年第6期。

〔15〕 徐骏:《智慧法院的法理审思》,载《法学》2017年第3期。

来说,司法安全应从三个方面予以关注。

其一,司法权威之维护。司法权威的来源主要有三个方面:一是法律的赋权。在技术介入司法时,只有应用或设备明确获得法律授权或认可,有确定的合法性和正当性来源,其才具有了司法权威的基础。二是司法的专业性。司法人员的专业思维方法、表达方式和职业礼仪等,都会使司法的专业特征被突显出来,而司法的专业性又会促进权威性的提升。智能化应用或设备应模仿并呈现这样的专业性特征,才能够获得司法公信力和司法权威。三是司法人员的主体性。司法人员对于社会主流价值的理解和维系,对于复杂问题的经验和直觉也是司法权威的来源之一。有人提出疑问:"如果人工智能有朝一日能在很大程度上替代法官的工作,那么法院将贬值为廉价易用的应用软件,法官也化身为智能系统的程序员,权威从何谈起?"〔16〕智能化应用或设备不能替代司法人员不是因为智能化系统"做不了"或者"做不好",而是因为要时刻防止智能化应用或设备的司法应用侵蚀司法权的合法性基础、司法的专业属性和司法人员的主体性地位,这是长久以来司法之所以能够排除外部性干扰、长期稳定存在和被信服的权威基础。

其二,司法秩序之稳定。司法秩序大体上分为两种,一种是常态化的、规范化的秩序,例如诉讼程序、司法流程,其存在是为了维系和实现程序正义等经过历史检验的司法目标。不能简单地因为智能化应用对司法效率的提升而放弃这种带有价值追求的秩序安排,因为司法公正、司法为民等价值都是在司法秩序稳定的基础之上才能够被保证长久、持续地实现。另一种司法秩序是司法中许多随机的、不易被猜测的安排,例如随机分案、随机组成审判组织等,这种秩序的安排和存在保证了即使在司法公开力度如此之大的情况下,司法机关对于司法事务的安排也不会完全被知晓和预测,这种随机的司法秩序在一定程度上保证了司法活动的廉洁性和公正性。数据的积累和分析,可能会导致此类相对随机的安排变得可被预测甚至被利用,此种风险也需要作出相应的制度或机制安排来应对。

其三,技术运用安全之保障。保障司法安全是信息技术应用、智能化应用部署、新设备安装必须恪守的底线。具体而言,技术运用安全可分为三个

---

〔16〕 徐骏:《智慧法院的"杞人之忧"》,载《社会科学报》2017 年 7 月 20 日,第 4 版。

层面:一是司法机关的安全。诸多信息技术应用不能改变司法机关原有的价值追求,也不能动摇司法在国家治理、社会运行中的功能定位,这是对于司法机关地位和安全最根本的保障。二是司法数据的安全。现在已有海量司法数据沉淀在各类应用系统中,在应用及其开发者深度融入法院业务后,开发者或运维者会有诸多机会接触司法数据,如果没有必要的手段进行监管,则可能导致开发者或运维者有机会利用司法数据谋利或作恶,这不仅可能导致司法数据安全受到威胁,还可能损害诉讼参与人的利益。三是司法活动的安全。客观地说确实存在智能化应用开发者利用技术手段不当介入司法过程的可能,这种介入是通过人机交互方式、底层算法、数据标准等实现的,不易被察觉,必须予以足够的警惕和防范。

(三)司法成本之限:充分考虑投入产出比问题

智慧法院建设中须考虑建设成本问题,尤其要注意投入产出比,这也是信息技术在任何领域应用都不可忽视的问题。具体而言,可以从三个层面分析成本问题:第一个层面是法院系统整体可承受的成本。其又包含两个方面:一方面是经济成本,即法院系统在智慧法院建设方面的总体投入,其中既包含网络、硬件等基础设施的投入,又包括创新型、智能化应用的建设和运维成本等;另一方面则是由于信息技术应用给法院系统带来的变革所引发的隐性成本,例如系统更迭过程中,司法人员和诉讼参与人重新适应的成本等。第二个层面是智慧法院建设成本在法院整体运行成本中的占比。当下法院工作中,能够通过技术手段解决的法院现实问题是有限的,因此必须控制智慧法院建设支出在法院总体经费中的比例,避免智慧法院建设支出过高影响法院其他工作的经费保障。第三个层面是每个法院能够承受的成本。我国地域发展的不均衡导致法院在经费保障、基础设施建设等方面存在较大差异,部分基层法院很可能受制于经费来源、基础设施建设等情况,加之案件量和复杂度远远低于其他地区等原因,没有能力也没有必要在智慧法院建设中完全对标经济发达、案件数量多且复杂的地区进行规划和建设,而是应该在国家顶层规划设计允许的范围内,因地制宜地进行探索,并尽可能用好用尽国家统一部署和分配的资源。

智慧法院建设的目标之一是实现对法院业务体系智能化系统的全覆

盖，但流程角度的全覆盖并不意味着司法业务的所有节点和环节都需要实现信息化和智能化。应将法院所涉及的智能化应用进行分类，分为基础类智能化应用和自主创新型智能化应用，基础类应用应由中央政法经费统一保障，自主创新型应用则由法院所在地方财政支持。智慧法院建设不能一直依靠资金的投入来实现粗放式发展，要更多地依靠法律专业投入来解决问题，有些应用如不能解决法院运行中的现实问题，是可以暂缓建设或者不建设的，例如有人提出"为了保障审判规范化，在诉讼的不同阶段，均需要实现同步录音录像"[17]，但实际上同步录音录像的经济成本是比较高的，而且这种通过事后抽查方式实现的监督，发现违规违法行为的概率也较低，并不能切实解决司法业务中的痛点，在成本约束的情况下，是完全可以在建设顺位上考虑后置的。

（四）技术水平之限：尊重科技发展与应用规律

智慧法院建设目前面临的技术"瓶颈"主要有以下五个方面：首先，作为大数据、人工智能等技术应用基础的司法数据质量并不高。具体表现为：其一，数据类型复杂、来源多、结构差异性大，例如，裁判文书、案卷材料、音视频等不同类型数据，它们在收集、解析和运用方面都有很大区别；其二，数据结构化程度不高，法院工作中产生和沉淀下来的数据存在大量机器难以自动结构化解析的部分，也成为下一步识别和抽取的现实障碍；其三，数据的标准化程度不足，依据不同标准生产出的数据之间无法实现有效融合。其次，司法数据的利用并不充分。大量数据沉淀在应用中，无法有效整合和充分利用，数据仍在法院系统内闭环流动，即使司法数据包含了大量对于分析我国社会现实问题有极大价值的信息，但由于无法准确区分涉密与否、数据共享难度大等问题的存在，对司法数据的利用并未体现出其应有的价值。再次，大数据、人工智能等通用技术在法律领域的应用效果欠佳。虽然大数据、人工智能等技术处于高速发展阶段，但将通用技术应用于法院业务场景之中时却发现由于司法业务的特有逻辑和属性，通用技术在法院业务场景中直接应用的效果并不好，必须进行重新试验和全面技术改良才能够真正

---

〔17〕 陈红：《法院信息化3.0时代：联网管理、智能化、大数据应用》，载《中国公共安全》2015年第11期。

找到适用于法院场景的技术路线。又次，部分人工智能技术缺乏必要的可解释性。法院的所有业务场景中，行为和决策都必须具备一定的合法性或合理性基础，而合法性或合理性的基础是行为和决策可以被理解和解释，对于人工智能等技术的运用也是如此。但目前部分人工智能技术的应用中存在类似黑箱运行的情况，内部逻辑是不可知、不可解释的，运行的过程是缺乏监督的，这就导致技术辅助司法人员过程中，尚不能对系统运行的逻辑是否符合司法基本规律作出准确的判断，而司法行为出现偏差后，也无法准确地进行责任分配。最后，信息技术司法应用的效果难以科学评价。人工智能、大数据、区块链等技术在法院业务中应用和落地后，在对应用效果主观评价分歧较大的情况下，缺乏客观、有公信力的标准对技术应用效果进行科学评价，这也导致法院会对技术方面的投入、应用和推广保持谨慎地态度。

以上信息技术在司法场域中的应用"瓶颈"既有源自司法本身的原因，也有技术在垂直领域应用产生的不适导致的，都是需要长期探索、大量投入和反复尝试才能够解决，并不是个别法院或者单个应用能够解决的，而是要依靠领域和产业的使用主体、研究主体等多元主体的共同筹划和努力实践来突破。

四、智慧法院建设中科技创新的基本原则

（一）回到基础：加强司法数据和知识平台的建设

当下绝大部分信息技术发展与迭代的基础都是数据和知识，在法院的科技创新中同样也是如此，只有在做好数据、做精知识的前提下，才能够为智慧法院建设打下坚实的基础。做好数据，需要通过司法大数据平台来系统性地实现，并逐步完成平台的中台化改造来强化。司法数据方面平台的建设，有内外两种视角：内向型视角中，需完成以下四个方面工作：其一，数据录入和采集；其二，数据的标准化处理、关联和融合；其三，数据按照业务所需进行打包；其四，标准化的数据服务。外向型视角中，司法数据中蕴含的巨大社会价值还需进一步挖掘，司法数据的开放共享和深度利用都还有待取得实质性突破。总之，司法数据平台的建设应通过出台数据管理办法，加强数据集中管理、数据质检、数据的共享交换等，实现"基于大数据平台的

新型智慧法院应用生态构建"[18]。做精知识，则需通过建设司法知识引擎或智慧法院大脑来实现，具体需实现三方面功能：第一，帮助司法人员实现个人的知识管理；第二，应用体系所需的标准化知识、算法算力、模型等服务和支撑，要通过知识引擎或智慧法院大脑的建设降低智能化应用的开发门槛，赋能应用层面的创新，降低应用的开发成本，加强应用开发过程中涉及的知识和算法的统一，降低应用开发过程因知识分歧、算法歧视等问题带来的风险；第三，实现司法经验知识的实践化、本地化，通过知识平台实现简单案件有裁判具体标准，复杂问题有解决方法的目标。

人工智能、大数据、云计算等技术在垂直领域的落地中，已有的共识是"AI 能够实现从技术到应用，需要算法、算力和数据的支持，算力取决于芯片/显卡的性能，算法则需要底层框架的验证，也就是行业人士常说的'跑算法'"[19]。具体来说，数据平台解决数据质量和数量来两方面的问题，芯片等硬件解决算力问题，而算法则需要做好人工智能技术的底层框架，绝大部分的法院、法律人工智能行业的企业没有从无到有构建人工智能底层框架的能力，这就导致符合司法业务基本逻辑和需求的人工智能底层平台产品还未真正出现。因此，法院系统只有通过自建数据平台和知识平台的方式，实现对于人工智能技术的全面落地。两个平台之间的关系可以阐释为，数据平台主要的任务是处理好已有数据，面向的是过去和现在，知识平台更多是为了指引系统和司法人员的行为，面向的是未来，而知识平台的知识则主要来自数据平台基于数据的解析、融合和抽取。

回到基础，加强司法数据和司法经验知识相关平台的建设，其目标是实现法院的数智化转型。数智化是将数字化转型和智能化转型有机地融合起来，以数据作为智能化的基础，发挥数据的智能化价值，实现数据智能。数智化转型中，"加速数字化转型和智能化升级，需要 AI、大数据、区块链等能力，这个能力，只有规模化、标准化、快速迭代的云服务才能提供"[20]。司法机关出于对安全性、稳定性的考量，更加希望将应用系统部署在自己的机

---

[18] 四川省高级人民法院课题组：《基于大数据平台的新型智慧法院应用生态构建》，载陈甦、田禾主编：《中国法院信息化发展报告 No. 5（2021）》，社会科学文献出版社 2021 年版，第 320 页。

[19] 施然：《AI 底层平台级产品，或是独角兽突破、进化的利器》，载《财经》2020 年第 6 期。

[20] 谢丽容：《郑叶云：华为云为什么要变阵》，载《财经》2020 年第 13 期。

房,这种希望甚至超越了对新技术、新应用的渴望,因此如果想让司法机关接受云端部署的方式,就必须提供与本地化部署一样效果的云服务。通过云网一体,以数据平台和知识平台的建设和连接为基础,才能为智慧法院建设中的科技创新提供基础支撑。

(二)回到业务:聚焦业务需求,场景化地创新

智慧法院建设中,不应被科技焦虑打破我们工作的基本逻辑和规律,科技创新不是为了技术的应用而创新,而是为了解决业务中的现实问题而创新地应用技术。关于智慧法院建设中科技创新的主要任务,最高人民法院《关于加快建设智慧法院的意见》中提出:“借助现代信息技术助推司法改革。建立并完善举证、质证、认证留痕系统,全面贯彻证据裁判原则;通过信息化系统支持司法人员分类管理、人案结合绩效评查,促进司法责任制改革;建立完善人民陪审员分类、抽选、评估系统,支持人民陪审员制度改革;建立司法改革数据分析评估系统,提高司法改革方案科学性和工作成效。”顶层的设计中智慧法院的核心任务是为司法改革提供支撑,就更要聚焦司法改革后的业务需求,回归到诉讼参与人和司法人员在具体业务场景中进行科技创新。“应该回到法院业务的具体需求,场景化而非技术化地去系统认识法院工作的实际需求,同时认真体会和梳理业务的基本逻辑,并场景化地打造智慧法院建设的解决方案,将复杂技术去繁就简,回归到司法业务和诉讼活动的本质去思考如何通过技术简化事务性工作但不削弱业务价值的追求,去思考围绕业务场景整合碎片化的应用、发挥众多应用的最大协同效应的方法与路径。”〔21〕回到司法业务,智慧法院的科技创新成果有三个重要的趋势:一是从大而全的建设与融合模式走向具体业务场景和业务节点的融合;二是从强调技术的先进性走向强调技术应用的实效性;三是从谋求技术创新走向谋求面向具体对象的应用创新。

无论是按照智慧法院建设的顶层设计,还是按照法院的日常运行,法院的业务场景大体上可以分为以下三个:第一,诉讼服务。在诉讼服务中进行科技创新,目前已经成果众多,概括来说,在科技的支撑下,已经初步实现了

〔21〕 李鑫:《智慧法院建设的理论基础与中国实践》,载《政法论丛》2021年第5期。

“一站式”诉讼服务和“一站式”纠纷解决。[22] 但在诉讼服务的业务中目前还需着力解决以下问题：其一，诉讼服务中系统、应用、硬件均比较多，且在开发过程中，技术标准和数据标准尚未统一，导致复杂的诉讼服务业务用信息化的方式呈现出来后，也是碎片化；其二，诉讼服务的业务场景中，既包含了对诉讼参与人提供的各类服务和对社会多元纠纷解决方式的整合，也包括了对司法人员的辅助，因此业务种类多、流程复杂，科技创新的难题在于如何通过科技手段将业务更清楚地、集约地呈现出来；其三，法院的管理中，原本是以审判流程管理为核心的，但审判流程管理难以将诉讼服务中很多业务纳入其中，需要通过科技创新建立覆盖面更广的诉讼服务管理或指导体系。第二，审判执行。按照司法权的属性将其进一步分为判断权和裁判权后，审判执行环节所需审判支撑框架就已经初步明确了，电子卷宗深度运用、在线庭审、语音识别等系统支撑了判断权的行使，适用法条提示、类案检索、文书自动生成、裁判偏离度预警等应用支撑了裁判权的行使，在这样的智慧审判总体框架下，按照业务场景建构的将通用应用与专门化审判的组建或套件进行组装，再辅之以区块链等技术的司法应用，就可基本适配于不同的审判业务场景的需求。第三，法院管理。当下法院管理面向的对象和范围正在不断扩展，要通过数据的综合管理和融合，实现法院管理中案件、人员、相关司法资源的关联，探索基于实时数据采集和分析的司法资源动态配置，破除法院工作中管理者和被管理者由于视角、目标等不同而产生的矛盾。

通过聚焦业务需求，把诉讼服务、审判执行、法院管理定义为三大战略级业务场景，围绕业务场景进行生态建设，将碎片化的应用和设备进行整合，实现以业务为核心，按照业务逻辑建设的体系性的、协同性的应用矩阵。在应用矩阵打造过程中，不同应用、不同主体的利益冲突的解决，应以业务总体最优为目标。

（三）回到规律：遵循“产品—服务—咨询”的创新路径

法院的科技创新中，通过数据平台和知识平台建设解决科技创新所需的基础智能化能力，在聚焦业务需求，回归业务场景的实践中，整合碎片化

---

〔22〕 李鑫、王世坤：《“一站式”诉讼服务体系的构建逻辑及其实践展开》，载《学术论坛》2020年第6期。

应用形成智能化应用体系后,如有新的业务需求产生,科技创新的方式和方法的逻辑就需进一步明确。

首先,诉讼服务和司法产品的生产过程中出现的共性需求,应优先考虑通过产品研发的方式予以回应和解决。不同的诉讼参与人和司法人员“关于体验的诉求是不同的,有的期待便捷快速,有的期待温暖贴心,有的希望获得足够的资讯,有的需要得到手把手的牵引”[23]。产品的需求梳理、确认等过程实际上是对业务中产生的需求进行系统明确的过程,产品的研发和部署则是用产品回应业务需求的过程。其次,对于法院业务中出现的阶段性需求,可考虑通过科技创新服务的方式来满足,如法院需要专项数据分析、特定活动的服务支撑等,都具有阶段性,不需要用产品的形式固定和表达,用科技创新服务的方式来满足,既不会增加法院信息化建设成果,同时可以根据服务效果决定下一步是否采购或合作。再次,对于法院业务中出现的需求不明确、解决方案模糊的需求,要通过诊断式的咨询服务来予以满足,这类需求在法院业务需求中应该是占比最少的,主要是设计类、规划类和探索分析类的需求。最后,用科技创新回应法院业务需求,应遵循从产品到服务再到咨询的基本逻辑。产品、服务、咨询本身在科技创新中可以并用,尤其是在解决法院业务面临的疑难、复杂和新型问题时,是可以综合运用产品、服务和咨询等多种科技创新方式的。

五、智慧法院建设中四维创新体系构建

(一)创新体系构建视角:法院整体发展和改革

在人民法院现有的五个五年改革纲领性文件中都涉及了法院的信息化建设。在法院司法改革的不同时期中对于法院信息化建设方面的表述还是存在较大差异的,究其原因主要是人民法院发展的不同时期,对于信息化建设的定位是不同的。从一五改革到四五改革的初期,信息化建设还只是司法改革的一个组成部分,而四五改革后期到五五改革,智慧法院建设在司法改革的顶层设计中地位逐渐提升,所涉及的法院工作的范围越来越广,所覆盖的业务和人员越来越多,智慧法院逐渐成为一种改革后的法院运作形态,

〔23〕 张弘:《超级体验:用数智化体验管理打造超级生产力》,上海三联书店2020年版,第23页。

法院信息化建设也就与司法改革在法院建设中拥有了同等重要的地位。人民法院第四个、第五个五年改革纲要是在《中共中央关于全面推进依法治国若干重大问题的决定》的精神和思路的指引下展开的,取得了许多重要的成果,也解决了很多人民法院改革历程中多年未解决的疑难和复杂问题,同时为智慧法院建设中科技创新提出了前所未有的挑战。

从司法改革纲领性文件中有关法院信息化、智慧法院建设的表述中可以看出,法院科技创新工作的遵循原则、宏观设计和实践目标都是源自法院整体发展和改革的现实需要,因此应回到法院整体发展和改革的视角,去思考和构建智慧法院建设中科技创新的路径和方法,要综合运用法院发展和改革中多种手段和方式来实现科技创新,要清醒地认识到法院的科技创新不是为了技术的重大突破而存在的,要避免和减少盲目创新,防止创新泡沫,应开展多种多样的有目的的创新和有效益的创新。

智慧法院建设中科技创新可以将远期的目标界定为颠覆式创新,但颠覆式创新、重构式创新都应谨慎,因为传统法院都不是数字原生型组织,在实现数智化转型过程中,只有通过数字孪生来实现,而数字孪生的效果和影响都是值得长期关注和考察的。可以将集成式创新、模仿式创新和自主创新等多种创新方式综合运用起来,正如熊彼得界定的创新一样,[24]法院的科技创新实质上就是若干信息技术与法院若干业务场景的组合和适配,这种创新的核心在于发现和配置,与法院总体改革和发展思路是一致的。

智慧法院建设的创新要遵循四维创新的基本逻辑:首先,应通过观念创新实现创新氛围、创新意识的建立,形成对技术的发展和限度正确、理性的认知;其次,通过体制创新,形成科技创新中的动员机制,发动各方力量为法院的科技创新所用;再次,通过制度创新,明确科技创新中的限度、科技创新的程序,解决科技创新中资源分配问题;最后,通过技术创新,解决法院固有发展和改革手段解决和实现不了的痛点和问题。

(二)通过观念创新,树立正确的科技创新理念

科技创新中,思想和理念先行,创新的实践是建立在思想体系的基础之

[24] 熊彼得在《经济发展理论》中认为创新是指一些生产要素和生产条件之间的一种创新组合。

上的，树立正确的理念，可以避免许多错误和浪费。“认识和观念问题由于带有内生性，解决起来不容易，需要突破思维定式和工作方式”[25]，具体而言，正确的科技创新观念主要包含以下四个方面。

其一，避免技术万能论和唯技术论。充分认识解决法院现实问题的方式方法是多种多样的，通过科技赋能司法的方式解决问题是一种引入外部资源的解决方式，但法院自身还有许多可以通过内部资源充分配置解决问题的方法。同时，也不可对法院的科技创新期望过高。人工智能有其作为工具的不可能，即不可能超越理性计算范畴、不可能脱离自身条件而发展、不可能超越既定历史而创新。[26] 法院的科技创新是不可能超越法律人工智能领域的技术创新而存在，更不可能超越通用人工智能领域的技术发展的而发展。“法律人若接连不断地随着人工智能等新潮科技一哄而上，那么他们也将随着自然科学的挫败或低落一哄而散”[27]，必须清醒地认识到信息科技在解决现实问题时的有限性。很多问题不是只有科技一种解决方案，而且科技也不是每一个主体应该优先考虑的解决方案，例如，疫情期间的审判工作，在线庭审是一种依赖于技术的解决方案，但没有条件运用在线庭审的地区，拉开人员物理距离的露天开庭方式同样起到了防疫的目的。

其二，避免技术威胁论。信息技术确实存在削弱司法固有价值、影响司法人员业务分工与责任分担的可能，但目前信息技术在法院场域内的发展是较为缓慢的，因此虽然部分算法、模型不可解释，但还处于可控的范围内，除了司法数据安全等关键问题值得警惕外，大可不必过分夸大技术的负面影响。“在讨论智慧司法建设时应当破除对新鲜事物的恐惧，摘除针对算法的有色眼镜，关注算法对司法带来的各种冲击”[28]，更应以法律人理性、专业、平和的态度面对科技的创新和发展，正如法律人面对社会的发展和变化时一样。

其三，避免一味地批判。一个创新型组织的发展并不完全是顶层设计

---

[25] 乔健、姚琨：《实现欠发达地区法院信息化工作跨越式发展——青海法院信息化建设和应用调研报告》，载李林、田禾主编：《中国法院信息化发展报告 No. 1(2017)》，社会科学文献出版社 2017 年版，第 141 页。

[26] 陈敏光：《司法人工智能的理论极限研究》，载《社会科学战线》2020 年第 11 期。

[27] 刘艳红：《人工智能法学研究的反智化批判》，载《东方法学》2019 年第 5 期。

[28] 刘雁鹏：《智慧司法中的忧虑：想象、剖析与展望》，载《理论与改革》2020 年第 3 期。

的结果,而是在正确的文化和观念的指引下,通过不断的探索和尝试带来的结果。智慧法院建设中,要允许新生事务和创新想法的内部产生和孵化,这是智慧法院作为一个组织体发展的重要条件。客观地说,在科技创新中,批判远比构建更容易。一方面,信息技术在法院领域的应用确实还有待进一步深入,部分应用由于易用性差等容易得到负面评价;另一方面,科技创新中一定会因为信息科技赋能或冲击,影响司法中原有的利益关系,改变司法业务的流程,重构不同类型人员之间的交往模式,就必然引发部分人员的不适和反感,也会引发对科技创新的批判。但无论是国家政策推动,还是顺应社会变革,都要求法院系统以开放的心态面对科技创新,并使技术为我所用。

其四,将正确的科技创新观念融入法院文化建设。进行智慧法院建设先要有战略决心,顶层设计中的战略决心需要传递到科技创新的一线,并将这种决心逐步转化为法院文化中的一部分,融入法院日常工作,让所有司法人员都有科技创新的意识,掌握科技创新的方法论。

(三)通过体制创新,建立良好的科技创新生态

政法领域的智能化因为各类政法机关的组织内部关系、业务需求等方面的差异,采用了不同的智能化建设模式,就法院而言,体系内部的科技力量实际上是不足的。法院科技创新的人才密度不太大,导致创新困难,很多业务和技术的瓶颈都难以突破。法院科技创新中的体制建设,主要解决的就是法院内部有科技创新动力但创新能力不足的问题。

首先,通过体制创新构建良好的科技创新生态。智慧法院建设中较好地形成了国家推进主义,但同时导致了对社会力量的整合不足。[29] 与域外法律人工智能发展的市场化模式不同,我国的法律人工智能发展主要依靠的是国家统一的规划和推动。国家推动模式擅长处理延续性的工作,而颠覆性的创新往往是各类主体自发的、点状的。因此,法院在整个法律人工智能发展中可以担任生态的创造者角色,整合企业、高校、研究机构等组织产生的创新成果,而以上法律人工智能产业链上的各类主体,应着力建设与法

〔29〕 王禄生:《智慧法院建设的中国经验及其路径优化——基于大数据与人工智能的应用》,载《内蒙古社会科学》2021 年第 1 期。

院领域痛点想匹配的核心能力，在法院构建的科技创新生态中，发挥自身的优势，解决法院业务的核心痛点和难题。

其次，法院科技创新生态包含三大生态：硬件生态、软件生态和运维生态。三大生态都是围绕法院业务需求，以法院的司法数据平台和司法经验知识平台来建造的，因此，三大生态又因为有着共同需求基础和技术底座而可以实现互联互通。

再次，法院科技创新生态中，法院与其他各类主体的边界要清晰。“智慧法院建设中的战略合作开启了人民法院与科技企业全新的合作模式。”[30] 实际上，不仅仅是企业，智慧法院建设中高校、科研机构等都有不同程度的参与，由于主体的多元化，更应划清边界。一方面，边界不清会给法院带来廉政风险和技术安全风险。“广东、贵州、海南、浙江等地都与 ICT 公司成立属地公司的做法，为政府数字化转型项目落地解决人才、资金等实际问题的同时，也提升了政府数字化项目的执行落地效率和反应速度。随着 ICT 向政府数字化另有渗透蔓延的同时，我们也发现政府与企业的合作边界日益模糊不清，对数据安全带来一定的风险和挑战，尤其是政府项目涉及大量个人隐私信息和国计民生的敏感数据，在数据产生风险时，权责不清的现实将致使数据安全风险发生时无法有效追责。”[31] 在生态中，法院既是生态中规则制定者，又是规则的维持者，必须通过明确科技创新中的主体责任和成果归属，划清边界和规避风险。另一方面，法院科技创新的参与者在有着开放的合作态度的前提下，也应该有清晰的边界，构建差异化能力体系。各类智慧法院建设的参与者之间不要做“你死我活”“你有我无”的零和竞争，要通过形成创新能力在产业链中占据各自的位置，在生态中基于各自优势开展科技创新。

最后，法院应通过建设开放、规范化的科技创新生态，实现两个方面的目标。一个目标是对于行业人才的吸纳。法院科技创新急需的是桥梁型人才，即懂业务的技术人才或懂技术的业务人才，这类人才在体制内缺乏，应通过建生态的方式，灵活地吸纳体制外人才投身智慧法院建设。另一个目

---

〔30〕 李傲、王娅：《智慧法院建设中的“战略合作”问题剖析》，载《安徽大学学报（哲学社会科学版）》2019 年第 4 期。

〔31〕 王伟玲：《以数字化转型推进政府治理现代化》，载《财经》2020 年第 14 期。

标是通过科技创新生态建设，降低智慧法院建设中的体制性成本、节约司法资源，在数据、知识、算法、算力等方面赋能科技创新的参与者，减少创新的成本、降低创新的风险。

（四）通过制度创新，合理地分配科技创新资源

任何创新都要受到资源有限性的约束，法院的科技创新也不例外。对于法院而言，科技创新资源主要通过建立规范的方式实现合理地配置。具体来说，主要包含以下三个方面。

其一，通过建立数据管理规范，实现司法大数据资源的管理与配置。司法大数据作为一种特殊的科技资源，其无论是支撑智能化应用，还是在通过数据分析辅助科学研判与决策中都体现出巨大的价值。“司法大数据的应用也面临一些挑战，应进一步加强对数据的利用和管理”〔32〕，尤其是在司法大数据生产、清洗、共享中，更应该通过数据管理规范的建立确定司法大数据的所有权、使用权的性质与归属，明确司法大数据脱敏处理、共享共通等工作的具体流程，以保证司法大数据安全的前提下，将司法大数据中蕴含的巨大社会、经济价值挖掘出来。

其二，通过建立存储、运算、安全等资源的申请和使用规范，实现科技资源的有效配置。法院在数智化转型后，势必对作为智能化基础的信息存储、云计算和安全软硬件等产生巨大的需求，也进一步增加科技创新的成本，应通过建立科技资源申请和使用规范解决两个问题：一个是对国家公共科技资源的占用，如对公有云、大数据中心计算资源的申请和使用的路径、标准等；另一个是对法院自由科技资源的占用，避免占用资源不产生效益问题的存在。

其三，通过建立科学的应用成效评估规范，对应用成效进行全面、系统的评估，实现为应用动态配置运维资源。在智慧法院应用体系基本建成后，法院中的科技创新工作的核心从应用建设向应用运维转型，即有必要对应用的成效进行实时评估，使用频率低、司法人员评价差、评估结果较差的应用，可以考虑将其功能整合进入其他应用，或者暂停相关应用的服务，将运

---

〔32〕 孙晓勇：《司法大数据在中国法院的应用与前景展望》，载《中国法学》2021年第4期。

维资源释放出来,配置到社会公众和司法人员更需要的应用上。

(五)通过技术创新,带动法律人工智能领域发展

法院运行是有成本的,通过数智化转型,帮助法院向社会提供更优质的司法服务,同时降低其体制运行成本,这是法院科技创新的核心目标。法院已经充分意识到人工智能等通用技术在法院业务场景中的应用效果是欠佳的,且人工智能技术存在的先天缺陷在司法应用过程中被放大。[33] 虽然智慧法院建设中很难谋求超越通用人工智能发展的科技创新,其风险和成本都较高,但可以以应用效果最佳作为科技创新的目标。科技创新对法院运作模式和司法人员行为模式的改变的方式是多种多样的。“技术已经在改变着法律实践,并可能诸如通过替代、支持或补充司法职能来重塑审判过程。”[34] 法院科技创新可以通过信息技术的应用、技术的迭代来实现,但这种创新方式对科技创新主体自身的要求是很高的。“新技术运用于司法,应当充分考虑其可能带来的成本、代价、甚至副作用,全面谨慎地衡量各方面利益,采取试点等方式进行研究探索,待技术基本成熟后再做全面推广和运用,实现勇于创新与必要审慎之间的平衡。”[35] 法院更应实现用司法价值目标指导科技创新,用司法业务牵引技术应用,通过应用场景创新、应用方式创新、呈现方式创新等实现高效创新。

科技创新的本质驱动力是让世界、让社会更加美好,在司法这种原本就有固有价值追求的领域,科技创新更肩负着维系秩序、促进发展的使命。智慧法院建设正经历着从国家政策驱动和信息技术驱动到“司法业务驱动+用户体验驱动”的转型。可预见的是法院的科技创新体系不仅将很大程度上提升法院的诉讼服务能力和司法产品供给能力,同时,由于审判在司法业务中的地位设定,智慧法院建设中的科技创新,也必将引领整个法律人工智能领域的发展。

---

〔33〕 魏斌:《司法人工智能融入司法改革的难题与路径》,载《现代法学》2021 年第 3 期。

〔34〕 [澳]塔妮娅·索丁:《法官 V 机器人:人工智能与司法裁判》,王蕙、李媛译,载《苏州大学学报(法学版)》2020 年第 4 期。

〔35〕 郑曦:《我国法院信息化建设的未来面向》,载《人民法院报》2020 年 7 月 16 日,第 5 版。

后　记

本书是在我主持的国家社科基金一般项目"智慧法院建设的技术路径与实践策略"(项目编号:19BFX028)结项成果的基础上修改而成的,也是对我从2017年开始的法律人工智能研究的一个阶段性的总结。

我是一个做什么就写什么的人,既要求自己知行合一,又要求自己行写合一,只写自己做过的、验证过的东西,最大限度保证自己写的东西都是自己相信和认可的。研究既可以是一项工作,又可以是一个推动自身思考和实践的过程。不可否认,科研工作的考核压力使得其有了很多功利性的目标,但我一直相信"真正的科研动力来自内心的认同"[1],因此长期坚持不因功利性目标的存在而改变自己的研究志趣;这虽然可能会导致错过一些快速发展的机会,但至少做到了心无挂碍。坦率地说,在完成本书后,我遇到自己研究的第一个"瓶颈"期,做什么就写什么的方法论是自信、轻松和愉快的,也是可以长期用下去的,但对于我自身的提升和团队的发展而言增量是很有限的,我在不断尝试,也有信心能够突破这样的"瓶颈"。

以"智慧法院"作为研究对象,并不是想去赶人工智能、大数据的研究热潮。对于智慧法院的关注和研究,主要源自我自身对于法律交叉学科的关注与兴趣,只是误打误撞地赶上了一波法律人工智能发展的浪潮。对我而言,自得其乐且能够为法院信息化建设做一点力所能及的工作远比"赶时髦"重要很多。

本书水平有限,但依然离不开众多师友的支持和帮助。

从选题到项目申报书撰写、项目开题、成果撰写,再到最终提交结项以及成果出版,我的博士生导师顾培东教授都进行了全周期的细致指导。从

[1] 施一公:《自我突围:向理想前行》,大象出版社、中信出版集团股份有限公司2023年版,第173页。

2012年5月进入顾老师门下学习,已满10年,但还一直未出师,事事都在老师的庇护和帮助之下。顾老师是一位真正德才兼备的师长,永远都把最美好的东西给了我们,谢谢老师带着我站在世界的更高处,看更远、更美的风景。

本书是我的团队共同完成的成果,具体分工如下:第一、三、五、六、十二章为我独立完成;第二、四、十章为我与王世坤合作完成;第七、九、十一章为我与刘沛琦合作完成;第八章为我与张恒合作完成。特别要感谢王世坤、刘沛琦、张恒多年的大力支持,我们团队中可能既有师生之情,又有朋友之谊。有时感觉很抱歉因为自己能力有限而耽误了团队其他成员的发展,但他们还一如既往地支持并鼓励我,他们是我敢于尝试和探索的最大底气。

研究法律人工智能的过程中,我们还有一个大团队,是他们的经验和智慧激发了我的研究,他们是四川大学数学学院翁洋副教授,成都数之联李俊良副总裁、范永超副总裁、钟伟生总监、杜鹏总监。法律人工智能的深入研究是一个非常小众和边缘的领域,能够与他们并肩同行,是我的幸运。

感谢四川大学法学院长期关心我成长的诸位师友,尤其感谢法理教研室的诸位同仁。感谢研究过程中一直关注和帮助我的亲朋挚友。无论工作和生活中遇到什么样的困难,他们总是用光芒照亮我。

本书中部分成果发表于《政法论丛》《学术论坛》《湖北民族大学学报(哲学社会科学版)》《数字法治》《武汉科技大学学报(社会科学版)》《湖湘法学评论》《内蒙古师范大学学报(哲学社会科学版)》,并被《新华文摘》《中国社会科学文摘》《高等学校文科学术文摘》《法学文摘》等转载转摘,感谢以上期刊和编辑的信任和指点。

最后,感谢我的家人,我在家庭生活中是单纯的受益者,有家人的生活很幸福。

这几年,大家时常谈论“黑天鹅”“灰犀牛”事件,尤其在我关注的人工智能领域,大家也总是在谈论技术为人类生活带来的变化、冲击和这个时代的不确定性。但我总是觉得,我们可以有两个选择:一个选择是用变化应对变化,通过改变自我,应对技术带给这个时代的影响和冲击;另一个选择是可以以不变应对变化,无论技术如何改变甚至重塑我们的生活,我们应该固守的价值基本是没有变的。无论最终采取何种应对策略,我还是我,能做和愿意做的都不多，未来一段时间还是会以法律人工智能、智慧法院作为主要研究对象。智慧法院是法律人工智能应用中的高山峻岭，需要攀登和征服；同时，智慧法院也是法律人工智能中的大河大江，如能汇细流于江河，必将带动整个领域奔腾入海。

茫茫征途，我们是星辰大海，愿你我一路！

李 鑫

2023 年 12 月 30 日于腾冲东山上